OS 100

ACONTECIMENTOS MAIS IMPORTANTES DA HISTÓRIA DO CRISTIANISMO

A. KENNETH CURTIS
J. STEPHEN LANG
RANDY PETERSEN

OS 100 ACONTECIMENTOS MAIS IMPORTANTES DA HISTÓRIA DO CRISTIANISMO

do incêndio de Roma ao crescimento da igreja na China

Vida

Editora Vida
Rua Isidro Tinoco, 70 Tatuapé
CEP 03316-010 São Paulo, SP
Tel.: 0 xx 11 2618 7000
Fax: 0 xx 11 2618 7030
www.editoravida.com.br

Coordenação editorial: Aldo Menezes
Tradução: Emirson Justino
Edição: Lena Aranha
Revisão: Judson Canto e Rogério Portella
Diagramação: M&M Revisão e Diagramação
Capa: Alexandre Gustavo

1. edição: 2003
1ª reimp.: fev. 2004
2ª reimp.: set. 2004
3ª reimp.: fev. 2007
4ª reimp.: ago. 2011
5ª reimp.: jul. 2013

Dados Internacionais de Catalogação na Publicação (CIP)
(Câmara Brasileira do Livro, SP, Brasil)

Curtis, A. Kenneth
Os 100 acontecimentos mais importantes da história do cristianismo: do incêndio de Roma o crescimento da igreja na China / A. Kenneth Curtis, J. Stephen Lang e Randy Petersen; tradução Emirson Justino. — São Paulo: Editora Vida, 2003.

Título original: *The 100 Most Important Events in Christian History*
ISBN 978-85-7367-738-6

1. Cristianismo 2. Igreja — História 3. Igreja — História — Cronologia 4. Vida cristã I. Lang, J. Stephen II. Petersen, Randy. III. Título.

03-5909 CDD 270

Índices para catálogo sistemático:
1. Igreja : História : Cristianismo 270

Prefácio

Quais as dez coisas mais importantes que aconteceram na sua vida nos últimos cinco anos? Agora, peça ao seu pai, à sua filha, à sua esposa, ao seu marido ou até mesmo a qualquer amigo mais próximo que respondam a essa mesma pergunta com relação a você. Você perceberá rapidamente como somos capazes de atribuir diferentes significados aos acontecimentos, até mesmo entre os que vivem mais perto de nós e compartilham nossa intimidade.

Precisamos admitir, logo de início, que ninguém tem a palavra final sobre as datas mais importantes na história do cristianismo. Na verdade, a lista de Deus provavelmente, é, bastante diferente de qualquer lista que possamos elaborar.

Não tivemos a intenção de nos colocar como juízes autorizados a decidir o que foi realmente importante na vida da igreja em todos esses séculos. Em vez disso, tentamos apresentar um panorama dos acontecimentos na surpreendente história do povo de Deus que possibilitará aos que não são nem especialistas nem historiadores uma visão adequada dos principais contornos e dos eventos-chave que moldaram o cristianismo.

Muitos cristãos de hoje querem saber mais sobre as raízes de sua fé e de que maneira muitos ensinos e práticas foram adotados em suas igrejas. Contudo, poucas pessoas têm tempo ou disposição de consultar as obras acadêmicas impressas em vários volumes. Este tipo de livro deverá ajudar a satisfazer esse interesse. Os não-cristãos encontrarão aqui uma maneira de se informar sobre as pessoas, os movimentos, os propósitos e os acontecimentos mais importantes da história do cristianismo.

Começamos nossas considerações sobre a história da igreja exatamente depois (ou pelo menos de uma perspectiva de fora) dos acontecimentos registrados no Novo Testamento. Obviamente, a ressurreição de Cristo, a conversão de Paulo, o Concílio de Jerusalém e outros fatos são datas importantes na história da igreja, mas onde pararíamos? Julgamos melhor, portanto, selecionar apenas os acontecimentos que não estão registrados no Novo Testamento.

Em vez de classificar os acontecimentos por ordem de importância, apresentamos os fatos em ordem cronológica para criar uma espécie de roteiro ao longo dos séculos.

Alguns assuntos importantes foram tratados junto com temas correlacionados. Em uma primeira pesquisa, por exemplo, incluímos os tópicos sobre a proclamação de Lutero e das *Noventa e cinco teses* a *Dieta de Worms*, mas preferimos ficar somente com o primeiro tópico, que engloba os dois assuntos.

Outros acontecimentos foram incluídos não apenas por sua importância imediata, mas porque os fatos subseqüentes seriam muito diferentes se os primeiros não tivessem acontecido. O Sínodo de Whitby, por exemplo, não é considerado um dos grandes concílios da igreja, mas é de fundamental importância, pois a igreja inglesa optou por se unir a Roma naquela época. A história poderia ter sido bastante diferente caso outra decisão tivesse sido tomada.

Apresentamos também vários verbetes que podem parecer controversos ou superficiais. Nem o mundo nem a igreja mudaram nas datas de nascimento de Bach e Handel, mas a pesquisa ficaria incompleta se não incluíssemos a contribuição da boa música desses mestres na vida de adoração dos crentes. Portanto, diversos verbetes foram incluídos também por seu valor simbólico.

Evitamos a inclusão de fatos do final da década de 1970 até o início da década de 1990 porque, apesar de vermos algumas alternativas atraentes, estamos muito próximos dos acontecimentos para ter a devida perspectiva.

Alguns poderão nos acusar de darmos maior ênfase ao Ocidente, aos homens, aos protestantes e aos evangélicos. Até certo ponto, isso é inevitável, mas, sem dúvida, também é reflexo de nossa inclinação.

Contudo, conforme mencionamos, não estamos defendendo esta obra como a palavra final e, desde o começo, tivemos uma expectativa quanto às reações imediatas de leitores que querem nos desafiar quanto ao que gostariam de ver incluído ou omitido. Desse modo, convidamos nossos leitores a nos escrever e informar sobre suas idéias, assim como a expor de forma pormenorizada suas razões. Conforme o número de respostas, estamos dispostos a publicar o segundo volume intitulado "Mais datas importantes da história do cristianismo". Os que quiserem informações sobre o segundo volume estão convidados a nos escrever. A correspondência poderá ser enviada para Ken Curtis, Christian History Institute, Box 540, Worcester, PA 19490.

Quando era editor da revista *Christian History* [*História do cristianismo*], escrevemos aos nossos assinantes e pedimos a eles que nos dissessem que datas deveriam constar dessa lista. Depois disso, reunimos e preparamos todo o material e enviamos a relação de volta aos assinantes, pedindo que marcassem os verbetes com os quais concordavam, riscando os que não concordassem e adicionando outros que não estivessem em nossa lista. Suas respostas produziram uma nova relação. Uma pesquisa também foi enviada a todos os membros da Society of Church History [Sociedade Americana de História Eclesiástica], um grupo de historiadores eclesiásticos profissionais. A seleção presente neste livro leva em conta as duas pesquisas, mas assumo a responsabilidade pela escolha final.

Durante todo o processo de escolha, tivemos plena consciência de que algumas coisas dentre as mais importantes são mais difíceis de ser identificadas e quantificadas. Estamos na mesma situação do tesoureiro do Templo que, provavelmente, diante de todas as ofertas vultosas, não perceberia a importância da oferta da "viúva pobre". Jesus deixou claro que o amor era a marca distintiva mais importante de seus seguidores. Ele também falou de maneira aprobatória sobre as coisas simples, como dar um copo d'água em seu nome. Muitos dos verbetes refletem essas qualidades básicas do cristianismo, porém outros certamente não o fazem. A maioria das coisas que possuem importância eterna não será conhecida até aquele dia, quando o Juiz de todos nós nos mostrar o que *realmente* é trigo e o que é joio.

Ken Curtis

Datas com propósitos

Essas são as datas que identificamos como algumas das mais importantes na história do cristianismo.

Os 100 acontecimentos mais importantes da história do cristianimo

64 O incêndio de Roma

Nero durante o incêndio de Roma

Talvez o cristianismo não se expandisse de maneira tão bem-sucedida, caso o Império Romano não tivesse existido. Podemos dizer que o império era um tambor de gasolina à espera da faísca da fé cristã.

Os elementos unificadores do império ajudaram na expansão do evangelho. Com as estradas romanas, as viagens ficaram mais fáceis do que nunca. As pessoas falavam grego por todo o império e o forte exército romano mantinha a paz. O resultado da facilidade de locomoção foi a migração de centenas de artesãos, por algum tempo, para cidades maiores — Roma, Corinto, Atenas ou Alexandria — e depois se mudavam para outro lugar.

O cristianismo encontrou um clima aberto à religiosidade. Em um movimento do tipo Nova Era, muitas pessoas começaram a abraçar as religiões orientais — a adoração a Ísis, Dionísio, Mitra, Cibele e outros. Os adoradores buscavam novas crenças, mas algumas dessas religiões foram declaradas ilegais por serem suspeitas de praticar rituais ofensivos. Outras crenças foram oficialmente reconhecidas, como aconteceu com o judaísmo, que já desfrutava proteção especial desde os dias de Júlio César, embora seu monoteísmo e a revelação bíblica o colocassem à parte das outras formas de adoração.

Tirando plena vantagem da situação, os missionários cristãos viajaram por todo o império. Ao compartilhar sua mensagem, as pessoas nas sinagogas judaicas, nos assentamentos dos artesãos e nos cortiços se convertiam. Em pouco tempo, todas as cidades principais tinham igrejas, incluindo a capital imperial.

Roma, o centro do império, atraía pessoas como um ímã. Paulo quis visitar Roma (Rm 1.10-12), e, na época em que escreveu sua carta à igreja romana, vemos que ele já saudava diversos cristãos romanos pelo nome

(Rm 16.3-15), talvez porque já os tivesse encontrado em suas viagens.

Paulo chegou a Roma acorrentado. O livro de Atos dos Apóstolos termina narrando que Paulo recebia convidados e os ensinava em sua casa, onde cumpria pena de prisão domiciliar, ainda que, de certa forma, não vigiada.

A tradição também diz que Pedro passou algum tempo na igreja romana. Embora não tenhamos números precisos, podemos dizer que, sob a liderança desses dois homens, a igreja se fortaleceu, recebendo tanto nobres e soldados quanto artesãos e servos.

Durante três décadas, os oficiais romanos achavam que o cristianismo era apenas uma ramificação do judaísmo — uma religião legal — e tiveram pouco interesse em perseguir a nova "seita" judaica. Muitos judeus, porém, escandalizados pela nova fé, partiram para o ataque, tentando inclusive envolver Roma no conflito.

O descaso de Roma pela situação pode ser visto no relato do historiador romano Tácito. Ele relata uma confusão entre os judeus, instigada por um certo "Chrestus", ocorrida em um dos cortiços de Roma. Tácito pode ter ouvido errado, mas parece que as pessoas estavam discutindo sobre *Christos*, ou seja, Cristo.

Por volta de 64 d.C., alguns oficiais romanos começaram a perceber que o cristianismo era substancialmente diferente do judaísmo. Os judeus rejeitavam o cristianismo, e cada vez mais pessoas viam o cristianismo como uma religião ilegal. A opinião pública pode ter começado a mudar em relação à fé nascente até mesmo antes do incêndio de Roma. Embora os romanos aceitassem facilmente novos deuses, o cristianismo não estava disposto a partilhar a honra com outras crenças. Quando o cristianismo desafiou o politeísmo tão profundamente arraigado de Roma, o império contra-atacou.

Em 19 de julho, ocorreu um incêndio em uma região de trabalhadores de Roma. O incêndio se prolongou por sete dias, consumindo um quarteirão após o outro dos cortiços populosos. De um total de catorze quarteirões, dez foram destruídos, e morreram muitas pessoas.

A lenda diz que o imperador romano Nero "dedilhava" um instrumento musical, enquanto Roma era destruída pelas chamas. Muitos de seus contemporâneos achavam que Nero fora o responsável pelo incêndio. Quando a cidade foi reconstruída, mediante o uso de altas somas do dinheiro público, Nero se apoderou de grande uma extensão de terra e construiu ali os Palácios Dourados. O incêndio pode ter sido a maneira rápida de renovar a paisagem urbana.

Objetivando desviar a culpa que recaíra sobre si, o imperador criou um conveniente bode expiatório: os cristãos. *Eles* tinham dado início ao incêndio, acusou o imperador. Como resultado, Nero jurou perseguir e matar os cristãos.

A primeira onda da perseguição romana se estendeu de um período pouco posterior ao incêndio de Roma até a morte de Nero, em 68 d.C. Sua enorme sede por sangue o levou a crucificar e queimar vários cristãos cujos corpos foram colocados ao longo das estradas romanas, iluminando-as, pois eram usados como tochas. Outros vestidos com peles de animais, eram destroçados por cães nas arenas. De acordo com a tradição, tanto Pedro quanto Paulo foram martirizados na perseguição de Nero: Paulo foi decapitado, e Pedro foi crucificado de cabeça para baixo.

Entretanto, a perseguição ocorria de maneira esporádica e localizada. Um imperador podia intensificar a perseguição por dez anos ou mais; mas um período de paz sempre se seguia, o qual era interrompido abruptamente quando um governador local resolvia castigar novamente os cristãos de sua área, sempre com o aval de Roma. Esse padrão se prolongou por 250 anos.

Tertuliano, escritor cristão do século II, disse: "O sangue dos mártires é a semente da igreja". Para surpresa geral, sempre que surgia perseguição, o número de cristãos a ser perseguido aumentava. Em sua primeira carta, Pedro encorajou os cristãos a suportar o sofrimento, confiantes na vitória derradeira e no governo divino que seria estabelecido em Cristo (1Pe 5.8-11). O crescimento da igreja sob esse tipo de pressão provou, em parte, a veracidade dessas palavras.

70
Tito destrói Jerusalém

Erguido no fórum de Roma, o Arco de Tito celebra a vitória em Jerusalém

Géssio Floro amava o dinheiro e odiava os judeus. Como procurador romano, governava a Judéia e pouco se importava com as sensibilidades religiosas. Quando a entrada de impostos era baixa, ele se apoderava da prata do Templo. Em 66, quando a oposição cresceu, ele enviou tropas a Jerusalém para crucificar e massacrar alguns judeus. A ação de Floro foi o estopim para uma revolta que já estava em ebulição havia algum tempo.

No século anterior, Roma não tinha tratado os judeus de maneira adequada. Primeiramente, Roma havia fortalecido o odiado usurpador Herodes, o Grande. Apesar de todos os belos edifícios que construíra, Herodes não conseguiu lugar no coração das pessoas.

Arquelau, filho de Herodes e seu sucessor, era tão cruel que o povo pediu a Roma que lhe desse um alívio. Roma atendeu a esse pedido enviando diversos governadores: Pôncio Pilatos, Félix, Festo e Floro. Eles, assim como outros, tinham a tarefa, nada invejável, de manter a paz em uma terra bastante instável.

O espírito independente dos judeus nunca morreu. Eles olhavam com orgulho para os dias dos macabeus, quando se livraram do jugo de seus senhores sírios. Agora, suas desavenças mesquinhas e o fabuloso crescimento de Roma os colocavam novamente sob o comando de mãos estrangeiras.

O clima de revolução continuou durante o governo de Herodes. Os zelotes e os fariseus, cada um à sua maneira, queriam que as mudanças acontecessem. O fervor messiânico estava em alta. Jesus não estava brincando quando disse que as pessoas falariam: "'Vejam, aqui está o Cristo!' ou 'Ali está ele!'". Esse era o espírito da época.

Foi em Massada (formação rochosa praticamente inexpugnável, que se eleva próximo ao mar Morto, onde Herodes construiu um palácio e os romanos ergueram uma fortaleza) que a revolta judaica teve seu início e um fim trágico.

Inspirados pelas atrocidades de Floro, alguns zelotes ensandecidos decidiram atacar a fortaleza. Para surpresa de todos, eles a conquistaram, massacrando o exército romano que estava acampado ali.

Em Jerusalém, o capitão do Templo, quando interrompeu os sacrifícios diários a favor de César, declarou abertamente uma rebelião contra Roma. Não demorou muito para que toda a Jerusalém ficasse alvoroçada, e as tropas romanas fossem expulsas ou mortas. A Judéia se revoltou, e a seguir a Galiléia. Por um breve período de tempo, parecia que os judeus estavam virando o jogo.

Céstio Galo, o governador romano da região, saiu da Síria com 20 mil soldados. Cercou Jerusalém por seis meses, mas fracassou, deixando para trás seis mil soldados romanos mortos e grande quantidade de armamentos que os defensores judeus recolheram e usaram.

O imperador Nero enviou Vespasiano, general condecorado, para sufocar a rebelião. Vespasiano foi minando a força dos rebeldes, eliminando a oposição na Galiléia, depois na Transjordânia e por fim na Iduméia. A seguir, cercou Jerusalém.

Contudo, antes do golpe de misericórdia, Vespasiano foi chamado a Roma, pois Nero morrera. O pedido dos exércitos orientais para que Vespasiano fosse o imperador marcou o fim de uma luta pelo poder. Em um de seus primeiros atos imperiais, Vespasiano nomeou seu filho, Tito, para conduzir a guerra contra os judeus.

A situação se voltou contra Jerusalém, agora cercada e isolada do restante do país. Facções internas da cidade se desentendiam com relação às estratégias de defesa. Conforme o cerco se prolongava, as pessoas morriam de fome e de doenças. A esposa do sumo sacerdote, outrora cercada de luxo, revirava as lixeiras da cidade em busca de alimento.

Enquanto isso, os romanos empregavam novas máquinas de guerra para arremessar pedras contra os muros da cidade. Aríetes forçavam as muralhas das fortificações. Os defensores judeus lutavam durante todo o dia e tentavam reconstruir as muralhas durante a noite. Por fim, os romanos irromperam pelo muro exterior, depois pelo segundo muro, chegando finalmente ao terceiro muro. Os judeus, no entanto, continuaram lutando, pois correram para o Templo — sua última linha de defesa.

Esse foi o fim para os bravos guerreiros judeus — e também para o Templo. Josejo, historiador judeu, disse que Tito queria preservar o Templo, mas os soldados estavam tão irados com a resistência dos oponentes que terminaram por queimá-lo.

A queda de Jerusalém, essencialmente, pôs fim à revolta. Os judeus foram dizimados ou capturados e vendidos como escravos. O grupo dos zelotes que havia tomado Massada permaneceu na fortaleza por três anos. Quando os romanos finalmente construíram a rampa para cercar e invadir o local, encontraram todos os rebeldes mortos. Eles cometeram suicídio para que não fossem capturados pelos invasores.

A revolta dos judeus marcou o fim do Estado judeu, pelo menos até os tempos modernos.

A destruição do Templo de Herodes significou mudança no culto judaico. Quando os babilônios destruíram o Templo de Salomão, em 586 a.C., os judeus estabeleceram as sinagogas, onde podiam estudar a Lei de Deus. A destruição do Templo de Herodes pôs fim ao sistema sacrifical judeu e os forçou a contar apenas com as sinagogas, que cresceram muito em importância.

Onde estavam os cristãos durante a revolta judia? Ao lembrar das advertências de Cristo (Lc 21.20-24), fugiram de Jerusalém assim que viram os exércitos romanos cercar a cidade. Eles se recusaram a pegar em armas contra os romanos e retiraram-se para Pela, na Transjordânia.

Uma vez que a nação judaica e seu Templo tinham sido destruídos, os cristãos não podiam mais confiar na proteção que o império dava ao judaísmo. Não havia mais onde se esconder da perseguição romana.

c. 150

Justino Mártir escreve sua *Apologia*

O jovem filósofo caminhava junto à costa, sua mente estava agitada, sempre ativa, buscando novas verdades. Ele estudara os ensinamentos dos estóicos, de Aristóteles e de Pitágoras; e, naquele momento, era adepto do platonismo, que prometera uma visão de Deus aos que sondassem a verdade com profundidade suficiente. Era isso que o filósofo Justino queria.

Enquanto caminhava, encontrou-se com um cristão, já idoso. Justino ficou perplexo diante de sua dignidade e humildade. O homem citou várias profecias judaicas, mostrando que o caminho cristão era realmente verdadeiro. Jesus era a verdadeira expressão de Deus.

Esse encontro ocasionou grande mudança na vida de Justino. Debruçado sobre aqueles escritos proféticos, lendo os evangelhos e as cartas de Paulo, ele se tornou um cristão dedicado. Assim, nos últimos trinta anos de sua vida, viajou, evangelizou e escreveu. Desempenhou um papel muito importante no desenvolvimento da teologia da igreja, assim como da compreensão que a igreja tinha de si mesma e da imagem que apresentava ao mundo.

Praticamente desde o início, a igreja funcionou em dois mundos: o judeu e o gentio. O livro de Atos dos Apóstolos registra o lento e, às vezes, doloroso desabrochar do cristianismo no mundo gentio. Pedro e Estêvão pregaram aos ouvintes judeus, e Paulo falou aos filósofos atenienses e aos governadores romanos.

A vida de Justino apresenta muitos paralelos com a vida de Paulo. O apóstolo era um judeu nascido em área gentia (Tarso); Justino era um gentio nascido em área judaica (a antiga Siquém). Eles tinham boa formação e usavam o dom da argumentação para convencer judeus e gentios da verdade de Cristo. Os dois foram martirizados em Roma em razão de sua fé.

Durante os reinados dos imperadores do século I, por exemplo, Nero e Domiciano, a igreja se esforçava sobreviver, para continuar sua tradição e para mostrar ao mundo o amor de Jesus Cristo. Os não-cristãos viam o cristianismo como uma seita primitiva, uma ramificação do judaísmo caracterizada por ensinamentos e práticas estranhas.

Em meados do século II, sob o comando de imperadores mais razoáveis como Trajano, Antonino Pio e Marco Aurélio, a igreja teve uma nova preocupação: explicar o motivo de sua existência para o mundo de maneira convincente. Justino se tornou um dos primeiros *apologistas* cristãos, ou seja, um dos que explicavam a fé como sistema racional. Com escritores que surgiriam mais tarde — como Orígenes e Tertuliano —, ele interpretou o cristianismo em termos que seriam familiares aos gregos e aos romanos instruídos de seus dias.

A maior obra de Justino, a *Apologia*, foi endereçada ao imperador Antonino Pio (a palavra grega *apologia* refere-se à lógica na qual as crenças de uma pessoa são baseadas). Enquanto Justino explicava e defendia sua fé, ele discutia com as autoridades romanas por que considerava errado perseguir os cristãos. De acordo com seu pensamento, as autoridades deveriam unir forças com os cristãos na exposição da falsidade dos sistemas pagãos.

Para Justino, toda verdade era verdade de Deus. Os grandes filósofos gregos haviam sido inspirados por Deus até certo ponto, mas permaneciam cegos com relação à plenitude da verdade de Cristo. Desse modo, Justino trabalhou livremente com o pensamento grego, explicando Cristo como seu cumprimento. Ele se aproveitou do princípio apresentado pelo apóstolo João, no qual Cristo é o *Logos*, a Palavra. Deus Pai era santo e separado da humanidade maligna, e Justino concordava com Platão nesse aspecto. Porém, por intermédio de Cristo, seu Logos, Deus pôde alcançar os seres humanos. Como o Logos de Deus, Cristo era parte da essência de Deus, embora separado, do mesmo modo que uma chama se acende a partir de outra (é por isso que o pensamento de Justino foi fundamental no desenvolvimento da consciência da igreja com relação à Trindade e à encarnação).

Contudo, Justino tinha uma linha de pensamento judia que caminhava com suas inclinações gregas. Era fascinado pelas profecias já cumpridas. É possível que isso tenha nascido no encontro com o idoso à beira-mar. Porém, ele percebeu que a profecia hebraica confirmou a identidade singular de Jesus Cristo. Como Paulo, Justino não abandonou os judeus à medida que se aproximava dos gregos. Em *Diálogo com Trifão*, outra grande obra, ele escreve a um judeu, um conhecido dele, apresentando Cristo como cumprimento da tradição hebraica.

Além de escrever, Justino viajou bastante, sempre argumentando a favor da fé. Ele se encontrou com Trifão em Éfeso. Em Roma, encontrou-se com Marcião, o líder gnóstico. Em outra ocasião, durante uma viagem a Roma, Justino se indispôs com um homem chamado Crescêncio, o Cínico. Quando Justino retornou a Roma, por volta do ano 165, Crescêncio o denunciou às autoridades. Justino foi preso, torturado e decapitado, com outros seis crentes.

Justino escreveu certa vez: "Vocês podem nos matar, mas não podem nos causar dano verdadeiro". O apologista apegou-se a essa convicção até a morte. Ao fazer isso, recebeu o nome que passaria a usar por toda a história: Justino *Mártir*.

C. 156

O martírio de Policarpo

O dia estava quente. As autoridades de Esmirna procuravam Policarpo, o respeitado bispo da cidade. Elas já haviam levado outros cristãos à morte na arena. Agora, uma multidão exigia a morte do líder.

Policarpo saíra da cidade e se escondera na propriedade de alguns amigos, no interior. Quando os soldados entraram, ele fugiu para outra propriedade. Embora o idoso bispo não tivesse medo da morte e quisesse permanecer na cidade, seus amigos insistiram em que se escondesse, talvez com temor de que sua morte pudesse desmoralizar a igreja. Se esse era o caso, estavam completamente equivocados.

Quando os soldados alcançaram a primeira fazenda, torturaram um menino escravo para que revelasse o paradeiro de Policarpo. Assim, apressaram-se, bem armados, para prender o bispo. Embora tivesse tempo para

Policarpo

escapar, Policarpo se recusou a agir assim. "Que a vontade de Deus seja feita", decidiu. Em vez de fugir, deu as boas-vindas aos seus captores, ofereceu-lhes comida e pediu permissão para passar um momento sozinho em oração. Policarpo orou durante duas horas.

Alguns dos que ali estavam com a finalidade de prendê-lo pareciam arrependidos por prender um homem tão simpático. No caminho de volta a Esmirna, o chefe da guarda tentou argumentar com Policarpo: "Que problema há em dizer 'César é senhor' e acender incenso?".

Policarpo calmamente disse que não faria isso.

As autoridades romanas desenvolveram a idéia de que o espírito (ou o "gênio") do imperador (César) era divino. A maioria dos romanos, por causa de seu panteão, não tinha problema em prestar culto ao imperador, pois entendia a situação como questão de lealdade nacional. Porém, os cristãos sabiam que isso era idolatria.

Pelo fato de os cristãos se recusarem a adorar o imperador ou os outros deuses de Roma e adorar Cristo de maneira silenciosa e secreta em seus lares, a maioria das pessoas achava que eles não tinham fé. "Fora com os ateus!", gritavam os habitantes de Esmirna, enquanto buscavam os cristãos para prendê-los. Como sabiam apenas que os cristãos não participavam dos muitos festivais pagãos e não ofereciam os sacrifícios comuns, a multidão atacava o grupo considerado ímpio e sem pátria.

Então, Policarpo entrou em uma arena cheia de pessoas enfurecidas. O procônsul romano parecia respeitar a idade do bispo. Como Pilatos, queria evitar uma cena horrível, se fosse possível. Se Policarpo apenas oferecesse um sacrifício, todos poderiam ir para casa.

— Respeito sua idade, velho homem — implorou o procônsul. — Jure pela felicidade de César. Mude de idéia. Diga "Fora com os ateus!".

O procônsul obviamente queria que Policarpo salvasse a vida ao separar-se daqueles "ateus", os cristãos. Ele, porém, simplesmente olhou para a multidão zombadora, levantou a mão na direção deles e disse:

— Fora com os ateus!

O procônsul tentou outra vez:

— Faça o juramento e eu o libertarei. Amaldiçoe Cristo!

O bispo se manteve firme.

— Por 86 anos servi a Cristo, e ele nunca me fez qualquer mal. Como poderia blasfemar contra meu Rei, que me salvou?

A tradição diz que Policarpo estudou com o apóstolo João. Se isso foi realmente verdade, ele era, provavelmente, o último elo vivo com a igreja apostólica. Cerca de quarenta anos antes, quando Policarpo começou seu ministério como bispo,

Inácio, um dos pais da igreja, escreveu a ele uma carta especial. Policarpo escreveu, de próprio punho, uma carta aos filipenses. Embora não seja especialmente brilhante e original, essa carta fala sobre as verdades que ele aprendeu com seus mestres. Policarpo não fazia exegese de textos do Antigo Testamento, como os estudiosos cristãos posteriores, mas citava os apóstolos e os outros líderes da igreja para exortar os filipenses.

Cerca de um ano antes do martírio, Policarpo foi a Roma para acertar algumas diferenças quanto à data da Páscoa com o bispo daquela cidade. Uma história diz que, nessa cidade, ele debateu com o herege Marcião, a quem chamava "o primogênito de Satanás". Diz-se que diversos seguidores de Marcião se converteram com sua exposição dos ensinamentos apostólicos.

Este era o papel de Policarpo: ser uma testemunha fiel. Líderes posteriores apresentariam saídas criativas diante de situações em constante mutação, mas a era de Policarpo requeria apenas fidelidade. E ele foi fiel até a morte.

Na arena, a argumentação continuava entre o bispo e o procônsul. Em certo momento, Policarpo admoestou seu inquisidor: "Se você [...] finge que não sabe quem sou, ouça bem: sou um cristão. Se você quer aprender sobre o cristianismo, separe um dia e me conceda uma audiência".

O procônsul ameaçou jogá-lo às feras.

Policarpo disse: "Pois chame-as. Se isto fosse uma mudança do mal para o bem, eu a consideraria, mas não posso admitir uma mudança do melhor para o pior".

Ameaçado pelo fogo, Policarpo reagiu: "Seu fogo poderá queimar por uma hora, mas depois se extinguirá; mas o fogo do julgamento por vir é eterno".

Por fim, anunciou-se que Policarpo não se retrataria. O povo de Esmirna gritou: "Este é o mestre da Ásia, o pai dos cristãos, o destruidor de nossos deuses, que ensina o povo a não sacrificar e a não adorar!".

O procônsul ordenou que o bispo fosse queimado.

Policarpo foi amarrado a uma estaca, e o fogo foi ateado. Contudo, de acordo com testemunhas oculares, seu corpo não se consumia. Conforme o relato dessas testemunhas, ele "estava lá no meio, não como carne em chamas, mas como um pão sendo assado ou como o ouro e a prata sendo refinados em uma fornalha. Sentimos o suave aroma, semelhante ao de incenso, ou ao de outra especiaria preciosa".

Quando um dos executores o perfurou com uma lança, o sangue que jorrou apagou o fogo.

Este relato foi repassado às congregações por todo o império. A igreja valorizou esses relatos e começou a celebrar a vida e a morte de seus mártires, chegando a coletar seus ossos e outras relíquias. Em 23 de fevereiro, todos os anos, comemoravam o "dia do nascimento" de Policarpo no Reino celestial.

Nos 150 anos seguintes, à medida que centenas de outros mártires caminharam fielmente para a morte, muitos foram fortalecidos pelos relatos do testemunho fiel do bispo de Esmirna.

177
Ireneu se torna bispo de Lião

Até mesmo quanto as heresias, "não há nada novo debaixo do sol" (Ec 1.9). Os falsos ensinamentos que surgiram dentro e em torno da igreja permanecem basicamente os mesmos.

Em vez de se voltar para a obra expiatória de Cristo, muitos buscam salvar a si mesmos pela descoberta de algum conhecimento secreto. Isso surgiu na igreja primitiva por meio de um conjunto de heresias chamado de gnosticismo (*gnosis* é uma palavra grega que significa "conhecimento").

Aparentemente, já existia uma forma de gnosticismo antes da fundação da igreja. João desfechou um golpe contra esse falso ensinamento, quando escreveu sua primeira carta. Contudo, essa doutrina ainda continuou a exercer influência no século II.

Sabemos pouco sobre Ireneu, o homem que se opôs ao gnosticismo na segunda metade do século II. Nasceu, provavelmente, na Ásia Menor, por volta do ano 125. Em virtude do intenso comércio entre a Ásia Menor e a Gália, os cristãos puderam levar a fé àquela região, onde foi estabelecida uma igreja vigorosa em sua cidade principal, Lião.

Enquanto serviu como presbítero em Lião, Ireneu viveu de acordo com seu nome, que significa "pacífico", viajando até Roma para pedir indulgência aos montanistas da Ásia Menor. Durante essa missão, a perseguição cresceu em Lião, e o bispo daquela cidade foi martirizado.

Ireneu o sucedeu como bispo em seu lugar e descobriu que o gnosticismo conseguira algumas conversões na Gália. Essa doutrina se espalhou facilmente, porque os gnósticos usavam termos cristãos, embora tivessem interpretações radicalmente diferentes dessas expressões. A fusão dos termos cristãos com os conceitos da filosofia grega e das religiões asiáticas era atraente aos que queriam acreditar que poderiam salvar a si mesmos, sem depender da graça do Pai todo-poderoso.

Ireneu estudou as várias formas de gnosticismo. Embora variassem grandemente, os ensinamentos mais comuns eram os seguintes: o mundo físico é mau; o mundo foi criado e é governado por poderes angelicais, e não por Deus; Deus está distante e não está realmente ligado a este mundo; a salvação pode ser alcançada pelo aprendizado de alguns ensinamentos secretos especiais. As pessoas espirituais — ou seja, os próprios seguidores do gnosticismo — são superiores aos cristãos comuns. Os mestres do gnosticismo sustentavam essas idéias valendo-se dos evangelhos gnósticos — volumes que normalmente tomavam emprestado o nome de um apóstolo e retratavam Jesus Cristo ensinando doutrinas gnósticas.

Quando o bispo de Lião finalmente tomou conhecimento dessa heresia, escreveu a obra denominada *Contra as heresias*, um enorme trabalho no qual buscava revelar a tolice do "falso conhecimento". Valendo-se tanto do Antigo Testamento quanto do Novo, Ireneu mostrou que o Deus amoroso criou o mundo, que se corrompeu por causa do do pecado humano. Adão, o primeiro homem inocente, tornou-se pecador ao ceder à tentação. Porém, sua queda foi des-feita — rematada — pela obra do segundo homem inocente, Cristo, o novo Adão. O corpo não é mau, e, no último dia, o corpo e a alma dos crentes ressuscitarão; viverão para sempre com Deus.

Ireneu compreendia que o gnosticismo se valia do desejo humano de conhecer algo que os outros não conheciam. Com relação aos gnósticos, escreveu: "Tão logo um homem é convencido a aceitar a forma da salvação deles [dos gnósticos], se torna tão orgulhoso com o conceito e a importância de si mesmo, que passa a andar como se fosse um pavão". Porém, os cristãos deveriam humildemente aceitar a graça de Deus, e não se envolver em exercícios intelectuais que levavam à vaidade.

Durante toda a sua vida, Ireneu recordou com alegria o fato de ter sido próximo de Policarpo, que conhecera pessoalmente o apóstolo João. Desse modo, talvez não seja surpreendente o fato de Ireneu apelar para a autoridade dos apóstolos, quando desaprovou as afirmações do gnosticismo. O bispo destacou que os apóstolos ensinaram em público, e não guardaram segredo sobre nenhum dos ensinamentos que receberam do Mestre. Por todo o império, as igrejas concordavam sobre certos ensinamentos que vieram dos apóstolos de Cristo e que apenas esses ensinamentos formavam os fundamentos de sua crença. Ao declarar que os bispos, os sucessores dos apóstolos, eram os guardiães da fé, Ireneu aumentou o respeito dispensado aos bispos.

Na obra *Contra as heresias,* Ireneu apresentou o padrão para a teologia da igreja: toda a verdade que precisamos está na Bíblia. Ele também provou ser o maior teólogo desde o apóstolo Paulo. Suas discussões amplamente divulgadas foram um golpe mortal para o gnosticismo em sua época.

C. 196 Tertuliano começa a escrever livros cristãos

"O sangue dos mártires é a semente da igreja."

"É certo por ser impossível."

"O que Atenas e Jerusalém têm em comum?"

Frases mordazes como essas eram típicas das obras de Quinto Septímio Florente Tertuliano — ou simplesmente Tertuliano. Nativo de Cartago, foi criado em um lar de cultura pagã e educado nos clássicos da literatura, na arte de discursar e em Direito. Por volta do ano 196, quando voltou seu poderoso intelecto para os tópicos cristãos, Tertuliano mudou o caráter do pensamento e da literatura da igreja ocidental.

Até esse ponto, a maioria dos escritores cristãos usava o grego — uma língua flexível e sutil, perfeita para filosofar e para discutir ninharias. Os cristãos de fala grega geralmente aplicavam a propensão filosófica à sua fé.

Embora Tertuliano, um africano, soubesse grego, preferia escrever em latim. Suas obras refletem a inclinação romana para a praticidade e para enfatizar a moral. Esse influente advogado atraiu muitos outros escritores para sua língua favorita.

Pintura que retrata Tertuliano

Enquanto os cristãos gregos discutiam a divindade de Cristo e sua relação com o Pai, Tertuliano buscava unificar a fé e esclarecer a posição ortodoxa. Em função disso, criou uma fórmula bastante útil que é usada ainda hoje: Deus é uma única substância, consistindo em três pessoas.

Ao introduzir a fórmula o que se tornou a doutrina da Trindade, Tertuliano extraiu sua terminologia não dos filósofos, mas dos tribunais romanos. A palavra latina *substantia* não significava "material", mas carregava a idéia de "direito à propriedade". A *substantia* de Deus era o seu "torrão", por assim dizer. A palavra *persona* não significava "pessoa", do modo como usamos a palavra. Ela se referia a uma das partes na ação legal. Conforme esse uso, o termo permite que seja concebível que três *personae* pudessem compartilhar a mesma *substantia*. Três pessoas (Pai, Filho e Espírito Santo) compartilham uma substância (a soberania divina).

Embora Tertuliano tivesse perguntado "o que Atenas [a filosofia] e Jerusalém [a igreja] têm em comum?", a filosofia estóica, bastante popular em sua época, causou grande influência na vida de Tertuliano. Alguns dizem que a idéia do pecado original passou do estoicismo para Tertuliano e depois para a igreja ocidental. Tertuliano parece ter pensado que, de alguma maneira, a alma era material: assim como o corpo é formado pela concepção, o mesmo acontece com a alma. O pecado de Adão é passado adiante como um traço genético.

A igreja ocidental passou a defender essa idéia, mas isso não aconteceu com a igreja do oriental (que assumiu visão mais otimista da natureza humana).

Por volta do ano 206, Tertuliano deixou a igreja para se juntar aos montanistas, grupo de "puristas" que reagiu contra o que consideravam uma frouxidão moral entre os cristãos. Eles esperavam que a Segunda Vinda acontecesse logo e passaram a ressaltar a liderança imediata do Espírito Santo, e não a do clero ordenado.

Embora Tertuliano tivesse começado a enfatizar a idéia da sucessão apostólica — a passagem do poder e da autoridade apostólica aos bispos —, ficou perturbado pela afirmação dos bispos de que tinham poder para perdoar pecados. Ele acreditava que isso levaria à frouxidão moral, assim como afirmou que isso se tratava de grande presunção por parte dos bispos. Além do mais, pensava, não seriam *todos* os crentes sacerdotes? Seria a igreja formada por santos que dirigiam a si mesmos ou uma turba de santos e pecadores administrados por uma "classe" profissional, o clero?

Tertuliano lutava contra forças poderosas. Por mais de 1 200 anos, o clero teria um lugar especial. Somente depois de Martinho Lutero ter desafiado a igreja é que "o sacerdócio de todos os crentes" foi defendido outra vez.

C. 205

Orígenes começa a escrever

Orígenes, no vitral da Igreja Presbiteriana de Winter Park, Flórida

Em seus primeiros dias, o cristianismo foi criticado como uma religião de pobres e iletrados, pois, na verdade, muitos dos fiéis vinham das classes mais humildes. Como Paulo escreveu, na igreja "poucos eram sábios segundo os padrões humanos; poucos eram poderosos; poucos eram de nobre nascimento" (1Co 1.26).

No século III, porém, o maior intelectual da época era cristão. Pagãos, hereges e cristãos admiravam Orígenes. Sua instrução e conhecimento vastos contribuíram muito para o futuro da cultura cristã.

Orígenes nasceu em Alexandria, por volta do ano 185, filho de pais cristãos devotos. Por volta do ano 201, seu pai, Leônidas, foi preso durante a perseguição de Septímio Severo. Orígenes escreveu ao pai, que estava na prisão, e o encorajou a não negar a Cristo por amor à família. Embora Orígenes quisesse se entregar às autoridades e sofrer o martírio com pai, sua mãe escondeu suas roupas e impediu esse ato zeloso, mas tolo.

Depois do martírio de Leônidas, sua propriedade foi confiscada e sua viúva foi deixada com sete filhos. Orígenes tomou as providências para sustentá-los, ensinando literatura grega e copiando manuscritos. Uma vez que muitos dos estudiosos mais idosos fugiram para Alexandria na época da perseguição, a escola catequética cristã tinha grande necessidade de professores. Aos dezoite anos, Orígenes tornou-se presidente da escola e deu início à sua longa carreira de professor, estudioso e escritor.

Praticava a ascese, passava grande parte das noites em estudo e em oração, dormia no chão duro, nos poucos momentos em que realmente conciliava o sono. Seguia o mandamento de Jesus, pois tinha apenas uma capa e não possuía sapatos. Chegou até mesmo a seguir literalmente Mateus 19.12: ele se castrou como defesa contra as tentações carnais. O maior desejo de Orígenes era ser fiel à igreja e honrar o nome de Cristo.

Como escritor extremamente prolífico, Orígenes foi capaz de manter sete secretários ocupados com seus ditados. Ele produziu cerca de duas mil obras, incluindo comentários sobre quase todos os livros da Bíblia, além de centenas de homilias. A obra *Héxapla* foi uma façanha da crítica textual, pois tentou encontrar a melhor versão grega do Antigo Testamento. Em seis colunas paralelas, era possível observar o AT em hebraico, uma transliteração para o grego, três traduções em grego e a *Septuaginta*. A obra *Contra Celso* foi um dos mais importantes trabalhos apologéticos do cristianismo, pois o defendeu dos ataques pagãos. A obra *De principiis* [*Sobre os princípios*] foi a primeira tentativa de criar uma teologia sistemática. Nela, Orígenes examina cuidadosamente as crenças cristãs referentes a Deus, a Cristo e ao Espírito Santo, bem como assuntos referentes à Criação, à alma, ao livre-arbítrio, à salvação e às Escrituras.

Orígenes foi, em grande parte, responsável pelo estabelecimento da interpretação alegórica das Escrituras, que dominaria a Idade Média. Acreditava que em todo o texto existiam três níveis de significado: o literal, o moral (que servia para edificar a alma) e o alegórico ou espiritual, considerado oculto e o mais importante para a fé cristã. O próprio Orígenes desprezou o significado literal e o histórico-gramatical do texto, enfatizando o significado alegórico mais profundo.

Orígenes tentou relacionar o cristianismo à ciência e à filosofia de seus dias. Acreditava que a filosofia grega era a preparação para a compreensão das Escrituras e usava a analogia, mais tarde adotada por Agostinho, de que os cristãos "despojaram os egípcios", quando usaram a riqueza do conhecimento pagão na causa cristã (Êx 12.35,36).

Ao aceitar os ensinamentos da filosofia grega, Orígenes adotou muitas idéias platônicas, estranhas ao cristianismo ortodoxo. A maioria de seus erros era causada pela pressuposição grega de que a matéria e o mundo material são intrinsecamente maus. Acreditava na existência da alma antes do nascimento e ensinava que a posição de alguém no mundo era conseqüência de sua conduta em um estado preexistente. Negava a ressurreição física e advogava que, no final de tudo, Deus salvaria todos os homens e todos os anjos. Uma vez que Deus não podia criar o mundo material sem entrar em contato com a matéria básica, o Filho foi eternamente gerado pelo Pai que, por sua vez, criou o mundo eterno. Segundo ele, foi somente a humanidade de Jesus que morreu na cruz, como pagamento feito ao Diabo em resgate pelo mundo.

Devido a equívocos como esses, o bispo Demétrio de Alexandria convocou o concílio que excomungou Orígenes. Embora Roma e a igreja ocidental tivessem aceitado a excomunhão, a igreja da Palestina e a maior parte do Oriente não a aceitaram. Eles continuaram consultando Orígenes devido à sabedoria, à erudição e ao conhecimento que ele possuia.

Durante a perseguição promovida por Décio, Orígenes foi preso, torturado e condenado a morrer em uma estaca. Somente a morte do imperador impediu que a sentença fosse executada. Com a saúde debilitada devido à provação, Orígenes morreu por volta do ano 251. Ele fez mais do que qualquer outra pessoa para promover a causa da erudição cristã e para fazer com que a igreja fosse respeitada aos olhos do mundo. Os pais da igreja posteriores a ele, tanto do Oriente quanto do Ocidente, sentiram sua influência. A diversidade de seu pensamento e de seus escritos lhe rendeu a reputação de ser o pai da ortodoxia, bem como das heresias.

251

Cipriano escreve *Unidade da igreja*

Que relação existe entre os membros da igreja e seus líderes? De que maneira a igreja pode disciplinar os membros? Essas são questões que a igreja deve abordar em qualquer época.

Em meados do século III, as respostas a essas perguntas foram proferidas por Cipriano, que possuíra muita riqueza e nascera pagão em uma família culta, por volta do ano 200. Quando se tornou cristão, renunciou ao seu estilo de vida, doou seus bens e o dinheiro aos pobres e assumiu o voto de castidade. Com relação à sua conversão, escreveu: "O segundo nascimento fez de mim um novo homem por meio do Espírito soprado do céu".

Professor de retórica e orador famoso, o eloqüente e devoto Cipriano destacou-se entre os membros da igreja, tornando-se bispo de Cartago por volta do ano 248.

Embora tivesse conhecimento dos clássicos gregos e romanos, Cipriano não era teólogo. De modo diferente de Tertuliano, a quem admirava, Cipriano era um homem prático que se importava pouco com as disputas teológicas de seus dias. Ele simplesmente queria a unidade da igreja. Em uma igreja bem desunida, buscou unir os cristãos por meio da autoridade dos bispos.

O imperador romano Décio perseguira os cristãos, e alguns negaram sua fé. Décio não procurava fazer mártires, porque sabia que o martírio simplesmente chamava mais a atenção para o cristianismo. Em vez de matar os cristãos, os torturava, na esperança de que dissessem "César é Senhor". Os que se rendiam e proferiam essa declaração passaram a ser conhecidos como *lapsi*.

Os cristãos que se mantinham firmes, denominados "confessores", normalmente desaprovavam os *lapsi*. Desse modo, o concílio de bispos estabeleceu regras rígidas em relação à readmissão dos crentes proscritos na igreja. Diante dessa disciplina, um sacerdote chamado Novato deu início a uma igreja rival que oferecia admissão fácil aos *lapsi*.

Embora não tivesse sofrido por causa de sua fé, Cipriano não conseguia suportar a divisão. Acreditava que os cristãos dedicados deveriam passar pela penitência para provar sua fé. A penitência era composta de um período de tristeza verdadeira, depois do qual a pessoa poderia participar novamente da ceia do Senhor. Depois de o penitente ter "cumprido seu tempo", ele comparecia diante da congregação vestido de saco e coberto de cinzas para que os bispos pronunciassem o perdão. Cipriano via isso como um sistema graduado: quanto mais grave fosse o pecado, mais penitência a pessoa precisava cumprir. Sua idéia tornou-se popular e passou a ser um dos mais poderosos — e, às vezes, mais abusivos — métodos de disciplina da igreja.

No ano 251, Cipriano convocou o Concílio de Cartago e leu *Unidade da igreja*, seu trabalho principal, que teve profunda influência sobre a história da igreja. A igreja, conforme argumentou, é uma instituição divina — a noiva de Cristo — e somente pode haver uma noiva. Somente na igreja as pessoas poderiam alcançar a salvação; fora dela, há somente escuridão e confusão. Fora da igreja, os sacramentos e os pastores — e até mesmo a Bíblia — não tinham importância. O indivíduo não poderia viver a vida cristã em contato direto com Deus; ele precisava da igreja. Uma vez que Cristo estabelecera a igreja sob autoridade de Pedro, a Pedra, Cipriano disse que todos os bispos eram, em certo sentido, sucessores de Pedro e, portanto, deveriam ser obedecidos. Embora não declarasse que o bispo de Roma estava acima dos outros, Cipriano via o episcopado como especial em razão da conexão de Pedro àquela cidade.

Afirmações de Cipriano como "Fora da igreja não há salvação" e "Ninguém pode ter Deus como Pai se não tiver a igreja como mãe" encorajavam as pessoas a dar aos bispos lugar de grande importância. O bispo era capaz de determinar quem podia fazer parte da igreja, o que, com efeito, é o mesmo que ter o poder de dizer: "Você está salvo; você não está salvo". Em vez de confiar na obra do Espírito Santo por meio da igreja como um todo, Cipriano deixou implícito que o Espírito Santo trabalhava por meio dos bispos.

Os bispos, naturalmente, ganharam poder com a disseminação dessas idéias. Cipriano também promoveu a idéia de que a missa era o sacrifício do sangue e do corpo de Cristo. Uma vez que os sacerdotes agiam como representantes de Cristo, oferecendo novamente o sacrifício em todos os cultos de adoração, isso somente serviu para lhes aumentar o poder.

Cipriano morreu durante a perseguição do imperador Valeriano. Pelo fato de ter se recusado a oferecer sacrifícios aos deuses pagãos, o bispo de Cartago foi decapitado em 258.

A igreja da época de Cipriano, caracterizada pela desunião, apegou-se às suas idéias. O bispo não poderia ter previsto as conseqüências dos meios pelos quais procurou manter a igreja unida. Na Idade Média, alguns homens incrivelmente gananciosos e imorais exerceriam o ofício de bispo, usando-o em benefício próprio, em vez de cuidar dos assuntos espirituais. A estrutura hierárquica que criou a "união", também provocou uma enorme divisão entre o clero e os leigos.

270
Antão começa sua vida de eremita

Um dos principais fundadores das comunidades monásticas não tinha em mente a idéia de fundar coisa alguma. Ele estava simplesmente preocupado com a própria condição espiritual e passou a maior parte de sua vida sozinho.

Antão [ou Antônio] nasceu no Egito, provavelmente por volta do ano 250, em uma família de pais abastados que morreram quando contava cerca de vinte anos, deixando para ele toda sua herança. As palavras de Jesus ao jovem rico — "Se você quer ser perfeito, vá, venda os seus bens e dê o dinheiro aos pobres" — mudaram a vida do jovem Antão. A

Antão deixando o mosteiro. Pintura de Sassetta.

mensagem parecia ter sido direcionada a ele, uma vez que a entendeu literalmente. Doou suas terras aos vizinhos, vendeu suas outras propriedades e repartiu o dinheiro entre os pobres. Colocou-se sob os cuidados de um cristão idoso que lhe ensinou as alegrias da autonegação. Antão optou por comer uma única refeição por dia, composta de pão e água, e passou a dormir no chão.

Com a conversão do imperador Constantino em 312, a situação da igreja mudou drasticamente. Os cristãos saíram da posição de minoria perseguida e tornaram-se membros de uma religião respeitável que desfrutava apoio oficial. Contudo, à medida que grandes multidões começaram a entrar na igreja, ficou mais difícil distinguir entre os que tinham compromisso verdadeiro com Cristo e os que queriam apenas tomar parte da religião popular. A fé se transformou em uma coisa fácil e a sinceridade foi prejudicada.

Cristãos zelosos dessa época, com freqüência, optavam por lutar contra o comprometimento de sua fé afastando-se do mundo. Antão buscou fazer isso e foi viver em uma caverna. De acordo com Atanásio, seu biógrafo, durante doze anos Antão foi cercado por demônios que assumiam formas de vários animais estranhos e que, em alguns momentos, o atacavam, e, em determinada ocasião, quase o mataram. Eles estavam tentando trazer Antão de volta ao mundo dos prazeres sensuais, mas Antão sempre se levantava de maneira triunfante.

Para se afastar ainda mais do mundo, Antão se mudou para um forte abandonado, onde viveu vinte anos sem ver rosto humano. Sua comida lhe era jogada por cima do muro. As pessoas ouviam sobre sua impressionante autonegação e suas batalhas com os demônios. Alguns admiradores ergueram casas rudes próximas ao forte, e, de modo relutante, ele se tornou conselheiro espiritual delas, dando-lhes orientação sobre jejum, oração e obras de caridade. Antão certamente se tornou um modelo de autonegação.

O eremita não conseguiu se desligar totalmente do mundo. Em 311, Maximino, um dos últimos imperadores pagãos, estava perseguindo os cristãos, o que fez com que Antão deixasse sua casa, disposto até mesmo a morrer por sua fé. Em vez disso, ele ministrou aos cristãos que foram condenados a trabalhar nas minas imperiais. Essa experiência o convenceu de que viver a vida cristã poderia ser algo tão santo quanto morrer por ela. Mais uma vez, em 350, ele saiu de casa para defender a ortodoxia contra a heresia ariana, que não fora extinta pelo Concílio de Nicéia (325). Muitas pessoas, incluindo o imperador Constantino, buscavam o conselho espiritual do eremita.

Antão morreu com 105 anos, aparentemente desfrutando vigor físico e mental. Ele insistiu para que fosse enterrado secretamente de modo que nenhum culto se desenvolvesse ao redor de sua sepultura.

Apesar desse cuidado, porém, um culto surgiu. Atanásio, o influente teólogo que teve papel muito importante no Concílio de Nicéia, escreveu uma obra muito popular chamada *Vida de Antão*, na qual retratava-o como o monge ideal, que podia realizar milagres e discernir entre espíritos bons e maus. Não demorou muito para que a idéia de um verdadeiro guerreiro espiritual que se tornou monge e negou a si mesmo tomasse vulto dentro da igreja.

A prática das comunidades de monges que viviam juntos começou com Pacômio, um jovem companheiro de Antão. Como o austero e individualista Antão, a maioria de seus seguidores também foi eremita. Seja como for, Antão comunicou a idéia de que pessoa verdadeiramente religiosa se afasta do mundo, abstendo-se do casamento, da família e dos prazeres mundanos.

Essa idéia só foi desafiada seriamente na época da Reforma.

312

A conversão de Constantino

Era o mês de outubro do ano 312. Um jovem general, a quem todas as tropas romanas da Bretanha e da Gália eram fiéis, marchava em direção a Roma para desafiar Maxêncio, outro postulante ao trono imperial.

Segundo o relato da história, o general Constantino olhou para o céu e viu um sinal, uma cruz brilhante, na qual podia ler: "Com isto vencerás". O supersticioso soldado já estava começando a rejeitar as divindades romanas a favor de um único Deus. Seu pai adorava o supremo deus Sol. Seria um bom presságio daquele Deus na véspera da batalha?

Mais tarde, Cristo teria aparecido a Constantino em um sonho, segurando o mesmo sinal (uma cruz inclinada), lembrando as letras gregas *chi* (χ) e *rho* (ρ), as duas primeiras letras da palavra *Christos*. O general foi instruído a colocar esse sinal nos escudos de seus soldados, o que fez prontamente, da forma exata como fora ordenado.

Conforme prometido, Constantino venceu a batalha.

Esse foi um dos diversos momentos marcantes do século IV, um período de violentas mudanças. Se você tivesse saído de Roma no ano 305 d.C. para viver anos no deserto, quando voltasse certamente esperaria encontrar o cristianismo morto ou enfrentando as últimas ondas de perseguição. Em vez disso, o cristianismo se tornou a religião patrocinada pelo império.

Depois de ter tomado o poder em 284, Diocleciano, um dos mais brilhantes imperadores romanos, começou uma enorme reorganização que afetaria as áreas militar, econômica e civil. Durante certo período de tempo, ele deixou o cristianismo em paz.

Uma das grandes idéias de Diocleciano foi a reestruturação do poder imperial. Dividiu o império em Oriente e Ocidente, e cada lado teria um imperador e um vice-imperador (ou césar). Cada imperador serviria por vinte anos e, a seguir, os césares assumiriam também por vinte anos

Busto do imperador Constantino

e assim por diante. No ano 286, Diocleciano indicou Maximiano imperador do Ocidente, enquanto ele mesmo continuava a governar o Oriente. Os césares eram Constâncio Cloro (pai de Constantino) no Ocidente e Galério no Oriente.

Galério era radicalmente anticristão (há informações que ele atribuiu a perda de uma batalha a um soldado cristão que fez o sinal da cruz). É bem provável que o imperador do Oriente tenha assumido posições anticristãs por instigação de Galério. Tudo isso era parte da reorganização do império, de modo que a lógica era a seguinte: Roma tinha uma moeda única, um sistema político único e, portanto, deveria ter uma única religião; os cristãos, porém, estavam em seu caminho.

A partir do ano 298, os cristãos foram retirados do exército e do serviço civil. Em 303, a grande perseguição teve início. As autoridades planejaram impor severas sanções sobre os cristãos, que começariam a ser implantadas na Festa da Terminália, em 23 de fevereiro. As igrejas foram arrasadas, as Escrituras confiscadas, e as reuniões proibidas. No início, não houve derramamento de sangue, mas Galério logo se encarregou de mudar essa situação. Quando Diocleciano e Maximiano deixaram seus postos (de acordo com o planejado), em 305, Galério desencadeou uma perseguição ainda mais brutal. De modo geral, Constantino, que governava o Ocidente, era mais indulgente. Porém, as histórias de horror do Oriente eram abundantes. Até o ano 310, a perseguição tirou a vida de muitos cristãos.

Contudo, Galério foi incapaz de esmagar a igreja. Estranhamente, em seu leito de morte, ele mudou de idéia. Em outro grande momento, no dia 30 de abril de 311, o feroz imperador desistiu de lutar contra o cristianismo e promulgou o *Édito de Tolerância*. Sempre político, insistiu em que fizera tudo para o bem do império, mas que "grande número" de cristãos "persiste em sua determinação". Desse modo, agora era melhor permitir que eles se encontrassem livremente, contanto que não atentassem contra a ordem pública. Além disso, declarou: "Será tarefa deles orar ao seu Deus em benefício de nosso Estado". Roma precisava de toda a ajuda que pudesse obter. Galério morreu seis dias depois.

O grande plano de Diocleciano, no entanto, começava a ruir. Quando Constâncio morreu, no ano 306, seu filho Constantino foi proclamado governador por seus soldados leais. Maximiano, porém, tentou sair do exílio e governar o Ocidente outra vez com o filho, Maxêncio (que terminou tirando o próprio pai do poder). Enquanto isso, Galério indicava um general de sua confiança, Licínio, para governar o Ocidente. Cada um desses futuros imperadores reivindicava um pedaço do território ocidental. Eles teriam de lutar por ele. Constantino, de maneira astuta, forjou uma aliança com Licínio e lutou contra Maxêncio. Na batalha da Ponte Mílvia, Constantino saiu vitorioso.

Naquele momento, Constantino e Licínio montaram um delicado equilíbrio de poder. Constantino estava ansioso para agradecer a Cristo por sua vitória e, desse modo, optou por dar liberdade e *status* à igreja. No ano 313, ele e Licínio emitiram oficialmente o *Édito de Milão*, garantindo a liberdade religiosa dentro do império. "Nosso propósito", dizia o édito, "é garantir tanto aos cristãos quanto a todos os outros a plena autoridade de seguir qualquer culto que o homem desejar".

Constantino, imediatamente, assumiu o interesse imperial pela igreja: restaurou suas propriedades, deu-lhe dinheiro, interveio na controvérsia donatista e convocou os concílios eclesiásticos de Arles e de Nicéia. Ele também fazia manobras para obter poder sobre Licínio, a quem finalmente depôs, em 324.

Assim, a igreja passou de perseguida a privilegiada. Em um período de tempo surpreendentemente curto, suas perspectivas mudaram por completo. Depois de séculos como movimento contracultural, a igreja precisava aprender a lidar com o poder. Ela não fez todas as coisas de maneira correta. A própria presença dinâmica de Constantino modelou a igreja do século IV, modelo que ela adotou daí em diante. Ele era um mestre do poder e da política, e a igreja aprendeu a usar essas ferramentas.

A visão de Constantino foi autêntica ou ele foi apenas um oportunista, que usou o cristianismo para benefício próprio? Somente Deus conhece a alma. Embora tenha falhado na demonstração de sua fé em várias ocasiões, o imperador certamente assumiu um interesse ativo no cristianismo que professava, chegou até mesmo a correr risco pessoal em certos momentos.

É certo que Deus usou Constantino para fazer com que as coisas acontecessem para a igreja. O imperador afirmou e assegurou a tolerância oficial à fé. Ao fazer isso, porém, ele seguiu os passos do moribundo Galério. Assim, a batalha contra a perseguição romana foi vencida, em certo sentido, não na ponte Mílvia, mas nas arenas em que os cristãos entraram para enfrentar bravamente a morte.

325
O Concílio de Nicéia

Embora Tertuliano tivesse outorgado à igreja a idéia de que Deus é uma única substância e três pessoas, de maneira alguma isso serviu para que o mundo tivesse compreensão adequada da Trindade. O fato é que essa doutrina confundia até os maiores teólogos.

Logo no início do século IV, Ário, pastor de Alexandria, no Egito, afirmava ser cristão, porém, também aceitava a teologia grega, que ensinava que Deus é um só e não pode ser

O Concílio de Nicéia

conhecido. De acordo com esse pensamento, Deus é tão radicalmente singular que não pode partilhar sua substância com qualquer outra coisa: somente Deus pode ser Deus. Na obra intitulada *Thalia*, Ário proclamou que Jesus era divino, mas não era Deus. De acordo com Ário, somente Deus, o Pai, poderia ser imortal, de modo que o Filho era, necessáriamente, um ser criado. Ele era *como* o Pai, mas não era verdadeiramente Deus.

Muitos ex-pagãos se sentiam confortáveis com a opinião de Ário, pois, assim, podiam preservar a idéia familiar do Deus que não podia ser conhecido e podiam ver Jesus como um tipo de super-herói divino, não muito diferente dos heróis humanos-divinos da mitologia grega.

Por ser um eloqüente pregador, Ário sabia extrair o máximo de sua capacidade de persuação e até mesmo chegou a colocar algumas de suas idéias em canções populares, que o povo costumava cantar.

"Por que alguém faria tanto estardalhaço com relação às idéias de Ário?", muitas pessoas ponderavam. Porém, Alexandre, bispo de Ário, entendia que para que Jesus pudesse salvar a humanidade pecaminosa, ele *precisava* ser verdadeiramente Deus. Alexandre conseguiu que Ário fosse condenado por um sínodo, mas esse pastor, muito popular, tinha muitos adeptos. Logo surgiram vários distúrbios em Alexandria devido a essa melindrosa disputa teológica, e outros clérigos começaram a se posicionar em favor de Ário.

Em função desses distúrbios, o imperador Constantino não podia se dar ao luxo de ver o episódio simplesmente como uma "questão religiosa". Essa "questão religiosa" ameaçava a segurança de seu império. Assim, para lidar com o problema, Constantino convocou um concílio que abrangia todo o império, a ser realizado na cidade de Nicéia, na Ásia Menor.

Vestido com roupas cheias de pedras incrustadas e multicoloridas, Constantino abriu o concílio. Ele disse aos mais de trezentos bispos que compareceram àquela reunião que deveriam resolver o impasse. A divisão da igreja, disse, era pior do que uma guerra, porque esse assunto envolvia a alma eterna.

O imperador deixou que os bispos debatessem. Convocado diante dos bispos, Ário proclamou abertamente que o Filho de Deus era um ser criado e, por ser diferente do Pai, passível de mudança.

A assembléia denunciou e condenou a afirmação de Ário, mas eles precisavam ir além disso. Era necessário elaborar um credo que proclamasse sua própria visão.

Assim, formularam algumas afirmações sobre Deus Pai e Deus Filho. Nessas declarações, descreviam o Filho como "Deus verdadeiro de Deus verdadeiro, gerado, não criado, consubstancial com o Pai".

A palavra "consubstancial" era muito importante. A palavra grega usada pelos conciliares foi *homoousios*. *Homo* quer dizer "igual"; *ousios* significa "substância". O partido de Ário queria acrescentar uma letra a mais àquela palavra: *homoiousios*, cujo significado passaria a ser "de substância similar".

Com exceção de dois bispos, todos os outros assinaram a declaração de fé. Esses dois, com Ário, foram expulsos. Constantino parecia satisfeito com o resultado de sua obra, mas isso não durou muito tempo.

Embora Ário tivesse ficado temporariamente fora do cenário, sua teologia permaneceria por décadas. Um diácono de Alexandria chamado Atanásio tornou-se um dos maiores opositores do arianismo. Em 328, Atanásio tornou-se bispo de Alexandria e continuou a lutar contra aquela facção.

No entanto, a guerra continuou na igreja do Oriente até que outro concílio, realizado em Constantinopla, no ano 381, reafirmou o Concílio de Nicéia. Ainda assim, traços dos pensamentos de Ário permaneceram na igreja.

O Concílio de Nicéia foi convocado tanto para estabelecer uma questão teológica quanto para servir de precedente para questões da igreja e do Estado. A sabedoria coletiva dos bispos foi consultada nos anos que se seguiram, quando questões espinhosas surgiram na igreja. Constantino deu início à prática de unir o império e a igreja no processo decisório. Muitas conseqüências perniciosas seriam colhidas nos séculos futuros dessa união.

367

A carta de Atanásio reconhece o cânon do Novo Testamento

Como o cristão poderia ter certeza dos livros que deveriam constar do Novo Testamento?

Quando Paulo mencionou as Escrituras a Timóteo ("Toda a Escritura é inspirada..."; 2Tm 3.16), ele estava se referindo ao AT, mas, mesmo nas páginas do NT, temos indicações de que os cristãos começaram a considerar os evangelhos e as epístolas de Paulo como textos especiais. Ao escrever sobre as epístolas de Paulo, Pedro disse que elas às vezes continham "algumas coisas difíceis de entender". Todavia, a sabedoria de Paulo fora dada por Deus, e Pedro repreendeu "os ignorantes e instáveis" que distorciam as palavras de Paulo, fazendo o mesmo com "as *demais* Escrituras" (2Pe 3.16; grifo do autor). É óbvio que Pedro começava a perceber que os cristãos tinham alguns textos edificantes além das obras do AT.

Os judeus decidiram que alguns livros — os que chamamos hoje de Antigo Testamento — foram claramente inspirados por Deus, ao passo que outros não o eram. Por enfrentar heresias, os cristãos também começaram a sentir a necessidade de distinguir entre escritos verdadeiramente inspirados e os de origem questionável.

Havia dois critérios fundamentais, usados pela igreja para identificar o cânon (*kanon* é a palavra grega para "padrão"): a *origem apostólica* e o *uso dos textos nas igrejas.*

Com relação à origem apostólica, a igreja incluiu Paulo entre os apóstolos. Embora não tenha caminhado com Cristo, Paulo se encontrou com ele na estrada para Damasco. A abrangência de sua atividade missionária — relatada no livro de Atos dos Apóstolos — fez dele o próprio modelo do apóstolo.

Cada evangelho precisava estar relacionado a um apóstolo. Desse modo, o evangelho de Marcos, associado a Pedro, e o de Lucas, relacionado a Paulo, receberam um lugar no cânon. Depois da morte dos apóstolos, os cristãos valorizaram o testemunho dos livros, muito embora não portassem o nome de um apóstolo como autor.

Com relação ao uso dos textos nas igrejas, a orientação parecia ser a seguinte: "Se muitas igrejas usam um texto, e se ele continua a edificá-las, logo esse texto deve ser inspirado".

Embora esse padrão mostre uma abordagem bastante pragmática, existe uma lógica por trás dele: alguma coisa inspirada por Deus, sem dúvida, inspirará muitos adoradores. O texto que não foi inspirado acabaria, mais cedo ou mais tarde, por cair em desuso.

Infelizmente, esses padrões somente não eram capazes de estabelecer quais seriam os livros do cânon. Diversos textos flagrantemente heréticos carregavam o nome de um apóstolo. Além disso, algumas igrejas utilizavam textos que outras não se preocupavam em usar.

Por volta do final do século II, os quatro evangelhos, o livro de Atos e as epístolas de Paulo eram grandemente valorizadas em quase todos os lugares. Embora não existisse ne nhuma lista "oficial", as igrejas tinham a tendência crescente de se voltar para esse material como fonte de autoridade espiritual. Bispos influentes como Inácio, Clemente de Roma e Policarpo contribuíram para que esses textos alcançassem ampla aceitação. Contudo, ainda havia muita disputa com relação a Hebreus, Tiago, 2Pedro, 2 e 3João, Judas e Apocalipse.

A heresia era uma maneira de fazer com que os cristãos ortodoxos esclarecessem suas posições. Até onde sabemos, a primeira tentativa de elaboração do cânon foi feita por Marcião, que incluiu apenas dez das treze epístolas de Paulo e o evangelho de Lucas bastante modificado. Mais tarde, outros grupos heréticos defenderiam seus "livros secretos", normalmente os que tinham o nome de um apóstolo ligado a eles.

Uma lista ortodoxa primitiva, compilada por volta do ano 200, foi o *Cânon muratório*, elaborado pela igreja de Roma. Ele incluía a maioria dos livros presentes hoje no Novo Testamento, mas adicionava o *Apocalipse de Pedro* e a *Sabedoria de Salomão*. Listas posteriores omitiram alguns livros, e deixaram outros, mas continuavam sendo bastante similares. Obras como *O pastor*, de Hermas, o *Didaquê* e a *Epístola de Barnabé* eram muito consideradas, embora as pessoas tivessem dificuldade em considerá-las escritura inspirada.

Em 367, Atanásio, o bispo de Alexandria, influente e altamente ortodoxo, escreveu sua famosa carta oriental. Nesse documento, enumerava os 27 livros que hoje fazem parte do nosso Novo Testamento. Na esperança de impedir que seu rebanho caminhasse rumo ao erro, Atanásio afirmou que nenhum outro livro poderia ser considerado escritura cristã, embora admitisse que alguns, como o *Didaquê*, pudessem ser úteis para devoções particulares.

A lista de Atanásio não encerrou esse assunto. Em 397, o Concílio de Cartago confirmou sua lista, mas as igrejas ocidentais demoraram muito para estabelecer o cânon. A contenda continuou com relação aos livros questionáveis, embora todos terminassem aceitando o Apocalipse.

No final, a lista de Atanásio recebeu aceitação geral e, desde então, as igrejas por todo o mundo jamais se desviaram de sua sabedoria.

385

O bispo Ambrósio desafia a imperatriz

Os soldados cercaram a catedral de Milão. O bispo Ambrósio recebeu ordens da imperatriz Justina para abdicar do controle do prédio, mas ele não se moveu. A guarda germânica do imperador preparou-se para executar as ordens da imperatriz. A guarda não apenas tinha grande lealdade à imperatriz, mas os germanos, provavelmente, eram também arianos, ao passo que o bispo seguia os ensinamentos ortodoxos do Concílio de Nicéia.

Muitos esperavam o massacre dos infiéis reunidos na catedral, mas os observadores ouviram o som de salmos ecoando pelo ar. A força imperial deparou com uma fé inabalável.

O homem em quem esse conflito estava centralizado — o bispo Ambrósio — era um dos líderes mais fortes que a igreja já conhecera. O jovem Ambrósio, filho de um dos mais altos oficiais do governo de Constantino, fora criado para seguir os passos de seu pai. Quando terminou seus estudos em Direito, foi nomeado governador do território em volta da cidade de Milão. Muitos o consideravam um líder justo e altamente capaz.

Na época em que Ambrósio ocupava a posição de governador, um ariano chamado Auxêncio ocupou a posição de bispo de Milão. O bispo morreu em 374, e um grande tumulto se levantou

Ambrósio, bispo de Milão, impede a entrada do imperador Teodósio na igreja depois de seus abusos pagãos em Constantinopla

enquanto a igreja tentava escolher o sucessor. Devido ao seu papel governamental, Ambrósio foi até lá para abrandar a contenda.

De repente, alguém começou a gritar: "Ambrósio para bispo!". O restante das pessoas se juntou ao coro.

O único problema era que Ambrósio nem sequer fora batizado. Embora já acreditasse em Cristo havia bastante tempo, continuava um iniciante na fé. Mas isso não tinha a menor importância. A aclamação popular fez com que, em somente oito dias, ele fosse consagrado o novo bispo de Milão, queimando as diversas etapas — o batismo e muitos cargos intermediários — que eram requeridas para alcançar esse cargo.

O arianismo perdera seu poder. O último imperador do Oriente a defender essa causa foi Valente, morto em 378. Graciano, imperador do Ocidente, indicou o general Teodósio para governar a metade oriental do império, a partir de Constantinopla. Em 380, os dois imperadores promulgaram um édito declarando o cristianismo niceno a religião de todo o reino. Isso terminou por destruir a seita ariana, exceto em algumas terras distantes, entre os godos e entre alguns membros da família imperial.

Ambrósio levou bastante a sério sua nova posição como bispo. Estudou as Escrituras, assim como os pais da igreja, com intensidade, e começou a pregar todos os domingos. Ele sempre fora um grande orador e agora seu discurso tinha ainda mais profundidade. Basílio de Cesaréia, um de seus contemporâneos, descreveu Ambrósio como "um homem notável por seu intelecto, por sua linhagem ilustre e por sua notoriedade na vida e no dom da palavra, um objeto de admiração de todos neste mundo".

Um de seus admiradores era um escritor de discursos chamado Agostinho. Este jovem cartaginês já pesquisara o maniqueísmo e fora atraído pelos pagãos de Roma. Fora mandado para Milão como professor e retórico do imperador adolescente Valentiniano II. Naqueles dias, o poder imperial estava baseado em Milão, mas o Senado, em Roma, ainda era influente. De maneira geral, os senadores ainda abraçavam os antigos modos pagãos romanos, mas os imperadores eram cristãos. É bem possível que Agostinho tenha sido mandado pelos pagãos do Senado para ajudar a influenciar o jovem imperador.

Por razões políticas, Agostinho tornou-se catecúmeno na igreja cristã. Durante esse processo, entrou em contato com Ambrósio e ficou impressionado com a humildade e o poder do bispo. Mais tarde, por meio do testemunho de um dos ajudantes de Ambrósio, Agostinho se converteu (v. mais detalhes sobre Agostinho no próximo capítulo).

Ambrósio também ficou conhecido como compositor de hinos. Até mesmo no século IV a música na adoração levantava controvérsias. Os críticos temiam que as experiências musicais de Ambrósio criassem mania pelos hinos. Por isso, não é de surpreender que um cântico fosse ouvido durante o cerco da catedral de Milão, naquele dia do ano de 385. É bem possível que uma das cantoras fosse Mônica, a dedicada mãe de Agostinho.

Porém, foi outra mulher que criou o conflito naquele dia. Justina era a mãe do imperador Valentiniano, o sucessor de Graciano como o governador do Império Romano do Ocidente. Ela era o poder por trás do trono. Como ariana, queria reclamar para si a catedral de Ambrósio, assim como outra igreja em Milão, para que pudessem ser usadas pelas congregações arianas. Ambrósio se recusou a ceder a catedral. Ela enviou os soldados. O palco estava preparado para o derramamento de sangue.

No entanto, as tropas se dispersaram. Ninguém sabe o porquê. Alguns acham que Ambrósio pode ter feito com que uma mensagem chegasse até Teodósio, homem fervoroso, não-ariano, que governava o Oriente. Talvez a mensagem para Valentiniano, ameaçando a fúria de Teodósio, tenha feito com que o jovem suprimisse os planos de sua mãe. Ou talvez Justina estivesse simplesmente blefando desde o início. Seja qual for o caso, Ambrósio se posicionou diante da corte imperial e venceu.

Mais tarde, Ambrósio enfrentou um imperador — dessa vez, o próprio Teodósio. O imperador reagiu de forma exagerada a um distúrbio em Tessalônica, enviando o exército para massacrar os cidadãos daquela cidade. Ambrósio considerou isso um ato hediondo e excomungou Teodósio até que o imperador cumprisse penitência. O fato de o imperador voltar à catedral vestido de saco e coberto de cinza e ajoelhar-se diante do bispo buscando perdão é um testemunho tanto da coragem de Ambrósio quanto da humildade de Teodósio.

Houve um tempo em que a igreja enfrentou a perseguição de imperadores. Com Ambrósio, o novo padrão de relacionamento entre a igreja e o Estado começava a se desenvolver.

387
Conversão de Agostinho

O mais antigo retrato conhecido de Agostinho, um afresco no Palácio de Latrão

"Senhor, torna-me casto, mas não agora", disse um intelectual, voltado à sensualidade, que flertava com o cristianismo — e com muitas outras coisas também. Depois de se entregar a Deus, esse homem não mais teria problemas para ser casto e se tornaria um dos mais influentes escritores que a igreja já conheceu.

Esse homem complexo era Aurelius Augustinus, mais conhecido por Agostinho. Nasceu em 354, na cidade de Tagaste, filho de mãe cristã, Mônica, e de pai pagão, Patrício, que era oficial romano.

Ao perceber o brilhantismo de seu filho, Mônica e Patrício procuraram as melhores escolas para ele. Estudou retórica em Cartago e foi estimulado a ler autores latinos como Cícero. Convencido por seus estudos de que a verdade era o objetivo da vida, em um primeiro momento rejeitou o cristianismo, porque via nele uma religião para as pessoas de mente simples.

Quando era adolescente, Agostinho tomou para si uma concubina que lhe deu um filho. Pelo resto de sua vida, Agostinho olharia para seus dias passados em Cartago com aversão. Na obra chamada *Confissões*, comenta: "Cheguei a Cartago, onde um caldeirão de amores profanos estava chiando e borbulhando ao meu redor".

O jovem incansável experimentou o maniqueísmo, que ensinava ser o mundo um campo de batalha entre a luz e as trevas, a carne e o espírito. O maniqueísmo, no entanto, não conseguiu satisfazer o desejo de Agostinho de encontrar a verdade definitiva.

Tampouco conseguiu encontrá-la no neoplatonismo.

Assolado pela própria insatisfação espiritual, Agostinho se mudou de Cartago para Roma e depois para Milão, ensinando retórica nessas cidades. Em Milão, ele se encontrou com o bispo Ambrósio e aprendeu que nem todos os cristãos eram pessoas de mente simples, pois aquele homem era brilhante.

Em 387, enquanto estava sentado em um jardim em Milão, Agostinho ouviu uma criança cantar uma música que dizia: "Pegue-a e leia-a, pegue-a e leia-a". Agostinho leu a primeira coisa que encontrou na sua frente: a epístola de Paulo aos Romanos. Quando leu Romanos 13.13,14, as palavras de Paulo que versam sobre o revestir-se do Senhor Jesus em vez de deleitar-se com os prazeres pecaminosos tocaram profundamente seu coração, e Agostinho creu. "Foi como se a luz da fé inundasse meu coração e todas as trevas da dúvida tivessem sido dissipadas."

Apesar de Agostinho estar feliz com sua vida monástica tranqüila, sua reputação de cristão brilhante se espalhou. Em 391, ele foi pressionado a ser ordenado sacerdote. Em 395, tornou-se bispo da cidade de Hipona, no norte da África.

Todas as controvérsias de seus dias envolviam o bispo Agostinho. O grupo donatista tinha grande preocupação no sentido de que o clero tivesse a moral adequada. Sob a perseguição do imperador Diocleciano, alguns clérigos entregaram cópias das Escrituras a seus perseguidores para que fossem queimadas. Mais tarde, alguns desses "traidores", como eram chamados, foram readmitidos no clero. Os donatistas se recusaram a aceitar os"traidores" e estabeleceram uma igreja rival. Milhares de donatistas viviam na diocese de Agostinho.

Agostinho negava a necessidade de uma igreja rival. Embora, como disse, pudessem existir algumas pessoas que não fossem exatamente santas na igreja, só havia uma igreja. Os sacramentos, que Agostinho definia como sinais visíveis da graça invisível, não eram eficientes em razão da justiça do sacerdote, mas devido à graça de Deus operando por intermédio deles. A visão de Agostinho prevaleceu, e o movimento donatista perdeu força.

Pelágio, um monge inglês, espalhou a heresia em que afirmava que a ação do homem era essencial em sua opção por Deus. Embora a graça de Deus tivesse seu papel, ela não era tudo. Pelágio não ensinava que o homem poderia salvar-se a si mesmo, mas negava que o pecado tivesse sido herdado de Adão.

Agostinho se opôs a essa idéia, dizendo que ninguém poderia escolher o bem a não ser que Deus o levasse a fazer isso. Na verdade, Deus havia predestinado os eleitos, seus redimidos, e nada do que o homem pudesse fazer mudaria o decreto eterno. Em 431, um ano depois da morte de Agostinho, o Concílio de Éfeso condenou oficialmente o pelagianismo.

Agostinho não apenas desafiou a heresia, mas, em sua obra *Confissões*, descreveu sua busca espiritual, talvez, a primeira autobiografia verdadeiramente espiritual. A famosa frase "inquieto está nosso coração enquanto não repousa em ti" vem do primeiro parágrafo dessa obra.

Pelo fato de os ensinamentos de Agostinho tem se tornado tão fundamental ao cristianismo, não percebemos como ele foi original em seus dias. Seus pensamentos se espalharam tanto entre os teólogos católicos quanto entre os protestantes. Lutero e Calvino o citavam constantemente; gostavam de sua ênfase na graça de Deus e na incapacidade do homem de salvar-se a si mesmo.

Agostinho escreveu centenas de tratados, cartas e comentários. Sua obra clássica, intitulada *A Trindade* é provavelmente o trabalho mais conhecido sobre o assunto. Entretanto, sua obra mais importante foi *A cidade de Deus*, trabalho monumental escrito em resposta à queda de Roma diante dos visigodos. Algumas pessoas culparam os cristãos pelo acontecido, e alegavam que Roma caíra porque seu povo rejeitara os deuses nativos. Em razão dessas afirmações, Agostinho respondeu defendendo e explicando o plano e a obra de Deus na história. Ele diz que, desde Caim e Abel, sempre houve duas cidades no mundo: a cidade de Deus (os fiéis) e a cidade dos homens (a sociedade pagã). Embora elas se inter-relacionem, Deus cuidará para que a cidade de Deus — a igreja — permaneça por toda a eternidade.

Embora Agostinho tenha escrito no final da era antiga, seus pensamentos influenciaram os estudiosos da Idade Média e perduraram até a Reforma.

398

João Crisóstomo se torna bispo de Constantinopla

A primeira vez que a atenção do público se voltou para João Crisóstomo foi devido a uma rebelião em protesto pelos novos impostos. Ele era pastor em Antioquia, em 387, quando o imperador Teodósio impôs essa nova taxa. O povo de Antioquia ficou enraivecido. Em protesto, se revoltaram, atacando oficiais do império e mutilando estátuas de Teodósio e de sua família. A ordem foi logo restaurada e as pessoas esperavam ser punidas.

Flaviano, bispo de Antioquia, correu para Constantinopla, a capital do império, pedindo clemência ao imperador. Teodósio era conhecido por enviar tropas para massacrar os cidadãos que lhe causavam dificuldades. Enquanto o bispo e uma legião de monges pleiteavam junto ao imperador, João tentava acalmar as multidões. Em uma série de vinte sermões (*Homilias sobre os ícones*), ele inspirou, admoestou e desafiou as multidões. Essa foi uma série de sermões proféticos da melhor espécie. O bispo retornou com notícias de anistia e João insistia com as pessoas para que as atitudes delas mudassem para melhor.

Essa não seria a última vez que João enfrentaria uma situação política séria. Ele fez aquilo com coragem, fidelidade e, talvez, com certa dose de arrogância.

É possível que ele tivesse aprendido isso com sua mãe, Antusa. Seu marido era oficial militar e morreu pouco depois do nascimento de João. Ela estava com apenas vinte anos e era muito bonita, mas rejeitou seus muitos pretendentes com o objetivo de dar a melhor educação possível a João e à irmã dele. Antusa vinha de uma família abastada e foi capaz de dar a João excelente educação, incluindo estudos de retórica com um famoso professor pagão chamado Libânio. João também estudou Direito, mas foi atraído cada vez mais pela ascese. João ingressou em um mosteiro pouco depois da morte de sua mãe.

Em 381, retornou à sua cidade natal, Antioquia, e foi ordenado diácono. O bispo percebeu suas habilidades na comunicação e fez dele pastor e pregador principal de uma das assembléias de Antioquia. Foi nessa função que ele enfrentou a revolta dos impostos. Durante os anos que se seguiram, ele continuou a ganhar respeito devido à sua habilidade na pregação. Por causa disso, recebeu a alcunha de *Crisóstomo*, transliteração de uma expressão grega cujo significado é "boca de ouro".

Seguindo a escola teológica de Antioquia, João adotou a abordagem mais literal da Bíblia (em oposição à interpretação mais alegórica da Escola Alexandrina). Ele também enfatizou a plena humanidade de Jesus em uma época em que as pessoas ignoravam esse aspecto. Crisóstomo pregou longas séries de mensagens sobre Gênesis, Mateus, João e Romanos, a maioria das quais ainda possuímos. Ele também escreveu comentários.

Em 397, o bispado de Constantinopla ficou vago. Era uma posição de grande prestígio, na capital do império. O imperador Arcádio escolheu João, o Boca de Ouro. É possível que, mais tarde, ele tenha se arrependido de sua decisão.

João era tão popular em Antioquia que teve de ser praticamente raptado para ser levado a Constantinopla. Acabou por ser consagrado bispo na capital em 398. O oficiante da consagração foi o bispo Teófilo de Alexandria.

Devido especialmente às questões políticas, Teófilo causou grandes problemas a João. Ele queria que João lhe fosse subserviente e, provavelmente, ficou enciumado pelo número de novos bispos que passou a seguir Crisóstomo, em função de sua habilidade na pregação. Teófilo também se opunha à teologia de Orígenes, na qual João se fundamentava. Com seu modo audacioso, João provavelmente não despendeu muito esforço para apaziguar o bispo Teófilo.

João tentou ministrar à grande comunidade dos góticos da cidade, dando-lhes boas-vindas, mas não aprovando a heresia ariana que muitos deles professavam. Pregava de maneira veemente contra o pecado, sempre que deparava com ele, a começar pelo próprio clero. Sacerdotes flertavam com a imoralidade, e João queria que isso acabasse. Ele também pregava contra as roupas insinuantes das mulheres de Constantinopla. Embora não se saiba se João tenha feito isso de propósito, o fato é que a imperatriz Eudóxia tomou as palavras de João como afronta pessoal.

Quanto a Teófilo, a gota d'água foi o fato de João ter aceitado quatro monges, defensores da teologia de Orígenes, que haviam sido disciplinados em Alexandria. O bispo alexandrino viajou para Constantinopla e se reuniu com os inimigos de João. Em uma propriedade conhecida como "O Carvalho", em 403, foi promovido um sínodo que condenou os ensinamentos de João e o baniu de sua igreja.

Eudóxia, no entanto, era supersticiosa. Um acidente, talvez um terremoto, aconteceu no palácio logo depois do sínodo e a imperatriz ficou assustada. Ela, imediatamente, pediu ao imperador que revogasse as decisões do sínodo. João foi trazido de volta por um período de cerca de um ano. Destemido como era, continuou a expressar de maneira aberta que pensava, especialmente quando uma estátua de Eudóxia foi levantada ao lado da catedral.

A imperatriz reagiu. Soldados imperiais interromperam um culto de Páscoa e alguns dos seguidores de João foram massacrados. João foi mandado para o exílio, em Cucusso, lugar lúgubre perto da Armênia. O papa Inocêncio I protestou contra esse tratamento, mas o protesto foi em vão. O imperador do Oriente já tomara suas decisões. Mesmo no exílio, João continuou a se corresponder com seus seguidores, orientando-os sobre as questões da igreja. Logo, o imperador decidiu mandá-lo para mais longe ainda.

Foi assim que João morreu, viajando para o local de exílio ainda mais distante, em 407. Nas décadas seguintes, o papa Inocêncio conseguiu limpar o nome de João, ao forçar o bispo Teófilo e outros a incluir o nome de João na lista de nomes pelas quais a igreja deveria orar.

João deixou o legado da boa pregação. Promoveu o estilo de exposição literal da Bíblia conforme praticado em Antioquia e, com Ambrósio, foi um dos primeiros líderes da igreja a se levantar corajosamente diante dos governantes e dizer: "Assim diz o Senhor...". Alguns cristãos fariam a mesma coisa em outros momentos críticos da história.

405

Jerônimo completa a *Vulgata*

A igreja desde o início aceitou que havia a necessidade de traduzir a Bíblia. Embora o grego comum do Novo Testamento fosse amplamente compreendido em todo o Império Romano, nem todos conheciam aquela língua, e a igreja tinha o objetivo de alcançar a todos com o Evangelho.

Surgiram as primeiras traduções em várias línguas, especialmente para o latim (que, com o tempo, passou a ser a língua oficial do império), o siríaco e o copta. Embora possamos destacar o zelo dos primeiros tradutores, infelizmente nem sempre tinham bom domínio do grego.

Dâmaso foi bispo de Roma de 366 a 385. Embora o bispado de Roma fosse tido em grande estima, ele ainda não alcançara o poder superior ao dos outros bispados, e Dâmaso gostava de poder. Ele queria libertar o cristianismo ocidental da dominação do Oriente. Havia muito tempo, o

São Jerônimo lendo, de Giovanni Bellini

grego era a língua aceita pela igreja, mas Dâmaso queria que a igreja do Ocidente se tornasse claramente latina. Uma das maneiras de conseguir isso seria traduzir a Bíblia para o latim.

O secretário de Dâmaso era Eusebius Hieronymus Sophronius, embora fosse mais conhecido na igreja por Jerônimo. Ele foi treinado nos clássicos em latim e grego e repreendia severamente a si mesmo por sua paixão pelos autores seculares. Para punir-se, praticava uma vida de renúncia e retirou-se para a Síria para estudar hebraico. Jerônimo já havia se tornado um dos maiores estudiosos na época em que começou a trabalhar para Dâmaso.

Desse modo, Dâmaso sugeriu que seu secretário produzisse uma tradução latina da Bíblia, que eliminasse as imprecisões das traduções mais antigas. Dâmaso buscava a uniformidade. Assim como já padronizara o culto de adoração das igrejas que estavam sob sua autoridade, Dâmaso queria um conjunto padronizado das Escrituras.

Jerônimo começou sua obra em 382. Quando Dâmaso morreu, em 384, Jerônimo, aparentemente, alimentava o desejo de ocupar a posição de bispo de Roma. Em parte pela amargura de não ter sido escolhido, e em parte pelo desejo de se livrar das distrações, Jerônimo mudou-se de Roma para a Terra Santa, estabelecendo-se em Belém. Em 405, terminou sua tradução, que não foi sua única obra. Durante aqueles 23 anos, ele também produziu comentários e outros escritos, servindo de conselheiro espiritual para algumas viúvas ricas e bastante devotas. Ele se envolveu em várias batalhas teológicas de seus dias, por meio de cartas eloqüentes — e, às vezes, bastante cáusticas — que até hoje são consideradas muito dramáticas.

Jerônimo começou sua tradução trabalhando a partir da *Septuaginta*, a versão grega do Antigo Testamento. Porém, logo estabeleceu um precedente para todos os bons tradutores do Antigo Testamento: passou a trabalhar a partir dos originais em hebraico. Jerônimo consultou muitos rabinos e procurava com isso atingir um alto grau de perfeição.

Jerônimo ficou surpreso com o fato de as Escrituras hebraicas não incluírem os livros que chamamos hoje apócrifos. Por terem sido incluídos na *Septuaginta*, Jerônimo foi compelido a incluí-los também em sua tradução, mas deixou sua opinião bastante clara: eles eram *liber ecclesiastici* ("livros da igreja"), e não *liber canonici* ("livros canônicos"). Embora os apócrifos pudessem ser usados para a edificação, não poderiam ser utilizados para estabelecer doutrina alguma. Centenas de anos mais tarde, os líderes da Reforma dariam um passo adiante e não incluiriam esses livros na versão bíblica protestante.

A biblioteca divina, termo pelo qual Jerônimo se referia à Bíblia, foi finalmente disponibilizada em uma versão precisa e muito bem escrita, na linguagem usada comumente nas igrejas do Ocidente. Ficou conhecida por *Vulgata* (do latim *vulgus*, "comum"). A enorme influência de Jerônimo fez com que todos os estudiosos sérios da Idade Média tivessem grande respeito por sua tradução. Martinho Lutero, que conhecia hebraico e grego, fez citações da *Vulgata* durante toda sua vida.

Pelo fato de a obra de Jerônimo ter o selo de aprovação da igreja, outros tradutores tiveram dificuldades em segui-lo. Até a Reforma, poucas traduções haviam sido feitas para as línguas européias e, mesmo assim, em vez de trabalhar a partir do Novo Testamento em grego, os tradutores se voltavam para a *Vulgata*.

Ironicamente, a tradução da Bíblia no idioma que toda a igreja ocidental pudesse usar, provavelmente, fez com que a igreja tivesse um culto de adoração e uma Bíblia que nenhum leigo podia entender. A tradução de Jerônimo deu ao latim o ímpeto que Dâmaso buscava, mas a *Vulgata* se tornou tão sacrossanta que a tradução da Bíblia para outras línguas bastante utilizadas foi proibida.

432

Patrício é enviado como missionário à Irlanda

Chegada de Patrício à Irlanda em sua primeira visita missionária, em 432 d.C.

Um ex-escravo que nem mesmo nascera na Irlanda se tornaria a mais eficiente testemunha cristã naquele país.

Patrício, filho de pais cristãos, nasceu na Bretanha romana por volta do ano 390. Embora nos primeiros anos esse menino não levasse fé tão a sério, começou a orar com fervor aos dezesseis anos, quando foi preso, escravizado e enviado para trabalhar como guardador de porcos em uma fazenda no norte da Irlanda. Para fugir de sua escravidão, Patrício viajou cerca de 320 quilômetros a pé rumo à costa. Ali, o capitão de um navio que transportava cachorros de caça concordou em levá-lo como tratador. Ele viajou para a França e, de lá, para um mosteiro no Mediterrâneo.

Quando voltou para sua terra natal, Patrício sonhou com as crianças irlandesas implorando para que ele levasse a elas o evangelho. "Imploramos que você venha e caminhe entre nós uma vez mais." Como achava que não tinha a compreensão adequada da fé, Patrício voltou para a França a fim de estudar em um mosteiro. Por volta do ano 432, ele voltou à Irlanda.

Poucos anos antes, o monge britânico Paládio tentara converter os irlandeses, mas obtivera pouco sucesso. Os anos de escravidão de Patrício entre os irlandeses, aparentemente, o prepararam para ser um homem de coragem que compreendia aquele povo e sabia como pregar para eles.

A lenda obscurece muitos dados da vida de Patrício, mas a história de muitas vilas atesta seu ministério ali. Sabemos que o missionário converteu a maioria dos irlandeses ao cristianismo, estabelecendo cerca de 300 igrejas e batizando cerca de 120 mil pessoas. Embora Patrício enfrentasse problemas com alguns chefes de tribos hostis e com os druidas — os defensores do velho paganismo — "o povo comum o ouvia com alegria". Não houve um mártir sequer no processo de conversão dos membros daquelas tribos contenciosas.

Usando a natureza, que já haviam adorado no passado, Patrício descreveu a Trindade comparando-a a um trevo. A compreensão dos irlandeses de que Patrício agia por Deus quando extirpou a falsa religião e estabeleceu a verdade entre o povo pode ser vista na lenda que diz que ele expulsou as cobras da Irlanda.

Depois de 30 anos de ministério altruísta, Patrício morreu por volta do ano 460. Ele nos deixou poucas coisas escritas, dentre as quais podemos destacar o notável hino *I bind unto myself today* [*Hoje constrangido*], conhecido como "Brasão de Patrício".

Muitos anos depois, os missionários da igreja Ocidental chegaram à Irlanda e descobriram uma fé viva naquele lugar. Os sacerdotes e monges irlandeses eram estudiosos e missionários notáveis, e a igreja causara profundo efeito sobre as pessoas comuns. O clero vivia de maneira simples e devota, muitas vezes em circunstâncias difíceis. Embora seus mosteiros fossem despretensiosos, simples estruturas de pedra, o aprendizado e a arte (por exemplo, o extraordinário *Livro de Kells*) mostravam a piedade extremamente viva dos monges. O fato é que esse estilo de vida piedoso alcançou o restante da Europa à medida que levaram a Palavra para fora de seu país.

A igreja da Irlanda se desenvolveu à parte do sistema hierárquico de Roma, pois Patrício evangelizou a nação sem se basear na igreja oficial. A igreja irlandesa foi organizada ao redor de mosteiros, o que refletia o sistema tribal da nação. Sem o desejo de estabelecer uma burocracia eclesiástica, os abades irlandeses encorajaram seus monges a levar adiante o "verdadeiro negócio" da igreja: pregar, estudar e ministrar aos pobres.

A Irlanda só se tornou católica por volta do ano 1100, quando o papa deu a Henrique II, rei da Inglaterra, a soberania sobre a Irlanda. Em sinal de admiração pela maneira como Patrício trabalhara na conversão dos irlandeses, a Igreja Católica o canonizou.

451
O Concílio de Calcedônia

Embora o Concílio de Nicéia tenha proclamado que Jesus era plenamente Deus, a igreja ainda precisava compreender sua natureza humana. De que maneira o humano e o divino se inter-relacionavam no Filho?

A resposta viria por meio de um dos mais exaltados jogos de poder da igreja.

Conforme a igreja crescia, as principais cidades do império recebiam influência teológica (e, por causa disso, seus arcebispos foram chamados patriarcas). Alexandria e Roma geralmente ficavam no mesmo lado das questões, opondo-se a Antioquia e Constantinopla. A combinação de política e teologia era algo especialmente poderoso.

A influência grega permeava os pensamentos da Escola Alexandrina. Muitas pessoas de Alexandria tinham um histórico filosófico de origem grega. Teologicamente, acreditavam que Jesus fora plenamente humano, mas eles tinham a tendência de enfatizar mais o Cristo como Palavra divina (*Logos*) que o Jesus humano. Quando essa questão era levada ao extremo, existia a tendência de obscurecer a humanidade de Jesus a favor de sua divindade. Apolinário, um dos principais defensores de Alexandria, lutara bravamente contra heresias como o arianismo e o maniqueísmo. Contudo, cometeu um deslize, equivocando ao afirmar que, na encarnação, o *Logos* divino substituíra a alma humana, de modo que a humanidade de Cristo fora apenas corpórea. Em 381, o Segundo Concílio Ecumênico condenou esse ensinamento.

A Escola de Antioquia apresentava a tendência de se concentrar na humanidade de Jesus. Embora Jesus fosse divino, eles diziam que sua humanidade fora completa e normal.

Ao envolver-se em uma disputa sobre a veneração de Maria, Nestório, patriarca de Constantinopla, atacou a oposição de Apolinário. Para ele, a idéia de que Maria fora a "Portadora de Deus" era muito parecida com a idéia de Apolinário. Cirilo, patriarca de Alexandria, ansioso por abalar o poder de Constantinopla, acusou o patriarca de dizer que Jesus tinha duas naturezas distintas em seu corpo.

Em 431, no Terceiro Concílio Ecumênico em Éfeso, o maquinador Cirilo conseguiu que Nestório fosse deposto antes que ele e seus amigos pudessem chegar ao local das reuniões. Quando os clérigos ausentes chegaram, condenaram Cirilo e seus seguidores sob a liderança de João, o patriarca de Antioquia. O imperador Teodósio, que convocara o concílio, foi pressionado e terminou por exilar Nestório.

Adicione a essa situação volátil um clérigo que levava a ênfase alexandrina às últimas conseqüências. Eutíquio, chefe de um mosteiro próximo a Constantinopla, ensinava uma idéia que passou a ser chamada monofisismo (de *mono*, "um", e *physis*, "natureza"). Esse ponto de vista sustentava que a natureza de Cristo estava perdida na divindade, "assim como uma gota d'água que cai no mar é absorvida por ele".

O patriarca Flaviano de Constantinopla condenou Eutíquio por heresia, mas o patriarca Dióscoro, de Alexandria, o apoiou. A pedido de Dióscoro, Teodósio convocou outro concílio, que se reuniu em Éfeso, em 449. Esse concílio proclamou que Eutíquio não era herege, mas muitas igrejas consideraram esse concílio inválido. O papa Leão I rotulou aquele encontro de "Sínodo de Ladrões" e, atualmente, ele não é considerado um concílio ecumênico válido.

Leão pediu ao imperador que convocasse outro concílio de modo que a igreja, como um todo, fosse representada. Esse concílio aconteceu na cidade de Calcedônia, próxima de Constantinopla, no ano de 451, atraindo cerca de quatrocentos bispos, freqüência superior à de qualquer outro concilio já realizado até aqueles dias. Dióscoro sempre foi uma figura um tanto sinistra. Agora, nesse concílio, ele foi excomungado da igreja com resultado de suas ações no "Sínodo de Ladrões".

Durante o Concílio de Calcedônia foi lida uma afirmação sobre a natureza de Cristo, chamada *tomo* [carta dogmática], de autoria do papa Leão I. Os bispos incorporaram seu ensinamento à declaração de fé que foi chamada de *Definição de fé de Calcedônia*. Nessa *Definição de fé*, Cristo "reconhecidamente tem duas naturezas, sem confusão, sem mudança, sem divisão, sem separação [...] a propriedade característica de cada natureza é preservada e se reúne para formar uma pessoa". Essa concepção condenava as idéias de Apolinário e Eutíquio, além das posições atribuídas a Nestório.

Calcedônia foi o primeiro concílio no qual o papa exerceu papel importante. Cada vez mais o foco da batalha seria entre Roma e Constantinopla. Calcedônia foi o último concílio que tanto o Ocidente quanto o Oriente consideraram oficial, com relação à definição dos ensinamentos corretos. Esse também foi o último em que todas as regiões foram representadas e conseguiram concordar em questões fundamentais.

Embora Calcedônia não tenha resolvido o problema de como Jesus era tanto Deus quanto homem, esse concílio estabeleceu limites ao definir como incorretas certas interpretações. O concílio, ao referir-se à posição adotada por Apolinário e Eutíquio, disse: "Qualquer que tenha sido a maneira como isso ocorreu, sabemos que não aconteceu dessa maneira".

Bento de Núrsia estabelece sua ordem monástica

Depois que o cristianismo foi aceito no governo de Constantino, foi difícil distinguir entre os que seguiam a Cristo, pois essa era a atitude mais popular a ser adotada, e os que tinham fé verdadeira. O resultado foi que muitos cristãos zelosos buscaram se separar das massas, afastando-se delas.

Eremitas como Antão tornaram-se famosos por suas façanhas de autonegação. Viviam sem comida e sem dormir para buscar a santidade. Ficavam em pé por horas enquanto oravam e chegaram até mesmo a viver no topo de pilares. Os que haviam se cansado da igreja, que fazia muitas concessões e estava carregada de pecado, sentiram atração pelo comportamento bizarro que parecia provar a dedicação dos eremitas a Deus.

Por volta do ano 320, Pacômio deu origem ao monasticismo comunal. Ciente de que a tendência rumo à autonegação poderia sair do controle e até mesmo degenerar em uma disputa espiritual, Pacômio se esforçou para regulamentar o estilo de vida asceta, permitindo a vida simples de autonegação que tivesse limites. Outros, como Basílio, o Grande (330-379), e os cristãos irlandeses, também fundaram comunidades monásticas.

Porém, Bento de Núrsia se tornou a verdadeira força por trás do monasticismo europeu. Ele nasceu em uma família italiana de classe alta e, ainda jovem, foi estudar em Roma. Contudo, a cidade que tinha a reputação de ser uma das mais cristãs do mundo era considerada por ele imoral e frívola. Aborrecido com esse fato, Bento partiu e se tornou eremita.

Adquiriu grande reputação porsua espiritualidade, a ponto de famílias trazerem seus filhos para que fossem treinados por ele na vida cristã. Com bastante relutância, o eremita concordou em se tornar abade. Quando se mostrou austero disciplinador, porém, o entusiasmo que as pessoas tinham por Bento arrefeceu. Um monge chegou até mesmo a tentar envenená-lo. Temendo por sua vida, Bento se escondeu em uma caverna e, depois, deixou a região. Contudo, seus problemas ensinaram uma importante lição: a disciplina é boa, mas expõe a fragilidade da natureza humana.

Por volta do ano 529, Bento se mudou para o monte Cassino onde demoliu um templo pagão que ainda estava em uso, para construir um mosteiro no lugar.

Se Bento apenas tivesse dado um monastério para a igreja, provavelmente não seria tão lembrado. A regra que ele escreveu para governar aquele mosteiro foi, de longe, muito mais importante que o edifício. Bento concebeu o mosteiro como uma comunidade autocontrolada e auto-sustentada que tinha seus campos e oficinas. Ele queria criar uma "fortaleza espiritual" para assegurar que os monges não precisassem ir a qualquer outro lugar para satisfazer as necessidades da vida. Dentro do confinamento da comunidade, os monges teciam as próprias roupas, plantavam a própria comida e faziam sua própria mobília. Vagar fora do perímetro do mosteiro era considerado grande perigo espiritual.

Como Bento já vira antes, alguns dos pretensos monges tinham um comprometimento muito fraco. Assim, criou noviciado de um ano, um tempo no qual o monge poderia decidir se era realmente o que queria. Somente depois desse período de testes é que ele faria os três votos que o desligariam completamente do mundo. O voto de *pobreza* exigia que ele entregasse todos os seus bens pessoais à comunidade; o voto de *castidade* o levava a renunciar a todos os relacionamentos sexuais; o voto de *obediência* era promessa de obedecer sempre aos líderes do mosteiro.

A adoração desempenhava papel muito grande na vida monástica. A *Regra de São Bento* prescrevia sete cultos por dia, incluindo-se um culto de vigília que acontecia às duas horas da manhã, considerado muito importante. Cada culto tinha cerca de vinte minutos e consistia praticamente da recitação de salmos.

Além da adoração pública, os monges tomavam parte em devoções pessoais: leitura da Bíblia, meditação e oração. Embora muitos acusassem as comunidades monásticas de se afastarem do mundo, os monges sempre oravam por quem estava fora de seus muros.

"O ócio é o inimigo da alma", declarava a *Regra*. Assim, todos os monges tinham de tomar parte no trabalho manual, incluindo a preparação de alimentos.

Embora essa vida de trabalho, oração e adoração possa parecer tediosa, foi uma tentativa de criar uma vida ordeira sem ir a extremos.

Bento também tentou disponibilizar a vida santa aos seres humanos comuns. Em sua regra, escreveu: "Se parecemos muito severos, não se assuste e não saia correndo. A entrada para o caminho da salvação deve ser estreita. Contudo, conforme você progride na vida da fé, o coração se expande e anda mais rápido com a doçura do amor por todas as veredas dos mandamentos de Deus".

Vivendo em uma era cruel e instável, o monasticismo beneditino forneceu refúgio aos que eram sensíveis à religião. Embora a Europa Ocidental tivesse se tornado nominalmente cristã, a maior parte da população ainda tinha comportamento pagão. Bento ofereceu uma vida calma, nobre e cheia de propósitos que não estava disponível fora do claustro. Muitas pessoas podem não simpatizar com esse afastamento, mas é certamente compreensível por que muitos buscavam a paz em meio a um mundo vulgar.

Bento deu ao monasticismo um lugar permanente na Europa ocidental — para o bem ou para o mal. Sua *Regra* orienta comunidades monásticas há vários séculos e ainda está em vigência atualmente.

563

Columba vai à Escócia como missionário

Um irlandês evangelizou a Escócia.

Seu nome era Columba — que quer dizer "pomba" — e ele nasceu em uma família de cristãos, em 521, no norte da Irlanda — hoje, o condado de Donegal. Depois de ter freqüentado escolas monásticas, ajudou a estabelecer diversos mosteiros na

Irlanda e tornou-se conhecido por sua erudição e piedade.

Diz-se que, em mais de uma ocasião, Columba teve discussões com o chefe de seu clã, chamado Diamait. Embora fosse cristão, Columba era de temperamento impaciente, o que o levou a enfrentar muitos problemas. Nessa ocasião, parece que ele próprio foi a causa de uma batalha na qual morreram três mil homens. É claro que ele não tinha intenção de causar tamanho dano, mas, para sua segurança e para se penitenciar por seu erro, saiu da Irlanda, planejando converter o mesmo número de almas que supostamente levara à morte. Algumas fontes afirmam que ele também concordou em nunca mais voltar à sua terra natal.

Em 563, com doze amigos, Columba corajosamente lançou ao mar em uma *currach*, embarcação bastante popular na Irlanda. Eles se dirigiram a Iona, uma ilha na costa ocidental da Escócia. Quando chegaram ali, os treze homens levantaram habitações simples e uma igreja de tábuas que foi usada como base para seus esforços missionários junto aos pictos, a tribo escocesa das vizinhanças.

Columba recorreu a Brude, o chefe de Inverness, mas Brude não queria nada com missionários. De acordo com as histórias que se contam, o chefe fechou os portões diante dos homens de Columba. Quando Columba fez o sinal da cruz, o portão se

Embarque de Columba para a Escócia

abriu e o chefe, apavorado, deu ouvidos à mensagem que eles traziam.

Os sacerdotes pagãos, os druidas, se opuseram aos missionários, mas não demorou muito para que os cristãos tivessem sucesso em evangelizar a Escócia e o norte da Inglaterra.

Columba continuou a viajar, mas, mesmo assim, também se tornou abade de um grande mosteiro em Iona. Depois de sua morte, os abades dali mantiveram seu poder, tornando-se os mais elevados oficiais da Igreja da Escócia.

A partir de Iona, os evangelistas se espalharam também para o continente, e os novos mosteiros criados na Europa se voltavam para o mosteiro daquela ilha em busca de orientação. Como resultado, Iona ficou conhecida por sua erudição, piedade e evangelismo. Os víquingues atacaram repetidamente aquela comunidade, mas ela não sucumbiu. Nesse lugar estão enterrados 46 reis escoceses com o primeiro abade, embora os restos mortais de Columba tenham sido profanados diversas vezes pelas invasões viquingues.

Assim como aconteceu com os outros mosteiros durante a Reforma, o de Iona também foi destruído. Em 1900, um duque escocês doou as terras à Igreja da Escócia. E, após 38 anos, uma comunidade de clérigos e leigos foi formada na ilha, a qual recebe hoje o apoio de milhares de membros associados ao redor de todo o mundo.

Na condição de erudito dedicado, Columba copiou livros e escreveu algumas obras. Ao defender a importância dos estudos, ele influenciou os monges da Idade das Trevas, os quais continuaram copiando manuscritos enquanto a capacidade de ler e escrever declinava em toda a Europa.

Muitos historiadores notaram a grande influência que o cristianismo teve sobre a Escócia. Columba, como o primeiro grande evangelista da Escócia, pode ser contado entre as testemunhas que levaram os vários pregadores, missionários e escritores saídos daquela pequena porção de terra em direção a tantos outros povos.

590

Gregório I se torna papa

Embora não fosse mais a capital do império, Roma ainda possuía prestígio. Além do mais, a antiga cidade tinha ligações com os apóstolos Pedro e Paulo.

Por muitos anos, os bispos de Roma tentaram expandir o poder que conquistaram. Paulatinamente, a cidade alcançou posição de proeminência

Papa Gregório I ("o Grande")

sobre as outras dioceses, e o bispo de Roma se tornou o papa.

Contudo, o homem que mais contribuiu para o incremento da autoridade e do poder do papado não fez isso buscando o ganho político. O humilde monge, que não procurava altos postos, chegou ao papado contra a própria vontade.

Gregório nasceu em 540 de uma nobre família romana, que possuía uma história relacionada a serviços prestados na esfera política. Ele se tornou chefe da prefeitura de Roma, o mais alto cargo civil. Porém, não se sentia talhado para a vida pública e acabou renunciando, dividindo suas propriedades para a fundação de mosteiros, vindo a se unir a um deles posteriormente. Alguns anos mais tarde, ele mesmo se tornaria abade.

Sua piedade e, sem dúvida, seu passado de administrador habilidoso atraíram a atenção das pessoas. Em 590, quando o papa morreu, os romanos, de maneira unânime, pediram a Gregório que se tornasse seu sucessor. Embora Gregório se recusasse a fazê-lo, a vontade pública prevaleceu.

Como já fora um homem de Estado, o novo papa transpôs sua habilidade de governar para seu novo ofício. Quando os lombardos ameaçaram Roma, Gregório pediu ajuda ao imperador em Constantinopla. Como esse apoio não chegou, o bispo de Roma reuniu as tropas, negociou tratados e fez tudo o que era necessário para promover a paz. As ações independentes de Gregório provaram ao exarca do imperador (seu representante que estava em Ravena), que o papa era bastante capaz para manter a ordem em Roma. Esses movimentos políticos se tornariam uma espécie de primeiros passos para a divisão dos cristãos nos impérios do Oriente e do Ocidente.

Gregório, porém, não tinha ambições políticas. Seus interesses eram espirituais. Extremamente preocupado com o cuidado pastoral, insistia em que o clero visse a si mesmo como um grupo de pastores e servos do rebanho. Dizia que era "servo dos servos de Deus", e sua obra intitulada *Livro do cuidado pastoral* — um estudo maravilhosamente criterioso sobre as provações espirituais das pessoas e a maneira pela qual o clero deveria lidar com elas — tornou-se uma espécie de livro-texto ministerial da Idade Média.

Outra obra sua, *Diálogos,* foi a primeira tentativa de *hagiografia* — biografia dos santos — que enfatizava o fantástico e o miraculoso, o que acabou por transformar os santos em uma espécie de super-heróis da época. Durante seu papado, a veneração de partes do corpo, de roupas e de outros pertences dos santos foi encorajada, e isso viria a se transformar em uma das principais características da piedade medieval. Por vários séculos, nenhuma igreja poderia se estabelecer se não tivesse alguma relíquia de um santo para ser colocada nela.

Embora Gregório não afirmasse ser teólogo, algumas de suas crenças se tornaram essenciais para a teologia católica. Ele acreditava no purgatório e ensinava que as missas celebradas a favor dos mortos poderiam aliviar as dores dos que estavam naquele local. Além disso, ajudou a popularizar o ensino de Dionísio Areopagita, que escreveu sobre diversas categorias de anjos. Depois de Gregório, essas idéias se tornariam grandemente aceitas.

Embora não tenha sido ele o criador do canto gregoriano, Gregório era bastante interessado na música da igreja (o cantochão deve muito à sua influência).

Além disso, Gregório autorizou uma missão evangelística à região de Kent, liderada por Agostinho, o missionário que, mais tarde, se tornaria o primeiro arcebispo da Cantuária. Embora o cristianismo já tivesse alcançado a Bretanha, ao enviar essa missão sob a liderança de Agostinho, o papa estava estendendo o poder de Roma àquelas ilhas. O cristianismo, que tinha em Roma sua liderança, começava a tomar forma.

O bispo de Constantinopla afirmava ser o Patriarca Ecumênico (no sentido de "universal" ou "global"). Gregório tanto se recusou a aceitar o uso desse título quanto o rejeitou para si mesmo. Tudo o que fez, porém, mostrou que Gregório via a si mesmo como o pastor-chefe de uma igreja mundial.

Em um espaço de 14 anos, Gregório realizou tantos feitos que as gerações posteriores o denominavam de Gregório, o Grande. Talvez ele tenha se tornado grande por ter sido um homem humilde.

664
O Sínodo de Whitby

Havia dois cristianismos na Inglaterra. Um deles era celta, fortemente monástico, contemplativo e voltado às missões. O outro era romano, bem organizado e firmemente ligado ao restante da cristandade.

A missão de Columba a Iona resultou no surgimento de uma expansiva comunidade de cristãos de estilo celta, que evangelizaram de maneira agressiva os anglos e os saxões. Pouco antes da morte de Columba, o papa Gregório enviou Agostinho e cerca de trinta outros monges para a Inglaterra a fim de evangelizar e fazer

Sínodo de Whitby

com que a igreja celta se conformasse com a igreja de Roma. O moderado sucesso de Agostinho concentrou-se especialmente em Kent e Essex. Em 627, Paulino de York estabeleceu a igreja romana na Nortúmbria, mas seus esforços logo fracassaram, quando um rei pagão chegou ao poder. Assim que foi restabelecida ali, a igreja já era celta.

Contudo, no começo do século VII houve um grande movimento de dupla polinização. As duas tradições não eram por demais diferentes entre si. A maior distinção entre elas era a data na qual celebravam a Páscoa. Embora seus monges também raspassem a cabeça de maneira diferente e houvesse algumas poucas divergências cerimoniais, não fundamentais, tudo era, na verdade, uma questão de poder. Será que o papa governaria a Igreja da Inglaterra, indicando quais bispos liderariam o povo? A tradição celta dava grande poder aos abades que, por sua vez, agiam de maneira bastante independente.

Em função de sua independência, os mosteiros celtas estavam muito vulneráveis aos abusos. No sistema feudal da Idade Média, era vantajoso estabelecer mosteiros falsos para evitar a subserviência aos senhores seculares. Esses mosteiros desfrutavam de independência econômica, mas careciam de motivação espiritual. Embora a igreja celta fosse grandemente conhecida por sua devoção espiritual, abusos como esses podem ter empurrado alguns crentes rumo à política romana, mais severa.

Em 664, o assunto foi levantado por Oswy, o novo rei da Nortúmbria, em uma reunião de cúpula. Ele seguia a tradição celta, mas sua esposa era da tradição romana. Desse modo, ele estaria celebrando a Páscoa enquanto a rainha jejuaria na Quaresma, e isso simplesmente não daria certo. Convocou uma assembléia na região de Whitby, em que a abadessa Hilda dirigia um mosteiro. Ali, o rei ouviu os argumentos de Cedd e Colman, pelo lado celta, e de Wilfrid e Tiago, o Diácono, pelo lado romano. Todos esses homens eram cristãos devotos. Cedd, que era abade, já fundara vários mosteiros. Colman e Wilfrid foram bispos. Wilfrid já servira até mesmo como missionário em Frísia. Tiago levara adiante a obra de Paulino na Nortúmbria durante os momentos difíceis.

Eles discordavam com relação à Páscoa. Os líderes celtas citavam Columba. Os líderes romanos citavam o apóstolo Pedro. Com um sorriso no rosto, o rei anunciou que seguiria a Pedro, uma vez que ele era o guardador das chaves do céu. O ponto de vista romano prevaleceu.

Alguns historiadores argumentam que a decisão provou ser a mais sábia. A igreja inglesa alcançou o melhor dos dois mundos. O espírito celta ainda estava bastante vivo, mas precisava da organização romana para se firmar. Outros lamentaram a perda da oportunidade de se ter uma importante tradição cristã separada e saudável.

Logo após o Sínodo de Whitby, alguns acontecimentos fizeram com que a situação ficasse amarga. Uma praga se abateu sobre a Inglaterra, mais ou menos na época em que o arcebispo de Cantuária morreu. Por cinco anos, a igreja passou por dificuldades em razão de não ter liderança. Então, Teodoro de Tarso chegou para assumir a posição. Agindo de maneira sábia, ele fortaleceu a liderança da igreja, indicando bispos e sacerdotes tanto da tradição celta quanto da romana.

O século seguinte foi uma era de ouro na arte e na erudição na Bretanha, à medida que os estilos romano e celta se complementavam mutuamente. Muito disso foi destruído pelas invasões viquingues, mas diversas cruzes de pedra permanecem em pé, esculpidas tanto no estilo celta quanto no romano, simbolizando a interdependência dessas duas tradições.

716

Bonifácio parte para ser missionário

De maneira semelhante a Elias no monte Carmelo, Bonifácio, o missionário saxão da Inglaterra, posicionou-se contra o paganismo profundamente arraigado no coração da Alemanha. Ele tinha um machado em sua mão, e, diante dele estava a enorme Árvore do Trovão [um carvalho], um marco local que os pagãos diziam ser consagrado ao deus do trovão, chamado Donar. Até mesmo alguns dos que haviam se convertido ao cristianismo, por meio da pregação de Bonifácio, adoravam secretamente diante daquela árvore.

Bonifácio denunciou aquela adoração falsa de maneira audaciosa.

Como representante do verdadeiro Deus dos cristãos, destruiu o santuário maligno. Ele atingiu aquela árvore "sagrada" com seu machado e, surpreendentemente, a Árvore do Trovão caiu, causando grande barulho.

Assim diz a lenda. Se os detalhes são verdadeiros ou não, eles retratam de maneira justa a audácia de Bonifácio, sua fé e seu incansável desafio às falsas religiões.

Nascido de pais cristãos no ano de 680, em Wessex, seu verdadeiro nome era Winfrid. Foi instruído em um mosteiro beneditino e ordenado aos trinta anos de idade. Possuía grande capacidade de aprendizado e liderança. Poderia ter ficado na Inglaterra, estudando, ensinando e talvez até mesmo dirigindo um mosteiro. Porém, seu coração queimava por outros que ainda não faziam parte do aprisco cristão. Milhares de compatriotas saxões nos Países Baixos e na Alemanha precisavam ouvir o Evangelho.

Em 716, Winfrid parte para a Frísia, onde missionários ingleses já haviam trabalhado por várias décadas. O rei da Frísia, Radbod, se opunha ao cristianismo. A pressão foi grande demais, e Winfrid voltou à Inglaterra após fracassar em sua primeira missão.

Seus colegas beneditinos pediram que servisse como abade de seu mosteiro. Depois daquela angustiante experiência na Frísia, ele se sentiu inclinado a aceitar o convite. Contudo, a visão de Winfrid ainda estava voltada para fora. Viajou para Roma em 718 e ali recebeu um comissionamento missionário por parte do papa. Ele deveria ir mais longe no continente, passar além do Reno, estabelecendo a igreja romana entre os povos germânicos.

A maior parte da Alemanha já havia sido exposta ao cristianismo de uma maneira ou de outra, mas não existia nenhuma igreja forte ali. No século IV, as tribos germânicas se apegaram ao arianismo e o misturaram às suas superstições. Algum tempo depois disso, os missionários celtas fizeram alguns convertidos, que não deram continuidade à missão, no sentido de organizar uma igreja naquele lugar. O papa estava ansioso para que a igreja estabelecesse sua presença ali.

Winfrid foi primeiro à Turíngia para reavivar uma igreja alí enfraquecida. A seguir, ouvindo que seu velho inimigo Radbod morrera, retornou à Frísia. A autorização papal pode ter dado a Winfrid maior autoridade sobre os governadores locais. Ele trabalhou ali por três anos e depois se mudou para o sudeste, seguindo para Hesse.

Voltou a Roma em 723 e foi consagrado bispo, quando recebeu um novo nome: *Bonifácio*. A ele também foi dada uma carta de apresentação para ser levada a Carlos Martelo, rei dos francos. A bravura de Carlos, como militar, era muito conhecida (mais tarde, ele expulsaria os muçulmanos da cidade de Tours). Sua assistência foi um grande apoio para Bonifácio.

Voltando para Hesse, Bonifácio continuou seus esforços para eliminar o paganismo e construir a igreja. Foi nessa ocasião que ele, como se supõe, derrubou a árvore sagrada. Talvez, o fato responsável por impedir que os cidadãos atacassem Bonifácio tenha sido o temor a Carlos Martelo. Seja como for, o final da lenda é que o cristianismo se tornou a nova força a ser enfrentada na Alemanha. Se os deuses germânicos não podiam sequer manter uma árvore em pé, então havia pouco a oferecer se fossem comparados ao Deus de Bonifácio.

Bonifácio atraiu vários missionários da Inglaterra — monges e freiras que estavam ansiosos para trabalhar ao lado dele. Com a ajuda deles, Bonifácio estabeleceu uma vigorosa organização eclesiástica por toda a região.

Ironicamente, seu protetor, Carlos Martelo, frustrava as tentativas de reforma da igreja entre os francos. Carlos manteve a igreja naquele local sob seu controle, apoderando-se de suas terras e vendendo propriedades da igreja. Somente depois de sua morte, em 741, é que Bonifácio pôde assumir a igreja franca.

Em 747, Bonifácio viajou mais uma vez para Roma, onde foi nomeado arcebispo de Mainz e líder espiritual de toda a Alemanha. Contudo, como ele já passava dos setenta anos, estava ansioso para concluir os negócios ainda em aberto. Depois de renunciar a seu arcebispado em 753, voltou para a Frísia, onde começara seu trabalho missionário. Ali, chamou de volta alguns de seus primeiros convertidos — que haviam voltado ao paganismo — e mudou-se mais uma vez, indo agora para regiões não alcançadas.

No domingo de Pentecoste de 755, em Dackum, perto do rio Borne, ele planejou um culto ao ar livre que serviria para uma pregação e para a confirmação de novos crentes. Enquanto estava ao lado do rio, preparando-se para o culto, um grupo de arruaceiros caminhou na direção de Bonifácio. Várias pessoas se prepararam para lutar contra os baderneiros e expulsá-los de lá, mas Bonifácio gritou: "Meus filhos, parem com esse conflito [...] não tenham medo dos que matam o corpo, mas que não podem matar a alma [...] Recebam com firmeza este momentâneo sopro de morte para que vocês vivam e reinem com Cristo para sempre". Diz-se que ele morreu com os evangelhos nas mãos.

Os críticos dizem que Bonifácio foi simplesmente um homem de organização, que a maioria de seu "trabalho missionário" foi basicamente político, fomentando a fidelidade à igreja romana nas áreas onde ela era fraca. É verdade que ele ajudou a lançar os fundamentos do Sacro Império Romano e as políticas do papado medieval. Devido a Bonifácio, a Alemanha foi uma fortaleza da igreja romana até a época da Reforma.

Não se pode, porém, questionar a devoção pessoal de Bonifácio, sua coragem e seu serviço fiel. O historiador Kenneth Scott Latourette disse: "Poucos missionários cristãos, se é que existiram, apresentaram por meio de sua conduta, de maneira tão precisa quanto Bonifácio, os ideais da fé que tentavam propagar. Ele era humilde, a despeito das tentações que vieram com as altas posições eclesiásticas; sempre se colocou muito acima dos rumores do escândalo; foi um homem de oração e que tinha autoconfiança; assim como era corajoso, abnegado e apaixonado pela justiça. Bonifácio foi um dos maiores exemplos de vida cristã".

731

Beda, o Venerável, conclui sua *História eclesiástica da Inglaterra*

Beda, o Venerável, historiador inglês

Em uma época que não se destacou por sua erudição, Beda se sobressai como guia. O fato de ele ter sido chamado de "Venerável" testifica grande conhecimento e a estima que desfrutava.

Embora a confusão política tivesse efetivamente destruído muito da cultura, os mosteiros permaneciam como centros medievais de educação. Naqueles locais, rapazes aprendiam literatura, os amanuenses copiavam manuscritos antigos e homens estudiosos como Beda se entregavam aos textos. Os monges preservaram viva a sabedoria da Grécia e de Roma, com as obras dos pais da igreja. A vida caminhava a passos lentos nas dependências dos monastérios.

Além de ter sido um dos mais brilhantes pesquisadores de sua era, Beda também foi muito devoto. Em uma autobiografia bastante breve, narra seu nascimento nas vizinhanças dos mosteiros de Wearmouth e Jarrow, no norte da Inglaterra, no ano de 635. Aos sete anos, ele passou a ser tutelado pelo abade daquela região e viveu o restante de sua vida no mosteiro, jamais se aventurando fora de seus limites.

Embora a idade mínima comum para a ordenação ao diaconato fosse de 25 anos, Beda recebeu essa ordem aos 19, sem dúvida recomendado por sua piedade. Aos 30 anos, tornou-se sacerdote e passou o restante da sua vida escrevendo comentários bíblicos e outra obra ligadas à religião. Sua biografia parece mais um catálogo de seus livros que um relato de seus feitos.

A grande contribuição de Beda à igreja foi sua obra *História eclesiástica da Inglaterra*, que abrangia a história da Inglaterra desde os dias de Júlio César até os dias de Beda. Embora fosse, em muitos aspectos, uma história de propósito geral, o foco principal do livro era a cristianização da Inglaterra e a maneira pela qual o paganismo gradualmente dera lugar à nova religião.

O livro de Beda estava repleto de histórias de missionários valorosos e de chefes tribais e pagãos que finalmente viram a luz da verdade, embora o autor mantivesse um ceticismo saudável. É claro que, em uma era pré-científica, ele pode ter incluído qualquer tipo de história e poucos poderiam refutar seus relatos. Contudo, preocupado com a verdade histórica, Beda cita cuidadosamente suas fontes ao se referir a alguma testemunha confiável. Embora ele não tivesse dificuldades para acreditar em milagres, desejava registrar os que fossem *verdadeiros*, afastando-se das lendas de fundo puramente piedoso.

E que histórias ele conta! Júlio César e Cláudio, o papa Gregório e o missionário Agostinho, a invasão das tribos dos anglos, dos saxões e dos jutos, tudo isso povoa suas páginas. Por intermédio dessa obra, conhecemos histórias maravilhosas como a de Gregório, o Grande, que, ao ver meninos escravos de cabelos claros à venda em Roma, ficou tão tocado por sua beleza que nunca se esqueceu de seu desejo de evangelizar sua terra natal. Lemos também sobre o rei pagão

Edwin, cujo conselheiro contou uma parábola comparando a vida a um pardal voando em um enorme refeitorio e saindo rumo à escuridão. Ele, portanto, aconselhou o rei a se converter ao cristianismo, uma vez que dava alguma esperança de vida além do "vôo breve sobre a sala de banquete".

A *História* de Beda contém algumas passagens singulares como esta: "Nenhuma cobra pode existir ali [na Irlanda], pois apesar de serem, com freqüência, trazidas da Bretanha, tão logo o navio se aproxima da terra, elas respiram o perfume de seu ar e morrem. Na verdade, quase todas as coisas desta ilha concedem imunidade ao veneno".

Porém, até mesmo os historiadores seculares não duvidam do cuidado de Beda como relator, pois continuam a observar que seus fatos estão corretos em praticamente todos os detalhes.

Antes de *História eclesiástica da Inglaterra*, as várias tribos inglesas tinham suas histórias, principalmente na forma de poesia pagã, as quais eram muitas vezes recitadas por bardos. Mas Beda apresenta a história pelas lentes do cristianismo, mostrando que um grupo de diversas tribos se transformou em uma nação com uma única religião.

Em vez de destemidos heróis guerreiros como Beowulf, os heróis de Beda são santos, pessoas que dependem da graça de Deus. Com todos os outros historiadores medievais, ele deu à história um novo arcabouço: ela precisava ser a mais exata possível, mas também inspiradora.

Sem Beda, muitas dessas histórias teriam desaparecido com o passar dos tempos. A Inglaterra pode agradecer a esse venerável monge o fato de ter consciência de sua identidade como nação e de seu lugar como país cristão.

732

A Batalha de Tours

Se não fosse por Carlos Martelo, todos nós poderíamos estar falando árabe e nos ajoelhando na direção de Meca cinco vezes ao dia. Na região de Tours, Carlos Martelo e seu exército franco reverteram o imenso poderio dos exércitos islâmicos que varriam o norte da África e já invadiam a Europa. A Batalha de Tours foi importantíssima para a civilização ocidental.

A ascensão do islã é um dos mais incríveis movimentos da história. Em 622, os seguidores de Maomé [seu nome completo é Abulqasin Muhamed ibn Abn al-Muttalib ibn Hashin] eram apenas um bando de visionários perseguidos que se reuniam em Meca. Cem de anos depois, eles controlavam não apenas a Arábia, mas todo o norte da África, a Palestina, a Pérsia, a Espanha, partes da Índia e ameaçavam a França e Constantinopla.

Como conseguiram isso? Conversão, diplomacia e uma força-tarefa altamente dedicada. É preciso dizer também que o decadente Império Romano deixou o território pronto para a colheita.

A religião de Maomé se desenvolveu em Meca, uma das duas maiores cidades árabes. Essa religião era fortemente monoteísta e legalista, mas bastante simples. Maomé afirmava ter recebido seu sistema diretamente de Deus (Alá) e dizia que Alá o designara para ser seu profeta. Os cidadãos de Meca se opunham aos novos ensinamentos de Maomé e tornaram a vida de seus seguidores bastante difícil. Desse modo, em 622, o profeta reuniu seu grupo e todos partiram para Medina (a outra grande cidade da Arábia). Essa viagem (denominada de hégira) marca o início do calendário muçulmano e o começo de sua incrível expansão.

Carlos Martelo na Batalha de Tours

Naquela época, a Arábia era um conjunto bastante diversificado de tribos nômades que guerreavam sempre umas contra as outras. O islã trouxe união, não apenas na religião, mas também na lei, na economia e na política. Quando Maomé morreu (632), houve diversas lutas internas entre seus possíveis sucessores. Mesmo assim, a fé se expandiu.

Em 636, os muçulmanos controlavam a Síria e a Palestina. Eles tomaram Alexandria em 642 e a Mesopotâmia em 646. Cartago caiu em 697, e os muçulmanos varreram o norte da África, ganhando territórios que permanecem em mãos muçulmanas até o dia de hoje. Em 711, cruzaram o estreito de Gibraltar e entraram na Espanha. Solidificaram rapidamente o controle da península Ibérica e atravessaram os Pireneus. Nesse meio tempo, os muçulmanos entraram na área do Punjabe, na Índia, e batiam às portas de Constantinopla.

Constantinopla era a capital do Império Bizantino, tudo que restou do outrora imponente Império Romano. Séculos antes, o Império Romano fora dividido entre o Oriente e Ocidente, e o Império do Ocidente caiu rapidamente diante das várias tribos germânicas — vândalos, ostrogodos e francos. O único poder que Roma possuía agora estava na igreja, e esse poder crescia. Por meio de missionários, como Agostinho na Inglaterra e Bonifácio na Alemanha, Roma ganhava a fidelidade espiritual em seus antigos territórios políticos.

A ameaça muçulmana combinava religião e poder político. O islã não apenas derrotou as autoridades políticas, mas conseguiu que as pessoas se convertessem e ofereceu a elas (ou forçou-as a receber) um novo sistema religioso.

Carlos Martelo era o líder dos francos, uma das tribos germânicas que atacaram o Império Ocidental. Os francos já tinham invadido a Gália em 355 e se converteram oficialmente ao cristianismo romano no reinado de Clóvis I (481-511). Como os governadores francos anteriores, Carlos procurou usar a igreja para em seu benefício. Ele estava bastante feliz em apoiar os missionários romanos entre as outras tribos germânicas, pois isso poderia fazer avançar o poder franco na Alemanha. Contudo, também foi rápido em corromper a igreja franca para que pudesse se beneficiar dela. Embora possa ter salvo a igreja romana da ruína em Tours, ele sem dúvida lutou para proteger o território dos francos.

O general muçulmano Abd-ar-Rahman liderou suas tropas rumo ao norte, bem no meio do território franco. Carlos Martelo se encontrou com elas entre Tours e Poitiers e fez com que recuassem. Em uma série de acirradas batalhas, os francos empurraram os muçulmanos de volta para a Espanha, contendo seu avanço na Europa.

É certo que a bem-sucedida defesa de Constantinopla em 718 foi igualmente importante na contenção do avanço islâmico. Porém, para aqueles que têm sua origem na Europa Ocidental, a Batalha de Tours foi crucial. Se os muçulmanos fossem vitoriosos, poderiam ter caído mais tarde, pois conquistariam mais territórios do que seriam capazes. Quase tão incrível quanto sua rápida expansão, porém, é a maneira como os muçulmanos dominaram o território que haviam subjugado. Mesmo depois de mais de 1 200 anos, eles se mantêm como força poderosa no mundo, e os territórios que controlam permanecem resistentes ao testemunho cristão.

800 Carlos Magno é coroado imperador

Visita de Carlos Magno ao papa

A igreja e o Estado deveriam se unir?

No mundo antigo, todo Estado tinha deuses próprios, e o imperador romano era um deles. Ninguém separava a religião da política. Quando Constantino se converteu e levou o cristianismo ao império na condição de religião protegida, essa prática foi adotada pela igreja.

Mesmo depois da queda do império, muitas pessoas se apegaram à idéia de que *deveria* haver um império cristão. Mas quem seria seu líder? Seria um líder espiritual, o papa, ou a autoridade deveria ficar nas mãos de um rei? Durante a Idade Média, os líderes buscariam as respostas para essas perguntas.

Contudo, na metade do século VIII, o papado já era bastante forte, mas ainda não tinha alcançado o objetivo de restaurar a ordem no mundo ocidental. Em 754, um documento forjado, denominado a *Doação de Constantino*, tentaria manter viva a idéia de um Império Romano. De acordo com a *Doação*, o imperador romano Constantino se mudara para Constantinopla a fim de permitir que o papa controlasse o Ocidente. Constantino teria deixado propositadamente essa parte do império nas mãos do bispo de Roma.

Seguindo as idéias da *Doação de Constantino*, o rei franco Pepino III, filho de Carlos Martelo, decidiu tomar Ravena da mão dos lombardos e a entregou ao papa. Em 756, a Doação de Pepino passava às mãos do papa as terras que, mais tarde, seriam conhecidas por Estados papais.

Embora o papa tivesse recebido territórios, ele nunca alcançou, de forma direta, o controle imperial. Este ficaria nas mãos do filho de Pepino, Carlos Magno.

Ao assumir o trono, em 771, Carlos Magno deu início a três décadas de conquistas. Ele expandiu as fronteiras de seu reino para o leste e, no final do seu reinado, controlava a maior parte da Itália, a Borgonha, a Alemanha, a Bavária e a Turgínia. No lado norte, tinha poder sobre a Saxônia e a Frísia. A leste dessas regiões, criou territórios com organizações militares especiais chamadas *marches*. Elas se estendiam do mar Báltico ao Adriático. Pela primeira vez, considerável parte da Europa possuía liderança estável.

Até o Natal do ano 800, Carlos Magno possuía o título de "rei". Naquela data, o papa Leão II o coroou imperador. Mais uma vez, parecia que a Europa Ocidental tinha um imperador para seguir os passos de Constantino.

Carlos Magno levou a sério a idéia de que ele se tornara um imperador cristão, pois todos os seus despachos oficiais se iniciavam da seguinte maneira: "Carlos, pela vontade de Deus, imperador romano".

A imagem do novo imperador era impressionante: alto, forte, grande cavaleiro, lutador destemido e, em alguns momentos, cruel. Ele concedeu à Europa uma figura paterna poderosa, mas benevolente.

Carlos Magno não queria perder seu poder de forma alguma. O imperador de Constantinopla não representava qualquer tipo de problema, pois reconheceu oficialmente os direitos de Carlos Magno. Contudo, os que permaneciam sob seu poder e até mesmo o papa poderiam querer tirar um pouco da sua autoridade. Como seu império era bastante amplo, Carlos Magno indicou um grupo de oficiais conhecidos por *missi dominici*. Esses homens viajavam pelo império para verificar como estavam os oficiais locais. Nem mesmo o papa conseguiria esconder-se de seus olhos atentos, e os *missi dominici* tinham autoridade sobre a igreja e o Estado.

Embora possuísse pouca instrução, Carlos Magno tinha alta estima pelo conhecimento. Sob seu governo pacífico, aconteceu um despertamento da arte e da erudição, conhecido por Renascimento carolíngio. O imperador patrocinou uma escola palaciana em Aachen. Alcuíno, brilhante estudioso anglo-saxão, foi professor ali. Ele exortava seus estudantes com as seguintes palavras: "Os anos correm como água. Não desperdicem os anos do aprendizado com a indolência". Alcuíno escreveu livros textos sobre gramática, ortografia, retórica e lógica. Escreveu também comentários bíblicos e assumiu o lado ortodoxo em muitos debates teológicos.

A escola de Aachen não apenas estimulou a instrução por todo o império, mas levou Carlos Magno a decretar que todo mosteiro deveria ter uma escola na qual se ensinasse "todos os que, com a ajuda de Deus, fossem capazes de aprender".

O Renascimento carolíngio preservou muitos escritos do mundo antigo. Como os monges faziam cópias de obras latinas antigas — algumas delas maravilhosamente ilustradas — os mosteiros se tornaram "bancos culturais". Em muitos casos, sem o trabalho desses monges, as obras antigas teriam sido perdidas.

Em uma era de confusão e de guerra, o governo de Carlos Magno forneceu a necessária estabilidade política e incentivou a cultura. Ele assegurou que o Ocidente manteria o legado de sua cultura antiga, que o cristianismo se espalharia pelo império e que o clero pregaria sobre os elementos básicos da fé. Também deu sua proteção ao papa.

Carlos Magno, porém, não via razão para dar ao papa seu poder. Afinal, ele não fora um imperador cristão cuja lealdade máxima era devida a Deus? Na verdade, essa figura formidável não se submeteu a mais ninguém, senão a Deus.

Quando Carlos Magno morreu, em 814, seu império começou, gradualmente, a se desintegrar. Foi dividido entre seus três filhos, e lentamente o papa ganhou cada vez mais poder.

Carlos Magno, no entanto, legou ao Ocidente uma visão fascinante: um rei cristão com autoridade suprema sobre todos os seus domínios. Por centenas de anos, os papas e os reis buscariam esse controle sobre seus territórios — assim como sobre o território dos outros. Foi uma idéia que levou muito tempo para morrer.

863

Cirilo e Metódio evangelizam os eslavos

Séculos antes de Michelangelo, ou das aulas ilustradas no quadro-negro, um missionário com dons artísticos pintou em uma parede um quadro do Juízo Final e ganhou o rei para Cristo.

A história nos conta que o artista era Metódio, que também era monge e missionário. O monarca era o rei Bóris da Bulgária. Metódio, com seu irmão Cirilo, tiveram uma carreira digna de nota. Entre suas façanhas, eles levaram a fé cristã aos eslavos e, durante o processo, fizeram muito para transformar e preservar a cultura daquele povo. A igreja que mais tarde produziu Hus, Comênio e muitos seguidores que foram atraídos pela revolução espiritual de Zinzendorf, começou com esses dois irmãos gregos da cidade de Tessalônica.

Os dois eram clérigos dedicados. Metódio, o mais velho, foi abade de um mosteiro grego. Cirilo (também conhecido como Constantino), professor de filosofia em Constantinopla, já estivera em missão aos árabes. Em 860, eles uniram forças para evangelizar a tribo cazar, a nordeste do mar Negro.

As tensões entre o Oriente e Ocidente já eram fortes quando Roma disputava com Constantinopla o controle religioso e político dos territórios fronteiriços. Quando Ratislau, governador do grande Estado morávio (um desses territórios longínquos) ficou preocupado com a intromissão dos francos e dos germanos sobre o povo eslavo, ele se voltou para o Oriente. Apelou para o imperador de Constantinopla, Miguel III, pedindo que enviasse ajuda — e missionários. Foi assim que o chamado alcançou Cirilo e Metódio.

Chegando em 863, os irmãos rapidamente aprenderam a língua nativa e começaram a traduzir as Escrituras e a liturgia da igreja para o idioma eslavônico. Cirilo inventou um novo alfabeto baseado nas letras gregas, que se tornou a base para o alfabeto russo. (O "cirílico" é usado ainda atualmente por alguns povos).

Séculos antes de Wycliffe, Hus ou Lutero, a idéia de um culto de adoração celebrado em outra língua que não fosse o latim ou o grego chocava muitas pessoas. O arcebispo alemão de Salzburgo criou enorme rebuliço, provavelmente motivado mais pela política que pela piedade. A igreja romana não podia ficar passiva enquanto o território morávio, vizinho às suas propriedades, estava sendo orientalizado. Cirilo e Metódio foram para Roma em 868 a fim de defender sua posição da adoração autóctone. O papa Adriano II concordou com Cirilo e Metódio, autorizando a liturgia eslava. Os dois se tornaram monges romanos. Cirilo morreu no ano seguinte, mas Metódio retornou à Morávia como bispo. Embora fosse um emissário oficial do papa, os clérigos germanos o prenderam e o mantiveram na cadeia por três anos. O papa seguinte, João VIII, interveio a seu favor e ratificou a independência da igreja eslava. Metódio, no entanto, continuou a enfrentar a oposição dos clérigos germânicos até sua morte em 885.

Pouco depois, a liturgia latina substituiu a eslava, e a igreja naquela área declinou. Porém, uma forte corrente libertária da fé cristã tinha se espalhado. Apesar de seus problemas, Cirilo e Metódio estabeleceram uma tradição cristã na Morávia e nos países vizinhos que alimentou e espalhou a fé por todo o mundo.

909

Um mosteiro é estabelecido em Cluny

Nos séculos IX e X, a igreja estava doente. As lutas políticas causaram várias divisões na Europa. Os líderes da igreja buscavam poder e terras, praticavam violência e engano, assim como favoreciam o comportamento libertino. Em nada diferiam dos déspotas seculares.

Guilherme (William), o Pio, duque de Aquitânia, fundou um mosteiro em Cluny, que seria uma sociedade independente, livre das lutas de poder do império, sob a proteção do papa. O mosteiro seguiria a *Regra* estabelecida por Bento de Núrsia nos anos de 500: pobreza, castidade e obediência. A *Regra* foi bem recebida. Expoentes como Gregório Magno e Carlos Magno promoveram essa idéia e ela se espalhou rapidamente por todo o império no século IX. Ela, porém, nunca conseguiu criar raízes, a não ser em Cluny.

Uma série de líderes capacitados fez com que Cluny funcionasse adequadamente: Berno, Odo, Majolo, Odilo, Hugo. Sob a orientação desses homens, novos mosteiros surgiram na França, Itália e Alemanha, os quais eram considerados "filhos" de Cluny. Alguns mosteiros já existentes procuraram a ajuda de Cluny. Em uma era feudal, Cluny se tornou o centro de um feudo espiritual. Esse mosteiro acumulava um poder muito além de sua idéia original. Porém, o tempo era adequado para um movimento de reforma, e Cluny carregava essa bandeira. Aquele foi o lugar em que se ergueu a maior edificação do cristianismo ocidental até a construção da Basílica de São Pedro, em Roma. Por volta do ano 1110, Cluny liderava cerca de dois mil mosteiros.

O movimento monástico teve efeito reformador sobre a igreja. Os monges exemplificavam e promoviam o comportamento cristão. O sacerdócio foi melhorado à medida que monges cluniacenses se tornaram bispos e até mesmo papas. Cluny se colocou terminantemente contra a simonia — a compra de ofícios sarcedotais — e o nicolaísmo — o ato de os sacerdotes tomarem para si concubinas e esposas.

Cluny, no entanto, também conseguiu aparar uma série de arestas da sociedade secular. A classe dos cavaleiros começou a desenvolver a bravura cristã. A promoção por parte de Cluny de uma "Trégua Divina" — que afirmava que era ilegal guerrear da noite de quinta-feira até a manhã de segunda-feira — de algum modo limitava as contendas mesquinhas entre os nobres, embora o édito, aparentemente, não se aplicasse às batalhas contra os infiéis. Uma vez que o papa Urbano II fora prior em Cluny, a influência desse mosteiro pode ter sido responsável, de alguma maneira, pelas primeiras Cruzadas.

O poder de Cluny alcançou seu ápice sob o abade Hugo (1049-1109). Quando esteve sob a direção de Pedro, o Venerável (que serviu ali de 1122 a 1156), as coisas começaram a declinar. O poder pode ter levado Cluny à direção oposta da simplicidade de Bento. A ordem cisterciense, de Bernardo, mais tarde renovaria a força espiritual da igreja.

988

Conversão de Vladimir, príncipe da Rússia

A conversão de um governante pagão, amante do divertimento, efetivamente levou o cristianismo à Rússia.

Embora o cristianismo já tivesse alcançado a Rússia na primeira parte do século X, não foi aceito de maneira geral. Em 957, Olga, a princesa viúva de Kiev, foi batizada. Ela pediu a Oto I, o rei germânico, que enviasse missionários a seu país, mas eles provavelmente tiveram pouco sucesso, pois a religião pagã prevaleceu.

Vladimir, neto de Olga, estava entre aqueles pagãos. Ele construiu diversos templos, atraindo fama para si mesmo em função de sua crueldade e de sua falta de lealdade. Ele tinha oitocentas concubinas e cinco esposas e, quando não estava lutando em alguma guerra, caçava e festejava. Ninguém o escolheria como o homem que levaria o cristianismo ao seu povo.

Como a maioria dos governantes, Vladimir queria manter seu povo alegre. Ele percebeu que poderia fazer isso unificando-os pela religião. Desse modo, conta-se que enviou diversos homens para examinar as principais religiões. Com suas regras de alimentação restritivas, nem o islã nem o judaísmo agradaram ao príncipe, de modo que ele teve de escolher entre o cristianismo romano e a igreja do Oriente.

Depois de comparecer a um culto na Igreja da Santa Verdade, em Constantinopla, os homens de Vladimir apresentaram o seguinte relato: "Não sabíamos se estávamos no céu ou na terra, pois certamente não existe tamanho esplendor ou beleza em qualquer lugar aqui na terra. Não somos capazes de descrever o que vimos. Sabemos apenas que Deus habita entre aqueles homens e que seu culto ultrapassa em muito a adoração de todos os outros lugares. É impossível esquecer aquela beleza".

De acordo com a história, devido a essa beleza, Vladimir optou pela ortodoxia. É verdade que essa era a religião da nação vizinha, mais poderosa, rica e civilizada: o Império Bizantino. Quando a irmã do imperador bizantino, Basílio, foi-lhe oferecida em casamento, Vladimir aceitou, o que ajudou ainda mais a consolidar sua posição junto ao vizinho.

Em 988, Vladimir foi batizado e, um ano depois, casou-se com Ana, mas nenhuma das duas atitudes foi uma mostra de que ele estava se submetendo ao Império Bizantino.

A escolha de Vladimir deixa claro que a igreja russa se concentrava no culto de adoração. A ortodoxia oriental sempre teve um apelo estético. O nome da religião escolhida pelo príncipe, *pravoslavie,* significava "verdadeira adoração" ou "a glória apropriada". Para a mente russa, o cristianismo significa liturgia.

Depois do batismo de Vladimir, sem muitas dificuldades, o povo colocou de lado as velhas religiões. Embora a Rússia não tenha se tornado uma nação cristã da noite para o dia, as coisas começaram a mudar. Em um primeiro momento, as conversões em massa não aconteceram, mas, com a ajuda dos monges — sempre uma força de primeira grandeza na ortodoxia oriental —, a nova religião começou a fazer com que sua influência fosse sentida.

Graças a Metódio e Cirilo, a Rússia tinha uma liturgia cristã em sua própria língua (o idioma eslavônico). As pessoas podiam participar e entender maravilhosa liturgia nas belíssimas igrejas construídas por Vladimir e seus sucessores.

A conversão de Vladimir claramente influenciou seu estilo de vida. Ao se casar com Ana, deixou as outras cinco esposas. Destruiu também os ídolos, protegeu os oprimidos, criou escolas e igrejas e viveu em paz com as nações vizinhas. Em seu leito de morte, doou todas as suas posses aos pobres. A igreja grega terminou por canonizá-lo.

O cisma entre Oriente e Ocidente

As igrejas do Oriente e do Ocidente separaram-se no transcorrer de vários anos. O que um dia fora uma única igreja, paulatinamente se dividiu em duas identidades distintas.

Diferenças quanto a detalhes insignificantes ampliaram o conflito. O Oriente usava o grego, ao passo que o Ocidente utilizava o latim, graças à *Vulgata* e aos teólogos ocidentais que escreveram nessa língua. As formas de culto eram diferentes: o pão usado na comunhão, assim como a data para a Quaresma e a maneira pela qual a missa deveria ser celebrada eram também distintas. No Oriente, o clero podia se casar e usava barba. Os sacerdotes ocidentais não podiam se casar e apresentavam o rosto completamente barbeado.

As teologias eram diferentes. O Oriente se sentia desconfortável com a doutrina ocidental do purgatório. O Ocidente usava a palavra latina *filioque* "e do Filho" no *Credo niceno*, depois de que a cláusula sobre o Espírito Santo estabeleceu que o Espírito "procede do Pai". Para o Oriente, essa adição era heresia.

Diferenças que já existiam havia séculos explodiram devido a dois homens de temperamento obstinado. Em 1043, Miguel Cerulário tornou-se patriarca de Constantinopla. Em 1049, Leão IX tornou-se papa. Leão queria que Miguel — e, por meio dele, a igreja oriental — se submetesse a Roma. O papa enviou representantes a Constantinopla, mas Miguel se recusou a encontrar-se com eles. Desse modo, os representantes excomungaram Miguel em nome do papa. O patriarca respondeu fazendo o mesmo com os representantes do papa, excomungando-os.

Por meio de declarações recíprocas de que o outro não era verdadeiro cristão, os dois bispos criaram um *cisma*. Entretanto, não foram só eles que provocaram essa separação. As partes conflitantes tinham uma história de diferenças, que jazia na base desse desentendimento. O cisma foi o ato final que reconheceu essas distinções.

Como dizia o *Credo*, os dois lados acreditavam "na igreja una, santa, católica e apostólica". Em 1089, o papa Urbano tentou fechar a ferida revogando a excomunhão do patriarca. Ele também promoveu a primeira Cruzada como meio de reunificar o Oriente e Ocidente, mas isso não deu certo.

Os séculos posteriores assistiram a tentativas de reunir as igrejas, mas nenhuma delas foi bem-sucedida. A curta "reunião" de 1204 aumentou a hostilidade. Em 1453, quando os turcos muçulmanos tomaram Constantinopla, alguns cristãos orientais afirmaram que preferiam os muçulmanos aos católicos. O cristianismo unido parecia impossível.

Embora a diferença entre as duas igrejas possa parecer algo que não se relaciona totalmente com o que é essencial, no coração da disputa estava a questão do poder. Em uma época que via a autoridade dos bispos como chave para a estabilidade da igreja, não poderia haver duas pessoas reivindicando a mesma autoridade. Por não chegarem a um acordo, o Oriente e o Ocidente começaram a trilhar caminhos separados.

1093
Anselmo é escolhido arcebispo de Cantuária

Um dos maiores teólogos da Inglaterra nasceu na Itália e brigou com dois reis.

Anselmo nasceu nos Alpes italianos por volta de 1033. Ele não realizou o desejo de seu pai de entrar para a política, optando por viajar pela Europa durante vários anos. Como muitos jovens brilhantes e inquietos de seus dias, entrou para um mosteiro. Em Bec, na Normandia, sob a supervisão do notável professor Lanfranc, Anselmo daria início a uma carreira notável.

Em 1066, o duque da Normandia, Guilherme, o Conquistador, invadiu a Inglaterra. Nos anos que se seguiram, o novo rei trouxe muitos professores e clérigos normandos para a Inglaterra. Entre eles Lanfranc, que se tornou arcebispo de Cantuária, em 1070. Anselmo assumiu o lugar de seu mentor como abade de Bec.

Em 1093, Guilherme II, filho do conquistador, escolheu Anselmo para ser o arcebispo de Cantuária, mas esse movimento não melhorou as relações da igreja com o Estado. O rei, obstinado e agressivo, desejava o direito de indicar os clérigos de todo o reino. Anselmo, homem humilde que queria proteger a igreja, suas terras e seus bens das mãos de reis gananciosos, recusou-se a aceitar isso. Durante algum tempo, o arcebispo viveu exilado na Itália. Guilherme confiscou todos os recursos da igreja que iam para Cantuária.

Quando Guilherme morreu, seu irmão Henrique I o sucedeu. Embora ele tenha pedido a Anselmo que retornasse, as batalhas entre a igreja e o Estado não terminaram. Henrique era tão mau quanto seu irmão, e Anselmo foi mais uma vez para o exílio.

Anselmo, durante o tempo que passou na Inglaterra, mostrou ser um pastor compassivo e administrador capaz. Quando foi exilado para o continente, ele se revelou um grande teólogo, pois foi ali que compôs sua maior obra.

Em *Por que Deus se fez homem?*, Anselmo lançou uma teoria sobre a maneira pela qual a morte de Cristo na cruz reconcilia o homem com Deus. Anselmo disse que Deus é o Senhor do cosmo, um ser cuja honra é ofendida pelo pecado humano. Embora deseje perdoar o homem com o objetivo de manter a ordem moral no universo, Deus não pode simplesmente "negligenciar" o pecado. Alguma satisfação deve ser dada, o que seja equivalente à ofensa. Uma vez que o pecado é coisa do homem, a justificação deve ser dada pelo homem. Contudo, o homem não pode atender à exigência de maneira adequada. Desse modo, Deus se torna homem, e aquele que cumpre as exigências é tanto Deus quanto homem: Cristo.

A idéia de Anselmo ficou conhecida como a teoria da satisfação da expiação e, provavelmente, ainda é a explicação teológica mais usada da obra expiatória de Cristo. Ela possui fontes bíblicas como "Deus em Cristo estava reconciliando consigo o mundo, não levando em conta os pecados dos homens..." (2Co 5.19).

Anselmo foi um dos componentes do movimento chamado escolasticismo, formado por estudiosos cristãos que tentavam colocar a lógica a serviço da fé. Embora Anselmo conhecesse a Bíblia muito bem, estava disposto a testar o poder da lógica humana e, até mesmo, a colocar de lado a fé baseada na Bíblia para tentar provar suas doutrinas. Porém, a fé sempre foi fundamental. Na obra *Proslogium*, originariamente intitulada *Fides quaerens intellectum* [*Fé que busca compreensão*], Anselmo faz a famosa afirmação: "Creio para poder entender". Ao declarar isso, ele queria dizer que todos os que buscam a verdade devem primeiramente ter fé, e não o oposto. Ele lançou o argumento *ontológico* para que acreditemos em Deus. De maneira resumida, disse que a razão humana exige a idéia de um Ser perfeito e que, portanto, esse Ser deve existir. Essa idéia fascina os filósofos e os teólogos de todas as eras.

1095

O papa Urbano II lança a primeira Cruzada

Embora a maior parte da Europa do século XI fosse nominalmente cristã — todas as crianças eram batizadas; existia uma estrutura eclesiástica que que colocava cada cristão sob cuidado pastoral; os casamentos aconteciam na igreja; os que morriam recebiam os últimos ritos da igreja —, a Europa não se parecia muito com o Reino de Deus. Existiam conflitos constantes entre príncipes cristãos, e as guerras dos nobres desejos por mais terras causavam dificuldades às pessoas comuns.

Combate entre os cruzados e os sarracenos, conforme reproduzido em um vitral que outrora pertencera à Catedral de St. Denis

A partir de 1088, um francês, que passou a ser conhecido por Urbano II, assumiu o cargo máximo da igreja. Seu papado foi marcado por disputas com o rei alemão Henrique IV — uma continuação, infrutífera, das políticas reformista de Gregório VII. O novo papa não estava plenamente disposto a continuar essa batalha. Em vez disso, queria unir toda a cristandade. Quando o imperador Aleixo de Constantinopla apelou ao papa, pedindo ajuda para lutar contra os turcos muçulmanos, Urbano percebeu que um inimigo comum poderia ajudar a alcançar seu objetivo.

Pouco importava que o papa tivesse excomungado o patriarca de Constantinopla e que os católicos e os ortodoxos do Oriente não fizessem parte de uma única igreja. Urbano buscava obter o controle sobre o Oriente, enquanto encontrava distração para os príncipes briguentos do Ocidente.

Em 1095, Urbano convocou o Concílio de Clermont. Ali, ele pregou um sermão inspirador: "Uma horrível notícia está sendo propagada [...] uma raça amaldiçoada e totalmente alienada de Deus [...] invadiu as terras dos cristãos e os expulsou por meio da espada, da pilhagem e do fogo". Ele fez o seguinte apelo: "Devemos retomar as terras dessa raça ímpia, subjugando-a a nós".

"*Deus vult! Deus vult!*" ["Deus deseja isso!"], gritava a multidão. E esse se tornou o grito de guerra das Cruzadas.

À medida que os representantes do papa atravessavam a Europa, recrutando cavaleiros para ir à Palestina, recebiam entusiásticas reações dos guerreiros franceses e dos italianos. Muitos foram motivados por objetivos religiosos, mas, sem dúvida, outros se engajaram em função do ganho econômico e da aventura de recapturar os locais de peregrinação da Palestina, que haviam caído nas mãos dos muçulmanos.

É provável que os guerreiros se sentissem virtuosos ao assassinar um inimigo não-cristão. A matança dos infiéis que tomaram a Terra Santa cristã poderia parecer um ato de serviço a Deus.

Para encorajar as Cruzadas, Urbano e os outros papas, os que vieram depois dele, enfatizaram os "benefícios" espirituais da guerra contra os muçulmanos. Arrancando uma página do *Alcorão*, Urbano assegurou que os guerreiros que experimentassem essa penitência entrariam no céu diretamente — ou, pelo menos, teriam uma redução no tempo que passariam no purgatório.

Em seu caminho para a Terra Santa, os cruzados pararam em Constantinopla. O tempo que passaram ali mostrou uma coisa: a união entre o Oriente e o Ocidente continuava improvável. O imperador via os guerreiros vestidos de malhas de ferro como ameaça a seu trono. Quando os cruzados descobriram que Aleixo fizera tratados com os turcos, sentiram que esse "traidor" negara a primeira parte de sua missão: expulsar os turcos de Constantinopla.

Com provisões fornecidas pelo imperador, o exército se encaminhou para o sul e para o leste, capturando as cidades de Antioquia e Jerusalém. Depois da vitória na Terra Santa, houve um banho de sangue. "Não faça prisioneiro algum", era a tática que os cruzados usavam. Um observador apaixonado escreveu que os soldados "cavalgavam com sangue chegando até a altura de suas rédeas".

Depois de estabelecer o Reino Latino de Jerusalém e indicar Godofredo de Bouillon como seu governador, eles saíram da ofensiva para a defensiva. Começaram a construir novos castelos, alguns dos quais permanecem até hoje.

Nos anos que se seguiram, novas ordens religiosas com características militares e monásticas, foram formadas. A mais famosa foi a dos Cavaleiros Templários e a dos Cavaleiros Hospitalários. Embora essas ordens tivessem sido criadas originariamente para ajudar os cruzados, elas se tornaram organizações militares poderosas que agiam de maneira independente.

A primeira Cruzada seria a mais bem-sucedida. Embora esses esforços militares tivessem sido dramáticos e pitorescos, não conseguiram manter os muçulmanos à distância. Em 1291, as tropas muçulmanas capturaram a cidade de Acre, pondo um fim definitivo às Cruzadas.

Em muitos aspectos, as Cruzadas deixaram um legado negativo. Elas ameaçaram as relações entre as igrejas do Ocidente e do Oriente, e a brutalidade dos cruzados somente contribuiu para que seus inimigos se tornassem ainda mais fanáticos. Além disso, as lições que os cruzados aprenderam nos campos de batalha tornaram-se parte das estratégias para guerras futuras, promovidas contra outros cristãos.

A resposta ao chamado de Urbano incrementou grandemente o poder do papado. Ele conseguiu reunir um grande número de soldados que estavam dispostos a morrer por sua fé, um feito que nenhum príncipe poderia ignorar.

A luta pelo poder entre a igreja e o Estado ainda não havia acabado.

1115

Bernardo funda o mosteiro de Claraval

Busto de Bernardo na igreja paroquial em Fontaines-Les-Dijon, local de seu nascimento

O monasticismo objetivava à piedade e à simplicidade. Durante certo período, cada movimento monástico buscou efetivamente essas boas intenções, mas, por fim, a frouxidão e o mundanismo tomaram conta, o que resultou no florescimento de uma nova ordem, em que encontrávamos maior devoção e simplicidade.

No final do século x, os beneditinos se tornaram presas dessas forças e careciam de uma reforma. De dentro de suas fileiras emergiu a ordem dos cistercienses, que buscavam voltar a uma vida mais simples de obras e de oração.

Bernardo, um dos maiores cistercienses, foi um homem que influenciou profundamente a igreja medieval. Convenceu trinta monges de sua ordem a segui-lo para um novo mosteiro que queria fundar na cidade de Claraval. Bernardo adotaria o nome daquela abadia e alcançaria o mundo cristão. Quando morreu, em 1153, ele já havia estabelecido cerca de 65 casas cistercienses, assim como encorajara as pessoas em sua fé, atormentara reis, elegera papas e pregara as Cruzadas.

Como seu objetivo era a busca por reforma moral e por piedade pessoal, Bernardo enfatizou a necessidade da experiência com Cristo e encorajou a autonegação e a sublimação de todos os cuidados mundanos a favor do amor a Deus. Sua ênfase levou a uma piedade maior e mais generalizada.

Na condição tanto de teólogo quanto de escritor inspirado, Bernardo disse que a teologia e o estudo da Bíblia deveriam "penetrar no coração em vez de explicar palavras". De modo diferente dos escolásticos, que enfatizavam a racionalidade, Bernardo concentrava sua atenção na necessidade da vida transformada. Ele fez tudo o que estava ao seu alcance para silenciar os ensinamentos de homens como Pedro Abelardo, o mais perfeito exemplo de ceticismo da era medieval.

Embora Bernardo defendesse fortemente a ortodoxia, introduziu, na piedade medieval, uma grande ênfase em Maria. Ele negou a doutrina da imaculada conceição, acreditando que somente Cristo fora sem pecado. Porém, cristãos posteriores desenvolveriam suas idéias e terminaram por incorporá-las ao sistema de crenças da igreja.

Embora Bernardo tenha buscado uma vida simples, sua reputação de santo, escritor e pregador se espalhou muito além dos muros de seu mosteiro. Ele se envolveu na turbulenta política de seu tempo e chegou a decidir até mesmo entre dois postulantes rivais do papado. Foi também um vigoroso porta-voz da segunda Cruzada — a mais ineficiente de todas.

Em alguns momentos, esse homem, tão considerado, foi intolerante e teimoso. Teve sempre um perfil que era uma mistura de figura mística e pública, ele se manteve como batalhador pela verdade, um homem que poderia intervir em assuntos do mundo, mas que não se contaminava por ele. Bernardo de Claraval passou a outras pessoas seu objetivo apaixonado: a devoção total a Deus.

C. 1150

Fundação das universidades de Paris e de Oxford

O que acontece quando um aluno debate com seu professor de Teologia e sai vencedor? Na Idade Média, havia muitas possibilidades de ser rotulado de herege e expulso da escola. Foi exatamente o que aconteceu ao brilhante Pedro Abelardo. Como resultado parcial desse acontecimento, inventou-se a universidade.

Inicialmente, os mosteiros e as escolas das catedrais eram responsáveis pela educação superior. Essas escolas, no entanto, começaram a atrair professores de fora do clero, e esses mestres questionavam, com freqüência, o dogma oficial da igreja.

Foi isso o que aconteceu com Abelardo. Ele e alguns estudiosos deram início à "prática particular", ensinando e vivendo dos honorários recebidos de alunos. Abelardo teve uma carreira bastante variada: fundou a própria escola em St. Denis, voltou a lecionar na catedral de Notre-Dame e, depois, passou a dar aulas particulares. Sua fama atraiu alunos à cidade de Paris, mas a igreja nunca confiou nele plenamente. Por fim, um grupo de professores, expulsos do claustro de Notre-Dame, fundou uma escola à margem esquerda do rio Sena.

Há algum debate quanto ao fato de se a primeira "universidade" foi fundada em Bolonha ou em Paris. O professor Ireneu fundou uma escola de Direito em Bolonha em 1088, entidade que recebeu o alvará de funcionamento do imperador Frederico Barbarroxa, em 1159. Porém, o nome *universidade* teve sua origem em Paris. Nos tempos medievais, todas as ocupações eram muito bem organizadas. Logo, os professores e os alunos de entidades estabelecidas ao longo do rio Sena organizaram uma associação de classe chamada Universitas Societas Magistrorum et Scholarium [Sociedade Universal de Mestres e Alunos], sob a autoridade de um chanceler. Esse chanceler — ligado ao bispo de Paris, mas não de modo estreito — tinha a tarefa de conceder licenças de ensino.

Em 1200, Filipe II da França concedeu à "universidade" o *status* de órgão oficial. Como em Bolonha, os professores e os alunos recebiam alguns dos privilégios sociais do clero, embora fossem separados dele. O papa Inocêncio III, que estudara em Paris, confirmou a situação da escola em 1208. Devido ao conflito com os bispos, referente ao controle do processo educacional, os membros da universidade fizeram uma greve entre 1229 e 1231. O papa Gregório IX encerrou essa polêmica com a promessa de garantir à escola o direito de se autogovernar.

A Universidade de Paris tornou-se o centro do interesse do conhecimento da maior parte da Europa, pelo menos da porção ao norte dos Alpes. Ali foram desenvolvidas quatro "nações" de estudo, que eram fundamentadas na origem correspondente dos professores e dos alunos: francês, inglês/alemão, normando e picardo (Países Baixos). Os alunos estrangeiros também precisavam de alojamento, que foram distribuídos conforme o procedimento adotado para a idéia das nações. Isso criou a base para as "faculdades" nas universidades. Paris também desenvolveu quatro campos de estudo: Artes, Medicina, Direito e Teologia.

Em 1167, mesmo antes de a Universidade de Paris alcançar sua condição de órgão oficial, Henrique II proibiu os ingleses de estudar em Paris. Um *Studium Generale* foi estabelecido em Oxford. A liderança do chanceler foi oficialmente estabelecida em 1215.

O século XIII foi o apogeu da erudição. Paris, Oxford e Bolonha tornaram-se centros de teologia, filosofia e ciência. Esses eventos estabeleceram as tradições educacionais que duram até os dias atuais.

As universidades tornaram-se as incubadoras do Renascimento e da Reforma.

1173

Pedro Valdo funda o movimento valdense

Antes da Reforma, alguns grupos de cristãos se opuseram ao caminho que a Igreja Católica tomava. Um desses grupos foi o dos valdenses, fundado por um mercador francês que estava descontente com a igreja medieval.

Certo dia, Pedro Valdo ouviu um trovador viajante cantar sobre um jovem rico que deixara sua família, e, anos mais tarde, voltou para casa, mas estava tão malvestido e desnutrido que sua família não conseguiu reconhecê-lo. Somente no leito de morte revelou sua verdadeira identidade. Ele viveu entre os pobres e enfrentou a morte alegremente, feliz por se encontrar com o Deus que sorria para os menos favorecidos.

Profundamente tocado pela história, Valdo agiu rapidamente. Separou uma quantia de dinheiro suficiente para a esposa, colocou as duas filhas em um convento e doou o restante das posses aos pobres. Contratou dois sacerdotes para traduzir a Bíblia para o francês e começou a memorizar longas passagens bíblicas. A seguir, saiu para ensinar sobre Cristo ao povo.

Embora os monges e as freiras pregassem e ensinassem a pobreza e a autonegação — a despeito, muitas vezes, de sua incapacidade de manter esses votos — a igreja via isso como algo que apenas eles precisavam praticar. Poucos esperavam que a pessoa comum vivesse uma vida religiosa profunda.

Valdo e seus seguidores — que chamavam a si mesmos "pobres de Lião" — acreditavam que Jesus queria que seus ensinamentos fossem colocados em prática por todas as pessoas. Saindo de dois em dois, os valdenses visitavam os mercados, falavam com as pessoas e lhes ensinavam o Novo Testamento.

O contraste entre a igreja e esses pregadores ficou bem aparente para o arcebispo de Lião. Ele ordenou que parassem de fazer aquilo. Valdo citou o apóstolo Pedro: "É preciso obedecer antes a Deus do que aos homens!" (At 5.29). Embora o arcebispo tivesse excomungado Valdo, isso não o impediu nem tampouco o movimento que mantinha seu nome de prosseguir em suas atividades. Os valdenses apelaram ao papa Alexandre II. Embora estivesse ocupado com o III Concílio de Latrão (1179), aqueles homens — que caminhavam "de dois em dois, descalços, vestidos com roupas simples, que não possuíam nada e mantinham todas as coisas em comum, como os apóstolos" — impressionaram o papa. Contudo, pelo fato de serem leigos, o papa não podia permitir que pregassem sem a aprovação de um bispo; algo que, dificilmente, conseguiriam.

Fundamentados nas palavras de Atos, dos apóstolos, Valdo e seus seguidores continuaram a pregar e acabaram por ser excomungados pelo papa Lúcio III, em 1184.

Os valdenses não ensinavam heresias, a despeito das afirmações que a igreja fez contra eles. Eram ortodoxos, mas, pelo fato de estarem fora da estrutura da igreja, os seguidores de Valdo não puderam obter a aprovação da hierarquia eclesiástica. Na Idade Média, para os clérigos, qualquer pessoa que estivesse fora da igreja era considerada herege.

Muitos cristãos franceses e italianos, desanimados com a igreja que havia se mundanizado, voltaram-se para os valdenses, que ensinavam o sacerdócio de todos os crentes. Eles rejeitavam as relíquias, as peregrinações e as parafernálias, como a água benta, a vestimenta dos clérigos, os dias santos e outros dias de festa, assim como o purgatório. Para eles, a comunhão não precisaria ser celebrada todos os domingos; os pregadores valdenses falavam diretamente às pessoas e liam a Bíblia para elas em sua língua.

Em 1207, o papa Inocêncio III se dispôs a receber os valdenses de volta se eles se submetessem às autoridades da Igreja Católica. Muitos retornaram, mas outros não, e, em 1214, o papa os condenou como hereges e pediu sua supressão. A Inquisição fez o melhor que pôde para eliminá-los.

Apesar de tudo isso, os valdenses prosseguiram. Eles se espalharam por toda a Europa. Quando houve a Reforma, foram calorosamente recebidos pela maioria dos protestantes. Hoje em dia, eles se consideram protestantes também. Os valdenses são uma lembrança viva de que, a despeito dos momentos obscuros da história da igreja, novos movimentos para corrigir a direção sempre surgiram dentro dela mesma.

1206

Francisco de Assis renuncia à riqueza

Na virada do século XIII, o futuro parecia brilhante para o jovem Francisco Bernardone. Filho de um rico comerciante da cidade de Assis, na Itália, Francisco podia olhar para o futuro, que lhe reservava uma vida de nobreza e de abundância.

Retrato de Francisco feito por Cimabue, encontrado nas paredes da igreja inferior da basílica de são Francisco, na cidade de Assis

A cidade de Assis guerreava contra Perúgia, cidade vizinha, de modo que Francisco se encaminhou para a batalha, resplandecente em sua armadura de cavaleiro com um elmo emplumado e uma lança ao seu lado. Capturado na batalha, foi mantido prisioneiro de guerra por um ano em Perúgia. Pouco depois de sua libertação, ficou bastante doente. Essas experiências fizeram com que ele questionasse o valor da riqueza que herdara.

Certa vez, enquanto cavalgava, ele viu um leproso na estrada. Francisco já sentira repugnância por esse tipo de mendigo e começou a galopar para deixá-lo para trás mais rapidamente, mas esse homem era diferente, pois tinha a face de Cristo. Tomado por um senso de devoção espiritual, Francisco desceu de seu cavalo e beijou o mendigo. Deu dinheiro ao homem e, colocando-o na garupa de seu cavalo, levou-o até seu destino.

Esse desejo de cuidar dos necessitados cresceu dentro de Francisco, embora seu pai zombasse dele. Em 1206, Francisco saiu de casa, renunciando à riqueza do pai, que terminou por deserdá-lo. O jovem se dedicou a uma vida de pobreza. Passou a dar comida e roupas a todos os que precisavam. Ele próprio se tornou um mendigo, pedindo aos ricos, sem qualquer vergonha, para partilhar com os que "não possuíam nada".

Francisco começou a pregar em capelas desertas próximas de Assis. Seu evangelho simples de amor e de serviço produziu um séqüito fiel. Para os que estavam dispostos a se juntar a ele na renúncia à riqueza, estabeleceu um conjunto de regras para a vida, as regras básicas da ordem franciscana. Ele e onze amigos caminharam até Roma para receber a aprovação papal para sua ordem.

Em 1218, havia pelo menos três mil seguidores de Francisco. Contudo, ele tocara em um ponto nevrálgico. A igreja já acumulara poder e riqueza. Na sociedade italiana, os ricos ficavam cada vez mais ricos, com as bênçãos da igreja, enquanto os pobres eram deixados à míngua. Francisco, no entanto, ofereceu um novo caminho de humildade, não contaminado pela ganância. Muitos devotos seguiram seu exemplo. Outras pessoas, que não estavam dispostas a fazer esses sacrifícios, admiravam os pregadores pobres e os apoiavam com ofertas.

Séculos mais tarde, Martinho Lutero criticaria severamente a tradição franciscana devido à sua ênfase nas boas obras — a salvação vem somente pela fé, diria ele. Contudo, de muitas maneiras, esses dois reformadores lutaram contra o mesmo inimigo: a igreja que se importava basicamente com a preservação de sua própria e que se esquecera do ensinamento simples das Escrituras.

Francisco morreu no auge da fama, em outubro de 1226. Foi canonizado dois anos depois. Suas últimas palavras foram: "Cumpri a minha missão; mas agora Cristo lhe ensinará qual é a sua".

1215

O IV Concílio de Latrão

O papa Inocêncio III, que governou de 1198 a 1216, criou o mais poderoso papado da história medieval. Esse homem influente e talentoso buscou trazer ordem e disciplina à igreja. Reformou e centralizou a administração eclesiástica, além de ter se envolvido nos casos políticos de sua época.

Inocêncio queria que o papado controlasse tanto as questões da igreja quanto os assuntos do Estado. Ao passo que os papas anteriores haviam atribuído a si mesmos a designação "Vigário de Pedro", Inocêncio reivindicou o direito de ser chamado "Vigário de Cristo". Ao afirmar que era o representante de Cristo na terra, declarou que o papa era um "mediador entre Deus e os homens, abaixo de Deus, mas acima dos homens". Com grande vigor, assumiu as tarefas de seu ofício, quer excomungando príncipes rebeldes, quer expulsando hereges.

O papa Inocêncio III convocou o IV Concílio de Latrão

Em 1215, no IV Concílio de Latrão, a igreja adotou muitas das idéias de Inocêncio. Em sessões que chegaram a durar até três dias, foram estabelecidos centenas de decretos.

Como Inocêncio estava preocupado com o fato de que todo cristão batizado deveria mostrar alguma aparência de cristianismo, o concílio estabeleceu que, anualmente, toda pessoa deveria fazer uma confissão a um sacerdote e tomar parte na comunhão.

Nesse Concílio, a doutrina da transubstanciação tornou-se oficialmente parte da igreja. De maneira não oficial, a idéia de que o pão e o vinho da comunhão eram realmente o corpo e o sangue de Cristo já circulava havia vários anos. A igreja via a participação na comunhão como parte importantíssima da salvação. O fato de a comunhão ser negada a alguém, como no caso da excomunhão, representava um grande perigo para a alma. Ao ter acesso ao sangue e corpo de Cristo, o sacerdote desempenhava um papel vital na autoridade da igreja. A excomunhão exercia grande poder, porque negava às pessoas o acesso ao próprio Cristo.

Cônscio da ignorância de muitos sacerdotes, Inocêncio encorajou o Concílio a decretar que toda catedral deveria ter um professor de Teologia. Desse modo, alguém daria aos sacerdotes a instrução necessária.

Em anuência à visão de Inocêncio, referente à autoridade do papa, ou seja, sua crença de que somente havia uma igreja verdadeira e, portanto, apenas um repositório de verdade espiritual, estabeleceu um papado mais poderoso. Discordar da igreja não era mais uma questão de opinião; o herege colocava em risco tanto sua alma quanto a de outros. O Concílio deu ao Estado o direito de punir os hereges e confiscar suas propriedades. As autoridades que não removessem o herege enfrentariam a excomunhão, e os que cooperassem com a igreja receberiam perdão completo.

Uma vez mais, a igreja enfrentou a questão da indicação secular das autoridades da igreja. Ela negava o direito aos governadores seculares de apontarem bispos em seus reinos. Somente o papa poderia colocar ou remover bispos, de acordo com o Concílio. Inocêncio já se recusara a aceitar o arcebispo de Cantuária, indicado pelo rei inglês John. Para forçar John a obedecer, o papa o excomungou. Diante da possibilidade de perder seu trono, o rei teimoso terminou por se submeter.

O Concílio também declarou que os judeus deveriam usar uma identificação especial. Os cristãos ficaram proibidos de fazer qualquer tipo de negócio com eles. Com o tempo, isso levaria à criação dos guetos.

Por meio desse e de outros decretos, Inocêncio criou uma instituição que teria influência dominante em toda a Europa até a época da Reforma.

1273

Tomás de Aquino completa sua *Suma teológica*

Tomás de Aquino submete seu ofício ao papa (pintura de Taddeo di Bartolo)

O homem, cujo sistema teológico se tornaria o guia de sua igreja, era chamado de "boi mudo" por seus colegas em Colônia. Embora o apelido pudesse se adequar tanto ao seu porte corpulento e lerdo quanto à sua conduta bastante séria, de modo algum refletia a agilidade mental por trás da aparência.

Tomás de Aquino foi o maior teólogo da Idade Média. Nasceu em 1225, numa família de nobres abastados. Aos cinco anos, já era conhecido por sua piedade, e seus pais o enviaram para a escola de uma abadia. Aos catorze anos, foi para a Universidade de Nápoles, onde Tomás ficou tão impressionado com seu professor dominicano que decidiu tornar-se também monge dessa ordem.

A família de Tomás se esforçou bastante na tentativa de mudar sua decisão, chegando até mesmo ao extremo de seqüestrá-lo, e, além de tentá-lo, chegaram a confiná-lo por um ano; por fim, desistiram. Tomás foi para Paris a fim de estudar com Alberto Magno.

Naquela época, os filósofos não-cristãos atiçavam a mente dos pensadores cristãos. As obras de Aristóteles, do muçulmano Averróis e do judeu Maimônides foram traduzidas para o latim. Os estudiosos ficaram fascinados por esses filósofos que explicavam todo o universo sem qualquer referência às Escrituras do Novo Testamento.

Dando continuidade à tradição do escolasticismo, Tomás tentou reconciliar as correntes da teologia e da filosofia, aparentemente diferentes. Fazia distinção entre as duas, às quais se referia como razão e revelação, apesar de enfatizar que elas não se contradiziam, necessariamente. Ambas eram fontes de conhecimento, dizia ele, vindas de Deus, mas "na teologia sacra, todas as coisas são tratadas da perspectiva de Deus".

Tomás entendia as limitações da razão. Ela é baseada somente no conhecimento sensorial e, conforme dizia, embora possa nos levar a acreditar em Deus, somente a revelação pode apresentar o Deus trino da Bíblia. Somente a revelação pode mostrar plenamente as origens e o destino do homem. Ao usar a revelação e as deduções lógicas baseadas nela, o homem pode construir uma teologia que explica a si mesmo e ao universo.

Os complexos argumentos da *Suma teológica* mostram a habilidade de Tomás de Aquino com relação ao desenvolvimento de um raciocínio bastante intrincado. Em um primeiro momento, houve bastante oposição às suas idéias. Muitas pessoas não aprovavam a ênfase que os escolásticos davam à razão. Não demorou muito, porém, para que essa e outras obras, como a *Suma contra os gentios* — que já causara discussão anteriormente —, se tornassem parte de grande destaque da doutrina da igreja. No Concílio de Trento, o catolicismo usou as obras de Aquino quando dispôs suas forças contra o surgimento do protestantismo.

Embora ele tenha se tornado um dos teólogos, um dos mestres e um dos pregadores da igreja mais proeminente, Aquino continuava sendo um homem humilde. Três meses antes de sua morte, em 1274, anunciou que uma visão celestial lhe mostrara claramente que sua visão teológica "era simplesmente um monte de palha". Ele desistiu de produzir obras teológicas, e a *Suma teológica* nunca foi concluída.

1321

Dante conclui *A divina comédia*

Em um dos melhores épicos já escritos, um homem empreende uma jornada rumo ao inferno, ao purgatório e ao céu — uma peregrinação que vai do pecado à salvação. A história dessa jornada exerceu influência imensurável sobre seu idioma (o italiano) e sobre os leitores dos séculos que se seguiram.

A obra *A divina comédia*, de Dante Alighieri, é um longo poema alegórico dividido em três partes: o "Inferno" acompanha Dante em sua jornada através de nove círculos concêntricos no abismo do inferno, na qual ele é guiado pelo poeta romano Virgílio; o "Purgatório" descreve a jornada deles por uma montanha de nove camadas na qual as almas salvas trabalham com o objetivo de limpar seus pecados antes de poderem entrar no paraíso. A parte final, o "Paraíso", trata de sua jornada com Beatriz — a mulher que idolatrou por toda vida — e Bernardo de Claraval através dos nove círculos concêntricos do céu, onde ele encontra os santos de Deus.

Em termos teológicos, o poema é perfeitamente ortodoxo, embora Dante retrate o papa como alguém que tem poder sobre o inferno. Essa obra também reflete claramente as crenças de sua época. Aqui, de maneira concreta, podemos ver uma amostra das crenças medievais.

Dante admirava profundamente os clássicos gregos e latinos. Tomás de Aquino exerceu grande influência sobre Dante. Este, como Tomás de Aquino, acreditava no valor da razão, embora aceitasse que o objetivo supremo era vida com Deus. Virgílio representa os melhores esforços humanos para ter uma vida virtuosa e civilizada. Embora tenha um lugar especial na obra, ele ainda está no inferno. Beatriz e Bernardo representam a vida da graça.

A divina comédia retrata vividamente a recompensa eterna dos hereges e dos santos, dos reis e das pessoas comuns. Contudo, a despeito das diferenças com relação às teologias modernas, o profundo significado por trás das figuras pode falar de maneira muito veemente tanto à alma quanto à imaginação.

No final, Dante vê as hostes celestiais arranjadas como as pétalas de uma rosa. Sua imaginação vai além de sua capacidade e ele termina rendendo tributo ao amor "que move o Sol e as outras estrelas".

1378

Catarina de Sena vai a Roma para solucionar o Grande Cisma

Quem poderia adivinhar que uma menina nascida em 1347, a última de 23 filhos de uma família profundamente religiosa da cidade de Sena, se tornaria uma orientadora e apoio de papas?

Ainda criança, Catarina mostrava grande devoção e fez o voto de ser noiva de Cristo. Por três anos, viveu separada do mundo, mas, na época em que a Peste Negra assolou a Europa, ela voltou ao mundo normal e ministrou aos que estavam morrendo. Algumas pessoas acreditavam que ela até mesmo havia curado alguns doentes. Também visitou prisioneiros, convertendo alguns condenados à morte.

Enquanto fazia isso, Catarina escrevia muitas cartas, dando conselhos espirituais a todos — de pessoas comuns

De um retrato em Sena

até o papa. Essas epístolas deram a ela a reputação de pacificadora, pois ela mostrou uma notável habilidade de reconciliar as pessoas umas com as outras.

Uma das maiores necessidades de reconciliação daquele século estava relacionada ao papado. Por vários anos, os franceses haviam dominado o papado, a ponto de o papa até mudar-se para Avignon, na França. Embora isso agradasse os franceses, ninguém mais gostava da idéia, e, por diversos anos, os papas consideraram a idéia de retornar para Roma.

Como muitas pessoas devotas de sua época, Catarina acreditava que o papa deveria ficar em Roma, onde não enfrentaria a possibilidade de uma dominação francesa. Quando visitou o papa Gregório XI em Avignon, em 1376, ela o encorajou a voltar. Ele se mudou de lá, mas morreu logo depois disso.

Os cardeais elegeram o novo papa, Urbano VI. Não demorou muito para os cardeais ficaram descontentes com ele. Assim, elegeram um papa de origem francesa, Clemente VII, que retornou para Avignon. O Grande Cisma começara — uma situação que perduraria por 39 anos. Que escândalo, ter dois papas, cada um deles afirmando ser o vigário de Cristo! Ambos tinham um colégio de cardeais que, quando o papa de cada um desses colégios morria, o substituía por um homem que lhes parecesse o melhor para ocupar aquele cargo.

Algumas nações apoiavam um papa, ao passo que outras defendiam o outro pontífice. Parecia que um impasse fora estabelecido. Catarina se alinhou ao papa de Roma e escreveu cartas duras aos cardeais da França, criticando a eleição promovida por eles. Em 1378, foi a Roma, esperando encerrar a ruptura. Ela reuniu o povo em volta de Urbano, mas o repreendeu por suas ações insensatas. Em vez de se sentir ofendido, ele passou a admirar aquela mulher devota e a buscar seu conselho.

Durante algum tempo, a cidade turbulenta ficou em paz, mas mesmo depois da morte de Catarina, dois anos após esse acontecimento, o Grande Cisma ainda não fora resolvido.

Embora a última missão de Catarina tivesse falhado, *ela* não falhara. Em uma época em que os papas tornaram-se incrivelmente ricos e poderosos, ela provou que uma mulher humilde poderia fazer grande diferença. O fato de ser mulher ou, até mesmo, sua origem não muito promissora jamais foram impedimentos para ela.

Sua influência se estende por todas as eras. Sua obra intitulada *Diálogo* é famosa por sua ênfase na necessidade individual de cada um responder ao "chamado interior" vindo de Deus.

A combinação de devoção mística e de serviço cristão ativo, como o de Catarina, é algo que agrada católicos e protestantes.

C. 1380

Wycliffe supervisiona a tradução da Bíblia para o inglês

"Uma figura alta e delgada, coberta com uma longa toga negra [...] a face, adornada com uma comprida barba; ele tinha traços fortes e bem nítidos; os olhos eram claros e penetrantes; os lábios firmemente fechados, um sinal de sua resolução."

Assim, João Wycliffe apresentou-se diante do bispo de Londres, em 1377, para responder à acusação de heresia. Seu amigo e defensor, João de Gaunt, duque de Lancaster, adentrou pela igreja com passos firmes e resolutos. Um simples detalhe, se Wycliffe deveria ficar em pé ou sentado, tornou-se discussão. Esse pequeno detalhe chegou a se transformar em uma briga calorosa, e João de Gaunt fugiu para preservar sua vida. Podemos imaginar a cena, Wycliffe sendo despachado por seus próprios amigos. Assim foi sua vida. Wycliffe era ousado e franco quanto à sua teologia e à sua educação. Contudo, quando se encaminhou para a política, ficou preso no meio do fogo cruzado da luta de outras pessoas.

João Wycliffe foi o principal erudito de sua época. As pessoas, por toda a Inglaterra, respeitavam sua sabedoria. A educação universitária era ainda

João Wycliffe, da igreja de Lutterworth, enviando os "pregadores leigos", ou lolardos

um fenômeno relativamente novo, e Wycliffe pode ser grandemente responsabilizado pela grande reputação de Oxford, onde estudou e lecionou.

Sua vida, porém, foi marcada pela controvérsia. Tinha o perigoso hábito de dizer o que pensava. Quando seus estudos o levaram a questionar os ensinamentos católicos oficiais, ele realmente o fez. Questionou o direito de a igreja ter poder temporal e de possuir riqueza. Discutiu a venda de indulgências — cartas que, de modo geral, eram consideradas um meio para perdoar os pecados —, o cerimonial da igreja, a adoração supersticiosa de santos e de relíquias, assim como a autoridade do papa. Ele até mesmo questionou a visão oficial da eucaristia (a doutrina da transubstanciação) defendida pelo IV Concílio de Latrão. Apresentava-se, com freqüência, diante de bispos e de concílios para defender essas idéias, e outros posicionamentos que advogava.

A Inglaterra tinha muito ressentimento contra a Igreja Romana, mesmo no século XIII. A liderança secular era forte na Grã-Bretanha. Os príncipes — e muitos cidadãos — se ressentiam da maneira como a igreja estava apegada ao poder e à riqueza. João de Gaunt, muitas vezes, usava as idéias e a reputação de Wycliffe em suas discussões com a igreja. Como recompensa, ele protegia Wycliffe da hierarquia eclesiástica.

Wycliffe foi um herói popular durante algum tempo. Seus seguidores, os lolardos — sacerdotes que seguiam a pobreza apostólica e ensinavam as Escrituras às pessoas comuns — viajavam por toda a Inglaterra levando o Evangelho. Conforme sua influência declinou, porém, Wycliffe tornou-se cada vez menos útil a seus benfeitores, inclusive para Lancaster. Uma audiência tumultuada em 1377 resultou no banimento de seus escritos. A oposição se intensificou. Apesar de ser poupado da violência, seus textos foram queimados, e ele foi destituído da posição que tinha em Oxford, ficando proibido de disseminar suas idéias.

Isso deu a ele tempo para trabalhar na tradução da Bíblia. Wycliffe defendia a idéia de que todo o mundo deveria poder ler as Escrituras na própria língua. "Visto que a Bíblia contém Cristo — tudo o que é necessário para a salvação —, ela é necessária para todos os homens, e não apenas para os sacerdotes", escreveu ele. Assim, a despeito da reprovação da igreja, juntou-se a outros estudiosos para produzir a primeira tradução completa da Bíblia para o inglês. Usando uma cópia manuscrita da *Vulgata*, Wycliffe trabalhou arduamente para tornar as Escrituras inteligíveis para seus compatriotas. Uma primeira edição foi publicada. Ela foi aprimorada na segunda edição, que só ficou completa após a morte de

Wycliffe. Apesar disso, essa edição ficou conhecida por *Bíblia de Wycliffe* e foi distribuída, ilegalmente, pelos lolardos.

Wycliffe sofreu um derrame quando estava na igreja e morreu em 31 de dezembro de 1384. O Concílio de Constança, 31 anos mais tarde, o excomungou, e, em 1428, seus ossos foram exumados e queimados, e as cinzas, espalhadas no rio Swift.

Ninguém poderia imaginar que suas idéias se espalhariam tão rapidamente pela Europa. O efeito de seus ensinamentos sobre os líderes posteriores, como João Hus, fez com que ficasse conhecido por a "Estrela da manhã da Reforma". Ele próprio procurou permanecer na Igreja Romana por toda sua vida, mas no coração e na mente de seus ouvintes, a Reforma já estava a caminho.

1415

João Hus é condenado à fogueira

"Vamos cozinhar esse ganso." O homem a quem essas palavras se referem era João Hus, cujo sobrenome significa "ganso", em seu idioma pátrio, o tcheco. A pessoa que proferiu essas palavras se referia ao fato de que Hus seria queimado em uma fogueira. Porém, quando o Estado e as autoridades eclesiásticas condenaram Hus, estavam acendendo a fogueira do nacionalismo e da Reforma da igreja.

Em 1401, João foi ordenado sacerdote. Ele passou a maior parte de sua carreira ensinando na Universidade de Praga e pregando na influente Capela de Belém, não muito longe da universidade.

Embora a terra de Wycliffe ficasse longe da Boêmia, sua influência se espalhou depois que o rei Ricardo II da Inglaterra casou-se com Ana, irmã do rei da Boêmia. Ana abriu caminho para que os habitantes da Boêmia fossem estudar na Inglaterra. Assim, os escritos reformistas de Wycliffe começaram, lentamente, a se espalhar pela Boêmia.

Nas paredes da Capela de Belém, as pinturas contrastavam o comportamento dos papas e de Cristo. O papa caminhava montado em um cavalo, mas Cristo andava a pé; Jesus lavava os pés dos discípulos, e o papa permitia que as pessoas beijassem seus pés. O mundanismo do clero ofendia Hus, que pregava e ensinava contra isso, ao enfatizar a piedade pessoal e a pureza de vida. Quando enfatizou o papel da Bíblia na autoridade da igreja, ele elevou a pregação bíblica a um importante lugar no culto.

Os ensinamentos de Hus se tornaram populares entre as massas e algumas pessoas da aristocracia, incluindo-se a rainha. Conforme sua influência na universidade crescia de forma notável, a popularidade dos textos de Wycliffe também aumentava.

O arcebispo de Praga se opunha aos ensinamentos de Hus. Ele instruiu Hus a parar de pregar e pediu que a universidade queimasse os textos de Wycliffe. Quando Hus se recusou a cooperar, o arcebispo o condenou. O papa João XXIII (um dos três papas do Grande Cisma, também conhecido por "antipapa") colocou Praga sobre interdito — ato que efetivamente excomungava toda a cidade, porque ninguém ali poderia receber os sacramentos da igreja. Hus concordou em sair de Praga para ajudar a cidade, mas continuou a atrair multidões enquanto pregava nas igrejas e organizava reuniões ao ar livre.

Hus suscitou a oposição do clero não apenas por denunciar o estilo de vida imoral e extravagante do clero — incluindo o papa —, mas ao afirmar que somente Cristo é o cabeça da igreja. Em seu livro *Sobre a igreja*, defende a autoridade do clero, mas afirma que somente Deus pode perdoar os pecados. Hus disse também que nenhum papa ou bispo poderia estabelecer doutrinas contrárias à Bíblia, assim como nenhum cristão verdadeiro poderia obedecer às ordens de um clérigo se elas estivessem claramente equivocadas.

Em 1414, Hus foi convocado ao Concílio de Constança para defender seus ensinamentos. Sigismundo, imperador do Sacro Império Romano, prometeu-lhe salvo-conduto.

O concílio já tinha uma opinião formada sobre Hus. Ele foi preso imediatamente após sua chegada. O concílio condenou tanto os ensinamentos de Wycliffe quanto os de Hus, que defendia as idéias de Wycliffe.

Sob ataque, Hus se recusou a negar que afirmara que quando um papa ou um bispo estivesse em pecado mortal, ele deixava de ser papa ou bispo. Em sua defesa oral, complementou suas declarações dizendo que o rei também deveria fazer parte dessa lista.

Sigismundo convocara o concílio para corrigir o Grande Cisma, o que foi realmente alcançado. Contudo, é natural que nenhum concílio que restaurasse a autoridade do papa recebesse de bom grado um rebelde, que questionava seu direito de fazer isso.

Abatido por sua longa prisão, pela doença e pela falta de sono, Hus ainda alegou inocência e se recusou a renunciar a seus "erros". Ele fez a seguinte declaração ao concílio: "Eu não renunciaria à verdade nem mesmo por uma capela repleta de ouro".

Em 6 de julho de 1415, a igreja condenou, formalmente, Hus e o entregou às autoridades seculares para a punição imediata. No caminho para o lugar de execução, Hus passou diante de uma igreja na qual uma fogueira queimava seus livros. Rindo, disse aos observadores que não acreditassem nas mentiras que estavam circulando sobre ele. Ao chegar ao lugar onde seria queimado em uma fogueira, o oficial do império pediu a Hus que se retratasse de suas idéias. "Deus é minha testemunha", disse o sacerdote, "de que as evidências contra mim são falsas. Eu nunca pensei nem tampouco preguei nada que não tivesse a intenção de, se possível, livrar os homens de seus pecados. Hoje morrerei satisfeito".

Depois de sua morte, as cinzas de João Hus foram jogadas no rio.

Em vez de colocar seu prestígio em risco, a corajosa morte de Hus só serviu para aumentar seu reconhecimento. Inflamados pela combinação de fervor religioso e nacionalismo, seus seguidores se rebelaram contra a Igreja Católica e seu império controlado pelos germânicos. Com essa rebelião, eles efetivamente se livraram de ambos. A despeito de todos os esforços dos papas de erradicar esse movimento, ele sobreviveu como igreja independente, a "Unitas Fratrum", ou "Unidade dos Irmãos".

João Gutenberg produz a primeira Bíblia impressa

Gutenberg examina as páginas saídas da máquina de impressão

Durante a Idade Média, apenas poucas pessoas possuíam a Bíblia ou livros de qualquer tipo. Os monges copiavam os textos à mão, em folhas de papiro ou em pergaminhos feitos de peles de animais. O custo desses materiais e a remuneração do tempo utilizado pelos copistas estavam muito além das posses do homem comum, mesmo quando o livro que determinada pessoa quisesse ler estivesse ao seu alcance.

Não havia muitas pessoas que conseguiam ler na própria língua, e muitos livros — incluindo-se a Bíblia — estavam disponíveis apenas em latim, língua que um número ainda menor de pessoas compreendia. O povo comum confiava no sacerdote local e nos desenhos ou nas imagens da igreja para obter informação sobre a Bíblia. O sacerdote local, com freqüência, tinha pouco ou nenhum treinamento em latim, e seu conhecimento da Bíblia era bastante precário. Embora os estudiosos debatessem sobre as Escrituras e escrevessem comentários, seus pensamentos dificilmente chegavam até o cristão comum.

Uma das maiores mudanças do século XV teve enorme impacto sobre essa situação. Na década de 1440, João Gutenberg experimentou a impressão com tipos móveis de metal. Ao montar um livro com tipos de chumbo, ele podia fazer muitas cópias a um custo muito inferior ao de um texto copiado à mão.

Em 1456, Gutenberg — ou um grupo do qual ele fazia parte — imprimiu duzentas cópias da *Vulgata*, a Bíblia latina, revisada por Jerônimo. O homem comum não podia ainda compreender a Palavra de Deus, mas esse foi o primeiro passo de uma enorme revolução.

Durante algum tempo, os impressores de Mainz guardaram segredo sobre as técnicas de Gutenberg, mas, em 1483, quando Martinho Lutero nasceu, todos os grandes países da Europa já tinham pelo menos uma máquina de impressão. No espaço de cinqüenta anos, desde a primeira impressão da Bíblia de Gutenberg, os impressores já haviam ultrapassado a quantidade de material que os monges produziram em vários séculos. Os livros passaram a ser disponibilizados em diversas línguas, e houve um aumento do número de pessoas que sabiam ler e escrever.

Sem a invenção de Gutenberg, talvez os objetivos da Reforma tivessem levado mais tempo para ser alcançados. Uma vez que apenas o clero podia ler a Palavra de Deus e compará-la aos ensinamentos da igreja, a Bíblia tinha um impacto limitado sobre o cristão comum.

Com a invenção da máquina de impressão, Lutero e os outros reformadores poderiam fazer com que a Palavra de Deus ficasse disponível "a todo jovem do campo e a qualquer empregada doméstica". Lutero traduziu as Escrituras para um alemão bastante eficaz e de fácil leitura, usado durante vários séculos. A partir do momento em que todos tiveram acesso à Bíblia, nenhum sacerdote, papa ou concílio se colocava entre o cristão e sua compreensão da Bíblia. Embora muitos afirmassem que o homem comum poderia não compreender a Palavra de Deus e talvez precisasse que ela fosse interpretada pelos clérigos, os alemães começaram a fazer exatamente isso.

Conforme liam, esses homens e mulheres comuns começaram a se sentir parte do maravilhoso mundo da Bíblia. O ensinamento da Bíblia em casa tornou-se possível. Lentamente, a barreira entre o pastor e o membro da igreja foi destruída. Em vez de se preocupar com o pensamento "O que tenho de confessar ao sacerdote?", o crente podia perguntar: "Será que a minha vida está de acordo com a Palavra de Deus?".

Com a invenção de uma complexa ferramenta de impressão, um fogo foi aceso por toda a Europa, uma chama que espalhou tanto o evangelho quanto a instrução.

Com bastante freqüência, isso assumiu a forma de troca de idéias teológicas e o afastamento dos grupos heréticos da igreja. Porém, a igreja — que ainda não fora capaz de alçar vôo — não poderia impor qualquer sistema de fé aos que estavam no erro.

Em 1184, o papa Lúcio III, preocupado com o sistema de crenças dos freqüentadores da igreja, pediu que todos os bispos "inquirissem" sobre as crenças de seu rebanho. Um homem que fosse culpado de heresia seria excomungado, ou seja, colocado para fora da igreja. Contudo, não deveria ser punido fisicamente e, caso se retratasse de sua heresia, seria readmitido à igreja. Teoricamente, a igreja usou esse instrumento tanto para corrigir de maneira amorosa um irmão que estava equivocado quanto para proteger os outros desse erro.

1478
O estabelecimento da Inquisição espanhola

Já em seus primeiros dias, a igreja enfrentou problemas relacionados às falsas crenças — as chamadas heresias — e precisou lidar com elas.

Os horrores da Inquisição

Com o crescimento das heresias populares — em especial a do movimento albigense na França —, a igreja adotou medidas mais severas. No IV Concílio de Latrão, o papa Inocêncio III estabeleceu a punição dos hereges pelo Estado, permitindo até o confisco de suas propriedades. As autoridades seculares que não fizessem esse favor à igreja arriscavam-se também a ser excomungadas.

A Inquisição, no entanto, só se organizou plenamente no Sínodo de Toulouse, em 1229. Em resposta à leitura bíblica feita pelos cátaros — grupo étnico que assimilara muitos equívocos do maniqueísmo — e dos valdenses, esse sínodo proibiu os leigos de possuir as Escrituras e começou a atacar sistematicamente crenças consideradas inaceitáveis. O papa Gregório IX deu aos frades dominicanos o poder de defender a ortodoxia. Os dominicanos, sujeitos somente à autoridade do papa, tornaram-se poderosa arma do arsenal hierárquico da igreja.

Em 1252, o papa Inocêncio IV autorizou a tortura como meio de conseguir informação e a confissão nos casos de heresia. Ele acreditava que a heresia era um "membro podre" que precisava ser amputado, caso contrário contaminaria todo o corpo. A crueldade perpetrada contra os hereges parecia um preço pequeno a ser pago na defesa da ortodoxia da igreja.

Ainda assim, a igreja não poderia derramar sangue e, por essa razão, entregava todos os hereges ao Estado para que fossem executados. Eles normalmente eram queimados em fogueiras.

Os governadores espanhóis do final do século XV, o rei Fernando e a rainha Isabel, acreditavam que seu país só prosperaria quando fosse verdadeiramente cristão. Pelo fato de mostrar grande devoção ao catolicismo, os monarcas receberam do papa o título de "Reis Católicos". Em 1478, pediram ao papa que estabelecesse a Inquisição na Espanha, e eles mesmos seriam os inquisidores.

Muitos judeus e muçulmanos da Espanha aparentemente se converteram ao cristianismo, mas sempre houve desconfiança de que estivessem praticando secretamente sua antiga fé. Em 1492, os reis católicos expulsaram todos eles de seu país.

Tomás de Torquemada, frei dominicano cujo nome se tornaria sinônimo de crueldade, foi o inquisidor geral da Espanha. Embora parecesse um cristão modelo na vida particular, pois era devoto e negava-se a si mesmo, esse homem letrado levava seu zelo a extremos. Sob sua direção, muitas pessoas foram levadas à fogueira, ao passo que outros pagavam pesadas multas ou sofriam penas humilhantes.

Como a Inquisição tinha o poder de confiscar os pertences dos condenados, ela nunca ficou sem dinheiro para continuar suas perseguições. Ela também vendia a atividade de "familiar", que transformava a pessoa em uma espécie de informante, que desfrutava liberdade, pois, em troca da informação, o delator não era preso.

Embora o protestantismo estivesse se espalhando rapidamente pela Europa, na Espanha ele caiu sob a forte mão da Inquisição. Ali, os livros protestantes foram banidos e bastava a simples suspeita de que alguém era protestante para que os inquisidores fossem chamados. Embora poucos protestantes executados fossem espanhóis, a lição ensinada pelo martírio dessas pessoas foi suficiente para que muitos se voltassem para a Igreja Católica.

Como resultado, o protestantismo nunca progrediu na Espanha, como aconteceu em outros países. Embora os protestantes também enfrentassem perseguição no restante da Europa, ela não tinha a mesma fúria da Inquisição espanhola, que durou até o século XIX.

1498

Savonarola é executado

O reformador Girolamo Savonarola

No final do século XV, o Renascimento desabrochava em Florença. O governador daquela república, Lorenzo de Médici, um tirano, tornara-se patrono das artes e trouxera muitos grandes homens para elevar a cultura de sua cidade. Contudo, enquanto a arte e a literatura vicejavam em Florença, o mesmo acontecia com a corrupção e a ganância. O governo

Médici levara a cidade à vida centrada em si mesma e em volta de sua riqueza. A igreja também sofreu essa influência, de modo que o voto de pobreza tinha pouco significado nos mosteiros florentinos.

Girolamo Savonarola, monge dominicano zeloso e piedoso que levava a sério a tradição de pregação de sua ordem, chegou a essa cidade mundana. Embora ele falasse de maneira dura contra o pecado, profetizando a queda dessa cidade que se dizia cristã, mas que se importava apenas com sua pompa, o monge caiu nas graças dos florentinos. Multidões se formavam para ouvir suas palavras.

Em 1494, quando a França atacou a cidade, o povo de Florença perdeu a confiança nos Médicis e os derrotou numa revolução popular. Savonarola tornou-se o novo governante, e uma maravilhosa mudança aconteceu naquela localidade. As pessoas abandonaram os sinais de seu estilo de vida frívolo, incluindo suas roupas finas e o jogo. Banqueiros e comerciantes devolveram o que haviam tirado das pessoas de maneira ilícita. Homens de boas famílias tornaram-se monges.

Savonarola, no entanto, atacava o papa, como o restante do clero mundano. O papa Alexandre VI, de forma escandalosa e infame, era pai de um grande número de filhos ilegítimos. Em 1495, cansado dos ataques de Savonarola, o papa ordenou que o dominicano parasse com suas pregações. Savonarola obedeceu e passou a se dedicar ao estudo. Um ano depois, aparentemente acreditando que humilhara o monge, Alexandre permitiu que ele voltasse a pregar novamente. Não demorou muito para que o monge voltasse a atacar, de forma veemente, a corrupção da igreja.

Em 1497, o papa excomungou Savonarola, mas o povo de Florença apoiou o monge. Um ano depois, o papa ameaçou a cidade com o interdito, a não ser que ela lhe enviasse Savonarola. Apesar dos apelos de Savonarola a vários líderes de outras nações, pedindo que convocassem um concílio para depor o papa, nada aconteceu.

Os habitantes de Florença experimentaram uma conversão apenas superficial, pois, quando nenhuma ajuda chegou, eles se voltaram contra seu líder. O governo da cidade caiu nas mãos de um partido hostil e eles entregaram Savonarola a dois embaixadores do papa, que tinham instruções para certificar-se de que o monge rebelde seria executado. Savonarola e dois de seus seguidores foram queimados na grande praça da cidade.

Embora muitos protestantes saúdem Savonarola como um deles, seu pensamento era, na verdade, católico. Contudo, como muitos antes dele, Savonarola tinha o grande desejo de ver as pessoas vivendo da maneira como os que Cristo chamara deviam viver. A sociedade mundana e rica à qual ele se opôs não podia tolerar sua condenação.

Michelangelo completa a cúpula da Capela Sistina

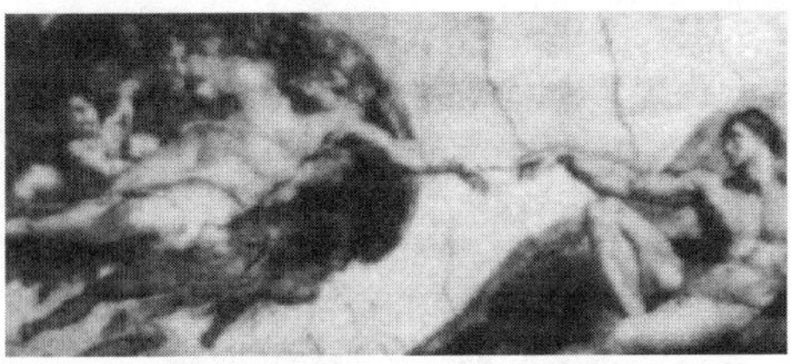

O famoso afresco de Michelangelo *A criação do homem*, na Capela Sistina, na Igreja de São Pedro, em Roma

Quando olhamos para a cúpula da Capela Sistina, imagens humanas maiores do que o tamanho real parecem se projetar para baixo, trazendo à vida, de maneira brilhante, nove cenas do livro do Gênesis, sete profetas hebreus e cinco sibilas, profetisas pagãs que supostamente predisseram a vinda do Messias. Logo no primeiro vislumbre dessa obra, é possível verificar que ela é totalmente diferente da arte do mundo medieval.

A arte espiritual, mas, muitas vezes, estilizada e irreal da Idade Média, cedeu sua vez a um novo realismo que fazia maior uso da perspectiva e do conhecimento da anatomia. A nova arte, no entanto, refletia mudanças mais profundas do pensamento, que alteraram permanentemente o mundo cristão.

O Renascimento começou a ganhar espaço na Europa durante os séculos XV e XVI. O poeta cristão Petrarca descobrira antigos manuscritos latinos e popularizou o estudo deles. A partir disso, surgiu o humanismo, que buscava estudar os clássicos e aplicar seus princípios à vida. De maneira lenta, mas veemente, começou a ser dada maior ênfase ao homem, à sua habilidade de pensar e às suas ações. Embora o cristianismo ainda exercesse grande impacto sobre o pensamento humano, o mundo foi vagarosamente se distanciando do modo de vida centrado na igreja.

Como muitas figuras proeminentes do Renascimento, Michelangelo Buonarroti amealhou conhecimento diversificado. Escreveu maravilhosos poemas e se tornou um artista, escritor e arquiteto talentoso. Sob o patrocínio dos papas Júlio II, Leão X, Clemente VII e Paulo III, criou pinturas e esculturas magníficas, que refletiam o espírito de sua era.

Sob Júlio II, Michelangelo aceitou o projeto de pintar a cúpula de uma das capelas particulares do papa, a Capela Sistina. De 1508 a 1512, ele criou os magníficos afrescos de homens e mulheres de carne e osso, que pareciam ser capazes de assumir vida por iniciativa própria. O realismo com que retratava as histórias bíblicas é estranho à arte medieval. A despeito dos temas espirituais, essas pessoas pareciam mais deste mundo do que do mundo espiritual.

Em 1534, Michelangelo voltaria à Capela Sistina para pintar a parede do altar. O *Juízo Universal* retrata um Cristo vigoroso. Há grandes figuras dos salvos, que se levantam, e dos que estão destinados à queda, que se mostram tristes por serem incapazes de alterar seu fim. Quando o papa Paulo III viu a obra pela primeira vez, orou, atordoado: "Senhor, não impute a mim o meu pecado quando chegar o Dia do Juízo".

Embora provavelmente seja mais conhecido por suas pinturas, Michelangelo não se considerava, fundamentalmente, um pintor. Seu primeiro amor era a escultura, na qual ele se sobressaiu, como podemos observar por sua magnífica estátua do jovem *Davi*; pela delicada *Pietá*, que retrata Maria com o filho sacrificado; e pelo justo e irado *Moisés*.

À medida que o homem se tornava cada vez mais o padrão de todas as coisas e do mesmo modo que a Reforma desafiava a autoridade da Igreja Católica, a influência do humanismo aumentava. Contudo, ele começou com os cristãos, e a maior parte dos humanistas permaneceu na fé.

1517 Martinho Lutero afixa *As noventa e cinco teses*

Martinho Lutero

"Tão logo a moeda no cofre ressoa, a alma sai do purgatório." Essa era a curta mensagem musicada de propaganda de João Tetzel, o homem autorizado a conseguir dinheiro para construir uma nova basílica em Roma. Seu esquema para o levantamento de fundos — a venda de indulgências — era, simplesmente, a venda do perdão. "Faça com que os seus entes queridos, que já partiram, saiam do purgatório por uma pequena taxa e ganhe algum crédito adicional para os seus pecados."

A corrupção reinava na igreja. Os cargos eclesiásticos eram comprados por nobres ricos e usados para alcançar mais riqueza e mais poder. Um desses nobres foi Alberto de Brandemburgo, que pedira dinheiro emprestado para se tornar arcebispo de Mainz e que precisava encontrar um modo de pagar seu empréstimo. O papa autorizou a venda de indulgências na região de Alberto, contanto que metade do dinheiro coletado fosse usada para a construção da Basílica de São Pedro em Roma. O restante do valor levantado iria para Alberto. Todos estavam felizes, a não ser certo número de alemães devotos, dentre os quais estava Martinho Lutero.

Tetzel, monge dominicano e pregador bastante popular, tornou-se o comissário das indulgências. Ele viajava de cidade em cidade, proclamando seus benefícios: "Ouça a voz de seus entes queridos e amigos que já morreram, suplicando-lhes e dizendo: 'Tenha pena de nós, tenha pena de nós. Estamos passando por tormentos horríveis dos quais você pode nos redimir, contribuindo com uma pequena esmola'. Vocês não desejam fazer isso?".

Lutero, sacerdote e professor de Wittenberg, opunha-se totalmente à venda das indulgências. Quando Tetzel chegou àquela localidade, Lutero redigiu uma lista de 95 queixas e a afixou na porta da igreja, que também servia como quadro de avisos da comunidade. O perdão divino certamente não poderia ser comprado e vendido, dizia Lutero, uma vez que Deus o oferece gratuitamente.

As indulgências, porém, eram apenas a ponta do *iceberg*. Lutero se rebelava contra toda a corrupção da igreja e pressionava para que uma nova compreensão da autoridade do papa e das Escrituras fosse adotada. Tetzel saiu logo de cena (morreu em 1519), mas Lutero prosseguiu, vindo a liderar uma revolução religiosa que mudou radicalmente o mundo ocidental.

Lutero nasceu em 1483, em uma família de camponeses em Eisleben, Alemanha. Seu pai, um mineiro, levou-o a estudar Direito, enviando-o à Universidade de Erfurt. Contudo, o fato de ele ter sido poupado da morte quando um raio caiu muito próximo dele fez com que Lutero mudasse de idéia. Ele entrou para um mosteiro agostiniano em 1505, tornando-se sacerdote em 1507. Reconhecendo suas habilidades acadêmicas, seus superiores o enviaram para a Universidade de Wittenberg a fim de que obtivesse o diploma em Teologia.

A inquietação espiritual que atormentava outros grandes cristãos, ao longo de todas as eras, também influenciou Lutero. Ele estava profundamente consciente do próprio pecado, da santidade de Deus e de sua total incapacidade de obter o favor divino. Em 1510, Lutero viajou para

Roma e ficou desiludido com o tipo de fé mecânica que encontrou ali. Fez tudo o que pôde para ser verdadeiramente piedoso. Subiu, até mesmo, a escada de Pilatos, em que Cristo supostamente caminhou. Lutero orava e beijava cada degrau à medida que prosseguia, mas, mesmo ali, suas dúvidas ainda fervilhavam.

Poucos anos depois, voltou para Wittenberg como doutor em Teologia, para ensinar disciplinas relacionadas à Bíblia. Em 1515, começou a lecionar sobre a epístola de Paulo aos Romanos. As palavras de Paulo consumiram a alma de Lutero.

"Minha situação era que, apesar de ser um monge impecável, eu me punha diante de Deus como um pecador perturbado por minha consciência e não tinha confiança de que meus méritos poderiam satisfazê-lo", escreveu Lutero.

"Noite e dia eu ponderava, até que vi a conexão entre a justiça de Deus e a afirmação de que 'o justo viverá pela fé'. Então, entendi que a justiça de Deus é a retidão pela qual a graça e a absoluta misericórdia de Deus nos justificam pela fé. Em razão dessa descoberta, senti que renascera e entrara pelas portas abertas do paraíso. Toda a Escritura passou a ter um novo significado [...] esta passagem de Paulo tornou-se, para mim, o portão para o céu".

Assim, mais confiante em suas crenças e com algum apoio de seus colegas, Lutero sentiu-se livre para falar contra a corrupção. Ele já criticava a venda de indulgências e a adoração das relíquias mesmo antes de Tetzel aparecer em sua região. Tetzel simplesmente fez com que o conflito alcançasse uma posição de destaque. *As noventa e cinco teses* de Lutero eram profundamente restritas, caso consideremos a sublevação que provocaram. Afinal, eram apenas um convite ao debate.

Ele realmente conseguiu um debate, primeiramente com Tetzel e, mais tarde, com o renomado estudioso João Eck, que acusou Lutero de heresia. No primeiro momento, parecia que Lutero esperava que o papa concordasse com ele sobre o abuso na questão das indulgências. Conforme a controvérsia continuou, Lutero, porém, solidificou sua oposição ao papado. Em 1520, o papa emitiu uma bula (decreto) condenando as idéias do monge alemão, e Lutero a queimou. Em 1521, a Dieta (concílio) de Worms ordenou que Lutero se retratasse. Ali, segundo a lenda, Lutero afirmou: "Não posso fazer outra coisa. Aqui estou. Deus me ajude. Amém".

Depois disso, Lutero foi excomungado, e seus escritos foram banidos. Para sua proteção, foi levado à força por seu patrono Frederico, o Sábio, e ficou escondido no castelo de Wartburg. Ali, ele trabalhou em outros escritos teológicos e na tradução do Novo Testamento para o alemão popular.

Contudo, a batalha apenas começava. Quando ousou fazer oposição ao papa, Lutero despertou os sentimentos de independência tanto nos nobres alemães quanto no povo em geral. A Alemanha se tornou uma colcha de retalhos, à medida que alguns nobres apoiaram Lutero e outros permaneceram leais a Roma. A Reforma já estava em preparação também na Suíça, liderada por Ulrico Zuínglio. A igreja e o Sacro Império Romano voltaram sua atenção para as batalhas políticas que se estenderam por toda a década de 1520. Quando decidiram agir de forma enérgica contra os reformadores, já era tarde demais.

Uma reunião realizada na cidade de Augsburgo, em 1530, chegou perto de fazer com que a causa luterana voltasse a ficar sob a tutela romana. Filipe Melâncton, amigo de Lutero, preparou uma afirmação conciliatória das idéias de Lutero, apresentando seu ponto de vista como um posicionamento fiel ao catolicismo histórico. Porém, o concílio católico exigiu concessões que Lutero não faria, e a ruptura se tornou definitiva.

Em retrospecto, parece que os acontecimentos da Reforma devem muito à personalidade única de Lutero. Se não fosse sua dúvida profunda, talvez jamais tivesse garimpado as verdades das Escrituras como fez. Sem seu zelo pela justiça, talvez nunca afixasse seu protesto na porta da catedral. Sem sua impetuosidade, talvez jamais atraísse um número significativo de seguidores. Ele viveu em um tempo propício às mudanças e era o homem indicado para fazer com que acontecessem.

1523

Zuínglio lidera a Reforma na Suíça

Ao mesmo tempo em que a Reforma seguia adiante na Alemanha, ela também se iniciava na Suíça, sob o comando de Ulrico Zuínglio. De modo diferente de Lutero, esse sacerdote nunca foi monge e tampouco experimentou uma conversão intrincada. Sua conversão foi um processo intelectual lento, no qual ele passou a entender as Escrituras e a perceber como a Igreja Católica estava distante delas.

Durante os dez anos de serviço como pároco em Glarus, na Suíça, Zuínglio atuou, em duas ocasiões, como capelão de alguns jovens mercenários suíços. O que viu fez com que fosse contra a prática dos rapazes, que vendiam seus serviços de guerreiros, e, portanto, posicionou-se publicamente contra essa prática. Para Zuínglio, esse pequeno incidente foi apenas o começo de uma carreira que abrangeria tanto a reforma política quanto religiosa.

Serviu como sacerdote em Einsiedeln de 1516 a 1518. Por ter sido muito influenciado por Erasmo, Zuínglio aprofundou-se no estudo do Novo Testamento grego daquele grande erudito. Sua pregação começou a ter cunho mais evangélico.

No primeiro dia do ano de 1519, Zuínglio se tornou pastor da principal igreja de Zurique. Ao chegar, anunciou que, em vez de seguir os textos prescritos no lecionário, pregaria sobre o evangelho de Mateus. Isso foi praticamente um ato de desafio à igreja, embora, naquele momento, ele não tivesse intenção alguma de se separar de Roma.

No mesmo ano, a peste chegou a Zurique, e quase um terço da população da cidade foi vitimada. Zuínglio fez de tudo para ministrar ao povo, até que ele mesmo contraiu a doença. Os três meses que levou para se recuperar lhe ensinaram lições sobre a dependência que devemos ter de Deus, algo que mudou sua vida completamente.

Zuínglio continuou a pregar que encontrava na Bíblia, mesmo quando o ensino era diferente dos rituais e das doutrinas da igreja. Essa situação chegou a seu ápice em 1522, quando alguns de seus paroquianos desafiaram as regras da igreja sobre comer carne durante a Quaresma. Zuínglio os apoiou pregando um sermão sobre a liberdade.

O governo civil de Zurique aceitou a paz, mas, ao fazê-lo, terminou por tomar a igreja nas próprias mãos. Logo no começo do ano seguinte, eles promoveram um debate público sobre assuntos de fé e de doutrina, em que a idéia de Zuínglio prevaleceu. Em 29 de janeiro de 1523, o conselho da cidade decretou: "Que o sr. Ulrico Zuínglio continue e prossiga, como antes, com a proclamação do santo evangelho e da pura e santa Escritura de acordo com sua capacidade".

No decorrer de dois anos, os debates continuaram e as reformas se expandiram: sacerdotes e freiras poderiam se casar, imagens foram removidas das igrejas e, para firmar a ruptura final com a Igreja Católica, a missa foi substituída por um culto simples no qual a maior ênfase era dada à pregação.

Zuínglio enfrentou oposição não apenas da Igreja Católica, mas também dos anabatistas — grupo mais radical de reformistas — que queriam ver as reformas em Zurique acontecer de forma mais rápida. Embora muitos reformadores concordassem entre si no sentido de que desejavam a fé mais bíblica, eles, muitas vezes, diferiam quanto ao real significado dessa fé mais bíblica e de como alcançá-la.

Em 1529, Filipe, o *landgrave* de Hesse, reuniu Lutero e Zuínglio. Filipe queria que o movimento reformado fosse coeso com relação à questão militar, política e espiritual. Para esse fim, trouxe os dois homens a Marburgo. Das quinze questões doutrinárias que discutiram, Zuínglio e Lutero concordaram em catorze. A eucaristia foi o ponto de discórdia: Zuínglio via esse ato como o recebimento "espiritual" do corpo de Cristo, ao passo que Lutero o via em termos mais concretos. O encontro que objetivava a união dos dois grupos protestantes resultou, na verdade, em uma ruptura ainda maior.

O movimento reformista de Zuínglio se espalhou principalmente na porção alemã da Suíça, chegando, finalmente, a Genebra, de língua francesa, e pavimentando o caminho para o trabalho de Calvino naquela região. Entretanto, Zuínglio ainda enfrentava a oposição católica nos cantões rurais, o que terminou por levá-lo a uma batalha. O clérigo, que pregou contra os mercenários, uniu-se às tropas de Zurique como soldado, empunhando armas, e morreu em 11 de outubro de 1531, na Batalha de Kappel. Seu corpo foi esquartejado e desonrado por seus inimigos.

Essa foi apenas uma parte da série de lutas religiosas que seriam travadas nos cem anos que se seguiram.

1525

Início do movimento anabatista

Os movimentos reformados luterano e suíço tiveram conexões com o sistema político em seu início. Lutero era o protegido de Frederico, o Sábio, e de vários príncipes alemães, que buscavam a liberdade política e, em conseqüência, começaram a apoiar sua causa. A cidade de Zurique, diante da oposição católica, colocou-se ao lado de Zuínglio.

Para um grupo de cristãos que estavam sob a orientação de Zuínglio, substituir Roma por Zurique não era aceitável. Eles queriam que a igreja realizasse rapidamente as reformas que fariam com que a igreja voltasse ao ideal do século I. Em vez de se concentrar na hierarquia da igreja ou em sistemas políticos, esse grupo mais radical buscava uma igreja autônoma, dirigida pelo Espírito Santo.

A questão que causava a maior discussão era a do batismo infantil. O grupo dissidente afirmava que a Bíblia apresentava apenas o batismo de adultos e queria que isso se tornasse prática geral. Em 21 de janeiro de

1525, o conselho de Zurique ordenou aos líderes que encerrassem a altercação. Os radicais, contudo, viam essa atitude apenas como outro caso em que o poder político tentava controlar sua vida espiritual. Em uma noite em que nevava muito, em uma vila próxima, eles se encontraram e batizaram uns aos outros. Receberiam, mais tarde, a alcunha de *anabatistas* ("rebatizadores"), que lhes foi dado por seus detratores.

Os anabatistas queriam fazer mais do que reformar a igreja: pretendiam levá-la de volta ao modelo inicial, retratado nas Escrituras. Em vez de uma instituição poderosa, queriam uma irmandade, uma família de fé, criada por Deus, que trabalhava no coração das pessoas.

Os anabatistas propuseram a separação entre a igreja e o Estado, pois viam a igreja como algo distinto da sociedade — até mesmo da sociedade denominada "cristã". Eles não queriam, sob hipótese alguma, a presença de poderes políticos que coagissem a consciência do crente em qualquer aspecto de sua vida.

Eles também não eram favoráveis à burocracia eclesiástica. Como foram as primeiras pessoas a praticar a democracia na congregação, acreditavam que Deus não apenas falava por intermédio dos bispos e dos concílios, mas também por meio de cada uma das congregações.

Em uma época em que os turcos muçulmanos estavam às portas da Europa, os anabatistas pregavam uma doutrina nada popular, o pacifismo. Por mais estranho que possa parecer, esse conceito não evitou que alguns seguidores se desviassem de seu destino. O nome *anabatista* se tornou sinônimo de "ruptura". Os novos pregadores protestantes eram interrompidos pelos anabatistas durante a pregação, e alguns dos radicais provocavam tumultos. Além disso, algumas ocorrências da prática de poligamia, assim como a proclamação de revelações bizarras como proclamações de Deus, fizeram com que tanto católicos quanto protestantes acreditassem que precisavam livrar o mundo desse grupo desatinado. Assim, iniciou-se uma grande perseguição e muitos anabatistas foram mortos — queimados em fogueiras ou afogados.

Ainda assim o movimento se espalhou, especialmente entre as classes mais baixas. A evangelização trouxe novos crentes, e alguns protestantes foram atraídos pela ênfase anabatista nas questões da pureza e da pregação bíblica.

Nenhum homem conseguiu reunir essa coleção tão diversa de igrejas, mas é possível que o nome mais conhecido entre os líderes anabatistas seja o de Menno Simons (1496-1559), que deu origem à designação "menonita".

Os anabatistas deram ao mundo a idéia de que a separação entre igreja e Estado é necessária. Entre seus descendentes, os menonitas e as Igrejas dos Irmãos, o pacifismo ainda permanece como doutrina importante.

1534

O *Ato de Supremacia* de Henrique VIII

Henrique VIII

Ao contrário da reforma alemã, a reforma inglesa não se originou da busca espiritual de um homem que queria conhecer a Deus mais profundamente. Surgiu de uma combinação de desejo pessoal, conveniência política e clima espiritual de uma nação.

A disposição da Inglaterra era de se afastar da Igreja Católica. John Colet, pároco da Igreja de São Paulo, insistia na reforma do clero e no retorno ao estudo da Bíblia. Um grupo de estudiosos de Cambridge, que seguia os ensinamentos de Lutero, ficou conhecido por "Pequena Alemanha". O clero, surpreso, não foi capaz de deter a expansão da Reforma.

Contudo, o rei da Inglaterra, Henrique VIII, tinha pouco interesse em mudanças no campo espiritual. Em 1521, atacou a idéia de Lutero com relação aos sacramentos e recebeu do papa o título de "Defensor da Fé". Seu interesse em questões espirituais era mínimo.

Depois da morte de seu irmão, Henrique se casou com sua cunhada, Catarina de Aragão. Eles não tiveram filhos, o que impedia que Henrique de ter um sucessor ao trono. Atraído por Ana Bolena, o rei procurou se livrar da esposa estéril, para conseguir outra que pudesse lhe dar herdeiros. Com a justificativa de que não poderia ter se casado com a viúva de seu irmão mais velho, citando Levítico 20.21 como fundamento bíblico para sua posição, pediu ao papa que lhe concedesse o divórcio.

O papa temia enfurecer o imperador do Sacro Império Romano, Carlos V, sobrinho de Catarina, e terminou por impedir que o rei inglês alcançasse seu intento.

Henrique, impaciente, decidiu nomear Tomás Cranmer para a posição de arcebispo de Cantuária, e o novo arcebispo concedeu o divórcio ao rei. Henrique, rapidamente, casou-se com Ana, e, no mesmo ano — 1533 — ela deu à luz uma criança, Elisabete.

Em 1534, o Parlamento inglês promulgou o *Ato de Supremacia*, declarando que o rei era "o chefe supremo da Igreja da Inglaterra". Isso não significava que o rei pretendia implementar mudanças teológicas radicais na igreja. Ele simplesmente queria uma igreja estatal sobre a qual o papa não tivesse autoridade. A lei que trouxe uniformidade à nova igreja, o *Estatuto dos seis artigos*, mantinha o celibato do clero, a confissão de pecados aos sacerdotes e as missas particulares.

Contudo, é preciso destacar que Henrique acabou com os mosteiros, que se tornaram símbolo do hedonismo e da imoralidade. O rei não levou em conta a preocupação de muitos cristãos dedicados com relação a esse assunto. Em vez disso, tomou as terras da igreja. Depois de fechar os mosteiros, confiscou as propriedades e colocou o dinheiro no tesouro real. As terras foram passadas aos nobres em troca de lealdade ao rei.

Com o intuito de promover o nacionalismo inglês, Henrique ordenou que a Bíblia em inglês fosse colocada em todas as igrejas.

Embora Henrique não tenha feito isso por razões de escrúpulo, ele criou uma igreja que não era mais a Igreja Católica Romana. Nos anos que se seguiram, a filha mais velha de Henrique, Maria, tentaria levar a Inglaterra de volta ao catolicismo, mas isso não durou muito tempo. Uma vez separada do papa, a Igreja da Inglaterra não mais se juntou a ele. As sucessivas ondas de Reforma na Inglaterra foram rápidas e tumultuadas. Como veremos nos capítulos a seguir, essas ondas promoveram uma riqueza e uma diversidade de expressão cristã, que, certamente, teriam deixado Henrique perplexo.

1536

João Calvino publica *As institutas da religião cristã*

João Calvino, reformador genebrino e autor da obra *As institutas*

"Cada folha de grama e cada cor no mundo foram criadas com o objetivo de nos alegrar", escreveu um homem acusado, muitas vezes, de promover um cristianismo sem alegria. Aqueles que o conheciam bem respeitavam sua piedade e não teriam ficado surpresos com essas palavras que foram escritas de próprio punho.

Certamente, João Calvino era bastante *disciplinado* e, após tomar uma decisão, permanecia firme naquela direção. Seus estudos na área de Direito desenvolveram seu talento para o pensamento lógico, o que ele transpôs para seus estudos na área de Teologia.

Em uma "breve conversa" ocorrida em algum momento do ano 1533, "Deus me conquistou e levou meu coração à mansidão", disse Calvino. Aparentemente, ele teve contato com os textos de Lutero. Calvino rompeu com o catolicismo, saiu de sua terra natal, a França, e estabeleceu seu exílio na Suíça.

Em 1536, aos 27 anos, Calvino publicou a primeira edição das *Institutas da religião cristã*, uma teologia sistemática que claramente defendia os ensinamentos da Reforma. Impressionado com os escritos de Calvino, Guilherme Farel, reformador genebrino, persuadiu-o a vir e a ajudar na implantação da Reforma naquele país. Ali, Calvino assumiu pesada carga de trabalho. Pastoreou a igreja de St. Pierre e pregava em três cultos por dia. Produziu comentários sobre quase todos os livros da Bíblia, e escreveu panfletos devocionais e doutrinários. Enquanto desenvolvia essas atividades, lutou com diversas enfermidades, entre elas dores de cabeça provocadas por enxaquecas.

Calvino tinha muito a fazer para alcançar seu objetivo de transformar Genebra no Reino de Deus na terra.

O povo daquela cidade, notório por sua moral relaxada, levantou grande oposição quando ele tentou mudar seu estilo de vida. Apesar disso, a influência de Calvino se espalhou por toda a Genebra. Sua influência era bastante grande nas escolas. Ninguém podia evitar suas reformas, pois Calvino tentava excomungar quem não se aproximasse dos padrões das Escrituras — e, assim, todos os cidadãos de Genebra tiveram de aderir à confissão de fé de Calvino.

Enquanto alguns se opunham às mudanças, outros as aplaudiam. A cidade se tornou um ímã, atraindo exilados de toda a Europa. John Knox chamou a cidade governada por Calvino de "a mais perfeita escola de Cristo desde os dias dos apóstolos". A autoridade moral de Calvino reformou Genebra. Seus trabalhos escritos — tanto em latim quanto em francês — concederam um vigor singular ao protestantismo.

Em *As institutas*, sua maior obra, Calvino afirma claramente as crenças do protestantismo. Em um volume, o reformador aborda as crenças principais. No entanto, ele continuou a adicionar material ao seu livro ao longo de toda a sua vida.

Ele começou com o *Credo apostólico*, destacando quatro pontos: "Creio em Deus Pai [...] Jesus Cristo [...] o Espírito Santo [...] e na santa igreja católica" — que correspondem às quatro sessões do livro. Em cada uma, Calvino buscava não apenas afirmar uma teologia, mas procurava aplicá-la à vida cristã.

O Livro III das *Institutas*, que contém a doutrina da predestinação, recebeu muita atenção. Por mais insólito que pareça, o conceito não era apenas dele, embora Calvino o tenha explicitado. Lutero e a maioria dos outros reformadores acreditava nele. O modo vigoroso de afirmar esse conceito fez com que uma conexão entre esse ensinamento e o nome de Calvino fosse estabelecida.

Calvino concentrou-se de forma veemente na soberania de Deus. Ele rejeitava o fato de a Igreja Católica ter mudado para uma teologia de salvação pelas obras. O reformador repetia constantemente: "Você não pode manipular Deus ou torná-lo seu devedor. Ele é quem o salva; pois você não pode fazer isso por si mesmo".

Deus decide salvar algumas pessoas e somente ele pode saber quem é eleito, ensinava o reformador. A vida moral pode mostrar que há grande possibilidade de uma pessoa ter sido escolhida por Deus. Contudo, Calvino, homem extremamente moralista e muito enérgico, insistia em que seus seguidores deveriam mostrar sua salvação por meio de atitudes. Ele enfatizou que os cristãos deveriam agir de maneira a transformar o mundo pecaminoso, uma idéia que foi passada adiante pelo calvinismo.

No Livro IV das *Institutas*, Calvino criou uma ordem eclesiástica baseada no que ele observava nas Escrituras. A congregação deveria eleger homens de boa moral — os presbíteros ou anciãos — que seriam os responsáveis por guiar a igreja. Ele também abordou a questão dos pastores, doutores (mestres) e diáconos.

As doutrinas e a política reformada, que criou, espalharam-se pela Escócia, Polônia, Holanda e América.

Loyola, o fundador dos jesuítas

1540

O papa aprova os jesuítas

Durante toda a história da igreja, os momentos de frouxidão foram seguidos por novos esforços de reformar e de retornar à espiritualidade. Com o crescimento do protestantismo, a Igreja Católica — uma vez que fora confrontada por seus próprios erros, assim como pela perda de poder decorrente — começou a fazer algumas mudanças.

A Contra-Reforma resultante não significava que a Igreja Católica tivesse se voltado para o pensamento protestante. Contudo, ela tentou mudar o rumo das ofensas mais abusivas que eram rejeitadas até mesmo por aqueles que estavam na Igreja Católica e procurou reagir à eficiência do protestantismo em obter novos convertidos.

Como no passado, uma nova ordem, que enfatizava a necessidade de devoção e autonegação, emergiu nesse cenário. Seu fundador, Inácio de Loyola, era um soldado espanhol que fora atingido na perna por uma bala de canhão. Durante sua convalescença, ele leu um livro sobre a vida dos santos e deu início a um longo processo de busca, em que perscrutava sua alma. A partir disso, se tornou uma curiosa mistura de soldado, místico e monge.

Exercícios espirituais, o manual devocional que escreveu durante sua enfermidade, não apenas ajudou a desenvolver a fé em seus leitores como também enfatizou a obediência à igreja. Esses seriam os pontos-chave da Sociedade de Jesus, ou dos Jesuítas. Os jovens que Ignácio reuniu ao redor de si comprometeram-se a estar sob o comando do papa e a fazer tudo o que pudessem para expandir e preservar a Igreja Católica. Seus princípios incluíam obediência absoluta, inquestionável e quase militar ao papa, bem como os tradicionais votos de pobreza, de castidade e de obediência.

Os jesuítas apoiaram a educação, fundando muitas das melhores universidades da Europa. Os que se formavam nessas universidades tornavam-se formadores de opinião, mas possuíam uma maneira de pensar fortemente católica.

O papa Paulo III percebeu o potencial que os jesuítas tinham para conter a onda protestante. Sob suas ordens, trabalharam para trazer de volta ao catolicismo todos os governantes europeus. A liderança política definia a religião de um território. Assim, influenciar reis e príncipes para aceitar sua igreja significava obter mais seguidores, pois o povo seguia a inclinação religiosa de seus dirigentes.

Além de trazer de volta os que se afastaram do aprisco católico, os jesuítas alcançaram outras pessoas com um intenso programa de missões. Os jesuítas partiram para o exterior, enquanto os protestantes estavam preocupados em se estabelecer na Europa e em definir as bases de sua teologia. Espanha e Portugal, países extremamente católicos, expandiram seus territórios, e os jesuítas foram com eles para evangelizar os povos conquistados. Na época da morte de Loyola, em 1556, eles não apenas tinham alcançado praticamente todas as nações européias, mas também já haviam se espalhado pelo Japão, Brasil, Etiópia e África central. Francisco Xavier dedicou-se mais à expansão das missões no Japão, na Índia, na Malásia e no Vietnã. Ele morreu tentando levar o evangelho à China.

Os jesuítas eram os jovens mais refinados de sua época. A despeito da disciplina e do trabalho duro vinculado à devoção na ordem jesuíta, os jovens aderiam em grandes números. É difícil não admirar sua disposição de se sacrificar diante das muitas dificuldades.

1545

Abertura do Concílio de Trento

Devido aos abusos existentes na Igreja Católica, muitos terminaram por abandoná-la como forma de protesto. Contudo, muitos que não concordavam com todas as coisas permaneceram na igreja na esperança de triunfar sobre a hierarquia.

Sob a liderança do papa Leão X, o amante dos prazeres, que tanto enfureceu Lutero, as mudanças não poderiam ocorrer, mas o papa Paulo III tinha interesse na reforma interna. Ele indicou cardeais simpatizantes à reforma na igreja e criou uma comissão para recomendar as mudanças, pavimentando o caminho para um concílio que abrangesse toda a igreja.

A comissão deu a ele um relatório claro e doloroso: o clero se tornara por demais mundano; muitos alcançaram suas posições por meio de suborno e as ordens monásticas haviam se tornado totalmente imorais. O relator destacou os abusos na venda de indulgências e o grande número de prostitutas em Roma, a suposta cidade santa.

O Concílio de Trento, gravura de A. Schiavonetti

Embora o concílio convocado por Paulo tenha se iniciado em 1545, ele se reuniu periodicamente até 1563, em três seções principais, as quais não tiveram boa aceitação, devido ao comparecimento não numeroso. As rivalidades políticas eram demonstradas às claras. Ainda assim, o concílio promoveu algumas mudanças.

Quanto às questões de moralidade, a Igreja Católica realmente seguiu o conselho da comissão. As indulgências foram abolidas, e o clero foi exortado a "evitar até mesmo as menores falhas".

No aspecto doutrinário, o concílio reafirmou as posições católicas. Eles declararam que havia sete sacramentos, e não dois, como diziam os protestantes, como também afirmaram que os sacramentos eram necessários para a salvação. Negando os ensinamentos da Reforma, a igreja não aceitou que as pessoas pudessem saber que eram justificadas. O pão e o vinho se transformavam no corpo e no sangue de Cristo, reafirmaram eles, condenando o ensinamento protestante sobre a Ceia. Do mesmo modo, a idéia protestante de dar importância ao culto nas línguas locais, que o povo falava, foi vencido pela missa em latim.

Temendo o que poderia acontecer se todo camponês pudesse realmente ler as Escrituras sozinho, o concílio disse mais uma vez que somente a igreja poderia interpretar adequadamente as Escrituras, e se opôs ao uso da Bíblia na língua falada pelas pessoas comuns. A *Vulgata* deveria ser usada nas leituras públicas e nos textos doutrinários.

As reformas do Concílio de Trento separaram ainda mais as idéias católicas das protestantes. Embora a Igreja Católica tivesse mudado o que os protestantes consideravam questões menores, nenhuma alteração foi feita na idéia de que tanto a tradição quanto as Escrituras seriam válidas para definir os atos da igreja. As diferenças doutrinárias permaneceram inalteradas.

1549

Cranmer produz o *Livro de oração comum*

Uma igreja surgida com a Reforma foi a que passou por menos reformas.

Sob a liderança de Henrique VIII, a Inglaterra se afastou da Igreja Católica, mas as poucas mudanças que o rei fez para construir a Igreja Anglicana de modo algum produziram uma igreja verdadeiramente protestante. O homem que levaria a Inglaterra na direção da Reforma foi Tomás Cranmer, arcebispo de Cantuária, que declarou que o primeiro casamento de Henrique estava invalidado. O calmo homem, que fora grandemente influenciado pelo luteranismo, era genuinamente devoto e leitor dedicado das obras dos pais da igreja. Ele chamou a atenção de Henrique quando expressou sua posição diante do futuro divórcio do rei.

Cranmer não poderia instituir muitas mudanças na Igreja da Inglaterra enquanto Henrique VIII estivesse no trono. Contudo, após a morte do monarca, Eduardo VI, seu filho de nove anos de idade, tornou-se rei. Cranmer foi um de seus regentes.

Apoiado pelo estudioso Nicholas Ridley e pelo pregador Hugh Latimer, Cranmer deu continuidade à Reforma inglesa. As imagens foram removidas das igrejas, e as confissões particulares aos sacerdotes foram interrompidas. O clero teve permissão para se casar e usar tanto o vinho quanto o pão na comunhão. Estudiosos calvinistas da Europa — Martin Bucer, João à Lasco e Pedro Mártir, entre outros — tornaram-se professores em Oxford e em Cambridge.

Porém, a forma de culto ainda não fora alterada. A missa ainda era celebrada em latim e o povo já começava a protestar quanto a isso.

Cranmer tinha um excelente conhecimento da língua inglesa, além de profunda erudição e bom senso com relação ao que era adequado para o momento de adoração. À luz da volátil situação política e religiosa da Inglaterra, o arcebispo teve de liderar um comitê, que criaria uma liturgia que fosse agradável tanto a protestantes quanto a católicos. A adaptação apresentada no *Livro de oração comum* usava os rituais já estabelecidos, mas removia os elementos católicos que ofendiam a muitos protestantes. O *Ato de Uniformidade* — que se tornou lei em 1549, ano em que o livro foi publicado — exigia que as igrejas usassem essa liturgia.

O *Livro de oração comum* dava à igreja uma forma de adoração clássica que era um meio-termo entre o catolicismo e protestantismo, mas muitos reclamaram que ela não era suficientemente protestante. Em 1552, foi publicada uma versão revisada e mais protestante.

Além disso, Cranmer produziu os *Quarenta e dois artigos*, um credo assinado pelo jovem rei. Como o *Livro de oração comum*, os artigos serviram para reunir todo o clero.

Quando o rei morreu, a primeira filha de Henrique, Maria, tornou-se rainha. Ela, em um reinado curto e severo, que lhe rendeu a alcunha de "Maria, a Sanguinária", tentou levar a Inglaterra de volta ao catolicismo. Cranmer, devido à pressão excessiva, cedeu às exigências de Maria para que retornasse à fé católica e assinou declarações que revogavam as crenças protestantes. Em seu último julgamento, em 1556, porém, afirmou publicamente suas crenças e negou as afirmações que assinara. Como muitos outros líderes protestantes — incluindo Ridley e Latimer, que foram queimados no ano anterior — ele foi condenado. Diante da fogueira, colocou em primeiro lugar a mão com a qual havia assinado as declarações, de modo que ela pudesse ser a primeira parte do seu corpo a ser reduzida a cinzas.

O livro pelo qual o mártir Cranmer foi grandemente responsável voltaria à vida sob o governo da irmã de Maria. Elisabete, a segunda filha de Henrique, levou a Inglaterra de volta à Reforma.

1559

John Knox volta à Escócia para liderar a Reforma

O século XVI foi um período de grande agitação para a pequena, pobre e devastada terra da Escócia. Nobres poderosos apoiavam a Inglaterra ou a França. As lutas internas e as ameaças

John Knox

externas criaram uma confusão política que implorava por mudanças.

No *front* religioso, a Reforma foi sistematicamente reprimida. Patrick Hamilton, pregador pró-luterano, morreu queimado na fogueira, em 1528. George Wishart sofreu o mesmo castigo, em 1548. Um dos partidários de Wishart, um sacerdote até então desconhecido, John Knox, assumiria a Reforma, mas não por muitos anos.

Knox foi capturado pelas forças francesas, que foram enviadas para subjugar os rebeldes que reagiram à morte de Wishart, revidando com o assassinato do cardeal Beaton, pois fora ele quem ordenara a morte de Wishart. Knox passou dezenove anos como escravo em uma galera. Quando foi libertado, dirigiu-se à Inglaterra protestante, onde permaneceu até que Maria ascendesse ao trono. A seguir, fugiu para a Europa, com outros protestantes. Em Genebra, ele se tornou um dos mais afeiçoados admiradores de Calvino e absorveu a teologia reformada.

Enquanto Knox estava distante, a Escócia estreitou sua aliança com a França por meio do casamento de Maria Stuart, rainha da Escócia, com o herdeiro do trono da França. Muitos escoceses temiam o governo da França católica. Uma combinação de nacionalismo e insatisfação religiosa cresceu muito, a ponto de criar um clima propício à Reforma.

Knox, em 1559, voltou para seu país com o apoio popular. As batalhas entre as forças da rainha e os protestantes terminaram diante do triunfo da ala protestante. Em 1560, o Parlamento adotou uma profissão de fé calvinista, que fora esboçada por Knox e outras pessoas. O Parlamento afirmava que o papa não tinha jurisdição sobre a Escócia e proibiu as missas.

Com o objetivo de substituir a ordem católica, Knox e seus seguidores compuseram o *Livro da disciplina*, em que estabeleciam uma forma de governo da igreja nos moldes presbiterianos. Isso também fez com que houvesse grande mudança na educação, pois foram criadas escolas públicas, incluindo-se universidades. Esse trabalho se tornaria um marco para o país, em virtude da disseminação de um forte espírito de independência e de democracia.

Com o objetivo de orientar o culto presbiteriano, Knox redigiu o *Livro de ordem comum*, que mostra seu compromisso com Calvino e com os reformadores suíços.

John Knox e a rainha, muitas vezes, estiveram em franca discordância. A corte da rainha católica possuía moral fraca, o que era uma ofensa para o justo Knox. De seu púlpito na Igreja de St. Giles, em Edimburgo, ele lançava insultos contra a rainha. Embora não fizesse qualquer tentativa para reconverter os escoceses, a rainha praticava sua fé em uma capela particular, algo que Knox não podia aprovar.

Embora fosse muito atraente, Maria não era muito sábia nas questões políticas e no trato pessoal. Depois da morte do marido francês, ela se casou com seu primo, o lorde Darnley. Logo após a morte desse último marido, fato que causou bastante suspeitas, a rainha rapidamente se casou com o conde de Bothwell. Nesse momento, até mesmo os católicos se voltaram contra ela. Os nobres da Escócia forçaram Maria a abdicar e, desse modo, o caminho para a Escócia protestante ficou aberto. Seu filho, Tiago — que mais tarde herdaria o trono da Inglaterra —, não era católico, e Knox demonstrou sua aprovação ao pregar na coroação desse jovem, em 1567.

1572

O massacre do Dia de São Bartolomeu

Havia esperança de que a paz fosse alcançada em Paris, em 18 de agosto de 1572. O casamento real iria unir duas facções rivais na França. Henrique de Navarra vinha de uma família protestante íntegra. Ele estava se casando com Margarida de Valois, irmã do jovem rei Carlos IX e filha de Catarina de Médici, católica. Os nobres protestantes e católicos que estavam lu-

Domingo de manhã, pouco antes do amanhecer, no dia de são Bartolomeu

tando uns contra os outros havia dez anos apresentaram-se para esse acontecimento glorioso.

O calvinismo chegou à França em 1555. A igreja protestante francesa foi oficialmente estabelecida em 1559, contando com 72 congregações no sínodo de Paris. Missionários de Estrasburgo e outras cidades calvinistas afluíam para lá. Em um curto espaço de tempo, havia 2 mil igrejas e cerca de 400 mil freqüentadores. Os protestantes franceses ficaram conhecidos como huguenotes.

A luta se iniciou em 1562, com um massacre dos huguenotes em Vassy. Os protestantes desenvolveram sua liderança militar e se defenderam em três "guerras de religião" distintas. A movimentação entre essas duas facções tinha toda a complexidade de um jogo de xadrez. A rainha, Catarina de Médici, buscara consolidar seu poder sobre o trono de seu filho, levando, por meio de artimanhas, seus rivais a se posicionarem uns contra os outros.

Uma mistura de rivalidades nos aspectos nacional, dinástico, religioso e político alimentou ainda mais as diferenças. De que maneira a França poderia se relacionar com nações como a Espanha, os Países Baixos e a Inglaterra? No aspecto dinástico, a rainha se aliara aos de Guisa, para opor-se aos de Bourbon. Política e religião pareciam se fundir, pois os nobres huguenotes apresentavam tendência de ser mais republicanos, antimonarquistas e antipapistas.

Ao mesmo tempo em que Catarina elaborava esse intricado casamento, também planejava o assassinato de Gaspar de Coligny, o líder huguenote. Coligny era um herói de guerra francês, muito popular, que se tornara protestante. Recentemente, alcançara a atenção do rei adolescente. Particularmente, ele propusera que a França apoiasse os Países Baixos na luta contra a Espanha, estratégia à qual Catarina se opunha grandemente. Em 22 de agosto, a tentativa de assassinato fracassou totalmente. Um plano desonesto como aquele, às vésperas de um casamento, ameaçava causar um terrível embaraço à família real. Diz-se que o rei fez o seguinte comentário: "Já que você vai assassinar Coligny, por que não mata todos os huguenotes da França, de modo que não fique um sequer para me odiar?".

Foi quase isso o que aconteceu. Em pânico, Catarina ordenou o massacre dos líderes protestantes em Paris. O alerta soou às quatro da manhã do dia 24 de agosto de 1572, o dia de São Bartolomeu. Coligny foi assassinado em seu quarto. Claude Marcel, um oficial da cidade, reuniu grupos de pessoas (incluindo alguns assassinos de aluguel extrangeiros) para percorrer as ruas da cidade caçando outros líderes huguenotes. Não foi difícil encontrá-los. De modo geral, os huguenotes eram prósperos comerciantes da cidade e donos de lojas. De uma hora para outra, o ressentimento das classes mais humildes foi atiçado contra esses cidadãos de classe média. Um horrendo massacre teve início em nome da pureza religiosa.

Corpos foram empilhados às centenas. Muitos foram jogados no rio Sena. A barbaridade era aterrorizante: um livreiro foi queimado, com seus sete filhos, em uma fogueira feita com seus livros. Nem mesmo os bebês foram poupados desse banho de sangue.

A loucura se espalhou pelas províncias nos dias e nas semanas que se seguiram. Catarina tentou diminuir a violência em Paris fazendo com que Carlos assinasse uma declaração dizendo que o assassinato de Coligny e dos outros huguenotes *não era* um golpe contra a fé protestante, mas simplesmente o abafamento de uma conspiração. Isso pode ter acalmado os parisienses já fartos de sangue, mas, nos outros lugares da França, o terror apenas começava. A despeito das ordens reais aos governadores das províncias, aprovando a "proteção" para os huguenotes, as multidões continuavam ensandecidas.

Em Lião, por exemplo, os huguenotes foram reunidos em um mosteiro, para sua "proteção". Quando o lugar ficou lotado, eles foram transferidos para uma prisão. A multidão católica, porém, conseguiu invadir a prisão e terminou por matar todos eles. Em todos os lugares, os huguenotes estavam sendo estorquidos e eram forçados a pagar enormes resgates por sua vida, mas, com freqüência, eram assassinados de qualquer maneira.

Estima-se que a quantidade de mortes chegou a 100 mil, embora o número mais provável esteja entre 30 e 40 mil. Mesmo assim, o massacre não extinguiu a chama huguenote na França. Outras cinco guerras civis foram travadas entre os protestantes franceses e os católicos nos anos que se seguiram.

Pouco depois da última dessas guerras, em 1589, Henrique de Navarra — o noivo protestante do casamento — tornou-se rei. Anteriormente, ele já abdicara de suas convicções protestantes por conveniência política, e fez isso novamente quando se tornou rei. Em 1598, tentou aplacar os huguenotes com o *Édito de Nantes*, concedendo razoável liberdade religiosa, pelo menos nos redutos huguenotes. Isso, no entanto, também limitou as incursões protestantes nos territórios católicos.

Os huguenotes tiveram um breve período de prosperidade, mas o cardeal Richelieu rescindiu alguns de seus privilégios políticos em 1629, e Luís XIV oficialmente revogou o *Édito de Nantes* em 1685. Somente um século mais tarde, o controle dos católicos sobre a França foi novamente desafiado.

1608-1609

John Smyth batiza os primeiros batistas

Na primeira década do século XVII, dois grupos fugiram para a Holanda, com a finalidade de escapar da perseguição anglicana. Um desses grupos se transformou nos peregrinos. O grupo formou o movimento dos batistas.

Era uma época incerta para os cristãos na Inglaterra. A rainha Elisabete estabilizara a Reforma anglicana, assumindo uma posição moderada. Ela determinou que a Igreja Anglicana seria *quase* católica. A rainha já evitara as sangrentas guerras civis que assolaram o restante da Europa, mas sua decisão perturbou muitos dos protestantes mais radicais. Algumas dessas pessoas tentaram "purificar" a igreja, permanecendo dentro dela (os puritanos), mas outros decidiram se separar da igreja oficial (os separatistas). Mais ainda, era muito perigoso promover reuniões religiosas que não estivessem vinculadas à igreja oficial.

Quando Tiago I assumiu o trono, em 1603, ninguém sabia exatamente o que esperar. Os puritanos e os separatistas gostaram do fato de esse monarca ter crescido na Escócia presbiteriana. Isso poderia fazer com que ele pendesse para o lado desses grupos. Os católicos gostaram do fato de sua mãe, Maria da Escócia, ter sido uma católica fervorosa. Como os fatos provaram, Tiago era anglicano convicto e tornou as coisas ainda mais difíceis para os que estavam se separando da igreja oficial.

John Smyth, ex-aluno de Cambridge, era pregador e orador da Igreja Anglicana na virada do século XVII. Parece que ele se tornou interessado na busca pela verdade religiosa somente por volta dos trinta anos de idade. Perto do ano de 1606, ele deu o audacioso passo de iniciar uma igreja separatista em Gainsborough, Lincolnshire. A audácia de Smyth pode ter inspirado outros. Vários outros grupos separatistas surgiram naquela área, incluindo um em Scrooby, na casa de William Brewster.

Quando a oposição das autoridades se intensificou em demasia, a congregação de Smyth fugiu para Amsterdã. Isso provavelmente aconteceu em 1608. (O grupo de Scrooby fugiu para Leyden e, mais tarde, enviou parte de sua filiação para a América.) Em Amsterdã, a igreja de Smyth alugou um salão de reuniões que pertencia a um menonita. Por meio de seu contato com os menonitas de Amsterdã, Smyth começou a alterar sua maneira de pensar.

Os menonitas receberam essa designação por causa de Menno Simons, ex-padre que desenvolveu uma grande comunidade anabatista na Holanda. Os anabatistas eram os radicais da Reforma, opositores das igrejas oficiais de qualquer tipo e que insistiam no batismo apenas de crentes.

Smyth ficou convencido de que o batismo infantil não era ensinado pelas Escrituras, assim como também não era algo muito lógico. Desse modo, acabou por convencer cerca de quarenta membros de sua congregação, que foram rebatizados por Smyth, que também se rebatizou com eles.

Você pode considerar esse acontecimento o marco inicial da Igreja Batista. Porém, faltou pouco para que as coisas não acontecessem dessa maneira. O nascimento da Igreja Batista exigiu o início de outra tradição batista: a divisão da igreja. Em 1610, duvidando da legitimidade do batismo independente que conduzira, Smyth procurou mesclar sua congregação com a Igreja Menonita. Cerca de dez membros da igreja se opuseram a essa fusão. Eles reclamaram a respeito disso com Smyth e pediram aos menonitas que não aceitassem esse grupo. (Os menonitas conseguiram postergar sua decisão e esperaram até 1615 para admitir os novos membros, três anos depois de Smyth morrer de tuberculose.)

Enquanto isso, liderado por Thomas Helwys, o grupo dissidente voltou para sua terra natal. Ali, perto de Londres, estabeleceram a primeira Igreja Batista da Inglaterra. Helwys, aristocrata rural que estudava Direito, tornou-se grande defensor da liberdade religiosa, publicando um livro intitulado *Uma breve declaração do mistério da iniqüidade*. Ele ousou enviar uma cópia autografada ao rei Tiago com a seguinte inscrição: "O rei é um homem mortal e não é Deus; portanto, não tem poder sobre a alma imortal de seus súditos, de modo a fazer leis e ordenanças para eles e estabelecer senhores espirituais sobre eles".

Helwys foi preso e jogado na prisão de Newgate. Nunca mais se soube coisa alguma sobre ele.

O movimento batista, no entanto, cresceu. Essas igrejas se tornaram conhecidas por batistas gerais, devido à sua visão da expiação. Smyth trouxera a teologia arminiana dos menonitas, sustentando que Cristo morreu por toda a humanidade, e não apenas pelos eleitos. O grupo conhecido como batistas particulares surgiu de maneira independente entre 1638 e 1640. Eram puritanos que adotaram o batismo de crentes, mas retinham sua teologia calvinista. Eles também praticavam o batismo por imersão, que os batistas gerais logo passaram a realizar. Até aquele momento, os seguidores de Smyth praticavam o batismo por aspersão. Em 1644, havia na Inglaterra 47 congregações de batistas gerais e sete de batistas particulares.

Desde o início, as duas principais ênfases batistas eram evidentes: o batismo de crentes e a independência do Estado (convicção que compartilhavam com os anabatistas). Isso continuou ao longo dos séculos. Essa independência trouxe perseguição, divisão, mas também grandes feitos individuais.

1611

Publicação da *Versão do Rei Tiago* da Bíblia

"Ao supremo e poderoso Príncipe Tiago pela graça de Deus...": o príncipe era o filho de Maria da Escócia, e a fonte dessa citação é a dedicatória presente na Bíblia que foi traduzida sob sua direção.

Depois de a rainha Elisabete, a governante da Inglaterra, morrer sem deixar descendentes, Tiago VI da Escócia também se tornou Tiago I, rei da Inglaterra. Diante de sua ascensão, os calvinistas esperavam que sua formação presbiteriana fizesse com que ele se voltasse a favor daquele grupo, pois a Igreja da Inglaterra ainda passava por um período de ajustamento. Embora essa igreja já tivesse se livrado de muitas coisas do catolicismo, que as igrejas reformadas tanto rejeitavam, ela não era tão protestante quanto as igrejas européias de confissão luterana e calvinista. Alguns anglicanos com fortes inclinações reformistas não abandonaram a igreja oficial, mas queriam "purificar" a igreja — e essa é a origem de seu nome: puritanos.

Tiago tinha opiniões bastante fortes quanto à realeza: acreditava que tinha o "direito divino" de governar, como também considerava a hierarquia anglicana, com o título de "Defensor da Fé" que o monarca recebia, muito atraentes para ele. Desdenhava do presbiterianismo, pois encorajava uma independência que não se encaixava com o direito divino de governar que o rei possuía.

Mesmo antes de Tiago chegar a Londres, os puritanos lhe entregaram a *Petição dos mil*, supostamente endossada por mil homens. Nela, pediam mudanças moderadas na Igreja da Inglaterra. Tiago não tinha intenção de ceder às pressões puritanas, mas, pelo fato de eles serem muito numerosos, não podia simplesmente ignorá-los. Assim, em janeiro de 1604, uma conferência de bispos e de puritanos se reuniu em Hampton Court. De modo geral, a reunião na qual Tiago ameaçou "expulsá-los para fora da terra" foi um fracasso para os puritanos. Sua única vitória foi o fato de receberem de Tiago a aprovação para uma nova tradução da Bíblia.

O rei se considerava uma espécie de erudito e pode ter achado que o trabalho valesse a pena, mas ele também queria se afastar da *Bíblia de Genebra* — uma versão popular, publicada em 1560, de inclinação claramente calvinista. A *Bíblia dos Bispos*, uma versão de 1568, cujo objetivo era substituir a *Bíblia de Genebra*, recebera aceitação para uso na igreja, mas as pessoas comuns nunca a consideraram como sua Bíblia. É óbvio que uma tradução que apoiasse o direito dos reis e que recebesse a aceitação como uma Bíblia de leitura pública beneficiaria Tiago.

Ele indicou 54 estudiosos, dividindo-os em grupos de sete ou oito, que poderiam trabalhar individualmente ou em grupo. A criação da nova versão bíblica poderia se basear tanto nos textos originais quanto nas traduções mais antigas, por exemplo, a *Bíblia de Tyndale*, que teve grande impacto sobre esse trabalho.

A tradução prosseguiu de 1607 até 1611. Embora não seja possível provar que a *Authorized Version* [*Versão Autorizada*], ou, como é mais conhecida, a *Versão do Rei Tiago*, recebeu o reconhecimento oficial do próprio rei, ela, com o tempo, realmente substituiu a *Bíblia de Genebra*. Foi uma produção bastante erudita, uma tradução precisa, que foi utilizada por muitos séculos.

Para muitas pessoas de língua inglesa, ela ainda é *a* Bíblia.

1620

Os peregrinos assinam o *Pacto de Mayflower*

Os peregrinos a bordo do navio *Mayflower* assinam o pacto

"Nenhum bispo, nenhum rei", proclamou o rei Tiago I, para dizer aos puritanos que tinham um rei e que certamente teriam os bispos da igreja. Entretanto, ele não contava com a fé persistente daqueles purificadores da igreja. Alguns queriam permanecer na igreja, mas nem todos sentiam que a reforma aconteceria sob o reinado desse rei hostil. Esse grupo — o dos separatistas — se afastou das congregações anglicanas e, por fim, do próprio rei também.

O governo aprisionou e ameaçou muitos separatistas, em resposta à sua rejeição à Igreja Anglicana. Mesmo quando o governo não os pressionava, grupos se reuniam para atrapalhar as reuniões separatistas.

Robert Browne levou alguns separatistas para a Holanda, país que tolerava dissidentes. Contudo, eram estrangeiros naquela terra. O pluralismo holandês não ajudou na construção de sua comunidade, e muitos temiam que seus filhos se tornassem por demais seculares.

Uma inquietação crescente fez com que se voltassem para o Novo Mundo. Talvez ali pudessem construir uma igreja pura, não contaminada pelas falhas da Igreja da Inglaterra. Em uma terra sem governo estabelecido, poderiam criar um que refletisse as idéias calvinistas. Mesmo as dificuldades da nova terra não seriam capazes de detê-los em sua busca pela liberdade.

O líder separatista John Robinson disse o seguinte: "Eles sabiam que eram peregrinos". Já que a Holanda não fora sua terra prometida, talvez a América pudesse ser. Embarcando em um navio chamado *Mayflower*, 102 separatistas ingleses que haviam voltado por um breve período para a Inglaterra rumaram para o porto de Plymouth.

Embora seu plano inicial fosse ir para a Virgínia, uma tempestade os tirou do curso, fazendo com que aportassem em Massachusetts. Um peregrino descreveu a nova terra como "uma vastidão horrenda e desolada".

Muito mais do que a desolação da terra na qual chegaram, os peregrinos temiam a anarquia e a impetuosidade da natureza humana. A carta que lhes concedia autoridade para aportar na Virgínia não tinha poder naquele lugar. Eles precisavam criar um governo sobre o qual pudessem estabelecer o Reino de Deus.

Reunidos ainda no navio, 41 homens assinaram o *Pacto de Mayflower*. Nesse pacto, concordavam em que assumiriam a nova colônia para a glória de Deus e para a propagação do cristianismo. Eles se dispuseram a criar leis que fossem boas para o público em geral, insistindo na solidariedade do grupo e na renúncia dos interesses pessoais.

O *Pacto* dizia, com efeito, que as pessoas precisavam governar a si mesmas. Naturalmente, William Bradford e os outros pais peregrinos que assinaram o pacto acreditavam que não exerceriam o governo separados de Deus — o governador de todas as coisas —, mas também não estabeleceram o governo de um rei humano.

Tiago I ficara chocado com sua recusa quanto ao governo dos bispos e passaria a ter ainda menos simpatia pelos que negassem esse governo. Porém, ele já tinha problemas suficientes para resolver e não precisava se importar com um pequeno grupo de pessoas que não tinham nem governo nem licença e que viviam do outro lado do oceano.

1628
Comênio é expulso de sua terra natal

Os católicos afirmavam sua autoridade sobre a Boêmia de maneira agressiva. Os protestantes já haviam sido banidos, muito embora tivessem tentado se esconder por alguns anos. À medida que o perigo crescia, em 1628, um grupo atravessou as montanhas rumo à Polônia.

O líder desse grupo, João Amós Comênio, era o pastor, escritor e professor. Ele parou para olhar para sua terra amada e conduziu seus colegas em uma oração, pedindo a Deus que preservasse uma "semente oculta" em seu povo, uma que pudesse crescer e dar frutos mais tarde. Comênio jamais veria sua terra natal outra vez.

A Guerra dos Trinta Anos estendeu-se por boa parte da vida de Comênio. Em 1618, quando ela começou, Comênio era simplesmente um pastor recém-ordenado, atuando como diretor de uma escola na Unitas Fratrum, a União dos Irmãos, os herdeiros protestantes dos ensinamentos de João Hus.

A Europa se tornara uma colcha de retalhos de católicos, luteranos e calvinistas. A Boêmia, território fortemente protestante, era uma parte infeliz e rebelde do Sacro Império Romano. Em 23 de maio de 1618, alguns rebeldes protestantes invadiram o palácio real de Praga e atiraram seus governadores pela janela. De acordo com os relatos, os homens caíram em uma pilha de esterco e não morreram. Com a Defenestração de Praga, porém, a revolução estava a caminho.

Com a ajuda de forças espanholas, o imperador Fernando II desbaratou os rebeldes na Batalha do Monte Branco, em 1620, e o território foi declarado oficialmente católico. Os protestantes tiveram de sair. Comênio deu início a um período de sete anos de fuga. Movendo-se de maneira furtiva, de fazenda em fazenda, tentou ministrar aos Irmãos que permaneceram. Cinco anos antes do nascimento de John Bunyan, Comênio escreve *O labirinto do mundo*, uma intrincada alegoria em muito semelhante à obra *O peregrino*.

Comênio e o grupo dos Irmãos se dirigiram para Leszno, na Polônia. Ali, foi nomeado bispo da Unitas Fratrum e publicou livros para educação de crianças e para o ensino de idiomas. Suas teorias eram revolucionárias. Todas as crianças — meninos e meninas, ricos e pobres — deveriam ser ensinadas por um currículo amplo que lhes daria acesso a diversos campos. A educação deveria começar com o cuidado maternal, até mesmo antes do nascimento, dizia ele, e deveria envolver aspectos lúdicos e não apenas repetitivos no aprendizado. Defendia blocos de seis anos, comparáveis à pré-escola, ensino fundamental, ensino médio e superior. Acima de tudo, os professores deveriam desenvolver métodos de ensino fundamentando-se na natureza. Aprender era uma questão de crescimento, não simplesmente de aquisição de informação.

A Guerra dos Trinta Anos prosseguia. Os protestantes dinamarqueses invadiram o território católico, mas foram expulsos novamente. O rei sueco Gustavo Adolfo entrou no conflito, do lado protestante. Ele teve alguns sucessos, mas morreu em 1632.

Enquanto isso, Comênio continuava a construir sua reputação de estudioso e de educador. Ele escreveu *O caminho da luz*, na esperança de que a educação adequada pudesse promover a paz. Em 1641, o parlamento britânico o convidou a colocar suas teorias em prática, criando uma universidade inglesa que seguia os preceitos da "pansofia". Mais uma vez, uma guerra civil irrompeu, forçando Comênio a fugir novamente. Ele se estabeleceu na Prússia durante certo tempo. Viajava com freqüência da Prússia para a Suécia como consultor educacional do primeiro-ministro, Axel Oxenstierna. Ele também pediu ao primeiro-ministro que se lembrasse da causa dos Irmãos à medida que a guerra se aproximava.

Curiosamente, a França mudou sua tendência durante a guerra. Embora fosse uma nação católica, a França viu uma oportunidade de acabar com o poder da dinastia de Habsburgo e de anexar alguns territórios para si. As forças francesas entraram na batalha em 1635, e a guerra prosseguiu. Em 1648, a Paz de Westfália dividiu os despojos de uma guerra que havia exaurido a Europa. O Sacro Império Romano estava destruído, e algumas pessoas estimam que a Alemanha perdeu metade de sua população na guerra. A França conquistou mais terras. Os calvinistas e os luteranos ganharam, mas só os calvinistas passaram a ser tolerados.

Os Irmãos, porém, não receberam o direito de voltar à Boêmia nem ganharam uma nova terra. Comênio continuou a perambular pelo resto de sua vida. Viajou por 22 anos, ministrando às comunidades dos irmãos espalhadas em uma grande área. Quando sua casa na Polônia foi invadida e queimada, Comênio perdeu a maior parte da enciclopédia que estava compilando. Contudo, graças a um patrocinador holandês, publicou muito mais livros sobre educação, incluindo o primeiro livro-texto ilustrado para crianças, chamado *Ó mundo em gravuras*.

Comênio foi respeitado e honrado, mas raramente lhe devam ouvidos. Aos 75 anos, participou de um concílio internacional para implorar pela paz entre a Inglaterra e a Holanda, mas seu conselho foi totalmente ignorado. Ele tinha visão para a área de educação que poderia trazer tanto a plenitude espiritual quanto a paz mundial, mas, embora o primeiro objetivo atraísse algumas nações, nenhuma estava disposta a tentar o segundo.

Embora ele possa ser corretamente considerado um dos principais fundadores do ecumenismo, Comênio foi muitas vezes ignorado. O mundo secular o valorizou muito mais do que a igreja, e ele é, com freqüência, considerado o pai da educação moderna.

A "semente oculta" pela qual Comênio orou pode ter surgido muito tempo depois. Um grupo de irmãos emigrou para Herrnhut, na Alemanha, no início do século XVIII. Ali aconteceu um despertamento espiritual que deu início aos grandes movimentos missionários que se espalharam por todo o mundo.

1646
A Confissão de fé de Westminster

A assembléia de Westminster

Nem todos na Inglaterra aprovavam a igreja estatal. Desde o início muitas pessoas viam o anglicanismo como um sistema que não penetrara profundamente nas doutrinas reformadas. A rainha Elisabete I aprovara *Os trinta e nove artigos de religião* em 1563, estabelecendo uma igreja episcopal inglesa. Desde o início, os puritanos estavam tentando impor a forma presbiteriana de governo e de cultos menos ritualísticos, mas seus pedidos foram totalmente ignorados.

Os reis da casa de Stuart — Tiago I e seu filho, Carlos I — procuraram aumentar o poder do sistema episcopal. Carlos, que queria a uniformidade tanto na Escócia quanto na Inglaterra, tentou impingir o anglicanismo sobre os escoceses presbiterianos. Essa situação volátil, tratada de maneira desajeitada, levou ao início da guerra civil inglesa.

Carlos I teve uma longa história de batalhas com o Parlamento. Na primavera de 1640, convocou um parlamento que se opôs vigorosamente a ele, levando-o a dissolvê-lo rapidamente, apenas para convocar outro no outono do mesmo ano. O Parlamento Longo, outrora puritano, seria o motivo de sua queda.

Dois anos depois, diante do mesmo parlamento, o rei tentou prender alguns membros da Câmara dos Comuns que se opunham a ele. Sua acusação de que aqueles homens tinham cometido traição foi a fagulha que deu início à guerra, que levou a Inglaterra ao puritanismo por alguns anos.

Logo no início de 1643, o Parlamento aboliu o sistema episcopal. Para colocar uma igreja presbiteriana em seu lugar, uma assembléia foi convocada na abadia de Westminster. Um total de 121 ministros e 30 leigos — alguns dos quais eram escoceses — se reuniu para reconstruir a igreja inglesa.

Durante os seis anos em que a Assembléia de Westminster se reuniu, Oliver Cromwell, o líder do exército do Parlamento, levou os puritanos ao poder. O rei seria decapitado em 1649.

A Assembléia de Westminster criou a *Confissão de fé de Westminster* (1646), um clássico do pensamento presbiteriano, assim como o *Breve catecismo de Westminster* (1647) e o *Catecismo maior* (1648). As crenças propagadas neles eram puramente calvinistas.

A *Confissão* falava sobre a inspiração das Escrituras, declarando que a Bíblia é a única autoridade da fé cristã. Em suas línguas originais, as Escrituras foram "inspiradas por Deus e [...] se mantiveram puras por todas as eras". A plena certeza da autoridade divina, porém, é "uma obra interior do Espírito Santo".

A *Confissão de fé de Westminster* incluiu a doutrina da predestinação, assunto sobre o qual *Os trinta e nove artigos de religião* se mantiveram em silêncio. A confissão afirmava: "Alguns homens e anjos são predestinados para a vida eterna e outros preordenadas para a morte eterna". Contudo, "nem Deus é o autor do pecado, nem violentada é a vontade da criatura".

Além disso, ele enfatizava o relacionamento de Deus com seu povo por meio da Aliança. A redenção humana é um tipo de equilíbrio entre a soberania de Deus e a responsabilidade humana.

A Confissão defendia o governo dos presbíteros, em vez de deixá-la a cargo de sacerdotes e de bispos, além de não permitir qualquer espaço para a transubstanciação (ao contrário do que fizeram *Os trinta e nove artigos*). Do mesmo modo, determinava a observância do domingo por parte do crente, um dia estritamente dedicado à adoração pessoal e pública.

O puritanismo da Inglaterra, porém, não durou muito. Em 1658, com a morte de Oliver Cromwell, nenhum líder forte se levantou do lado puritano. Embora tivesse assumido o lugar de seu pai como Protetor da Inglaterra, Richard, o filho de Cromwell, não tinha as habilidades de liderança de seu pai. Richard afastou-se de maneira digna, e a Inglaterra voltou à monarquia sob o reinado de Carlos II, filho de Carlos I.

O novo rei conseguiu restaurar de maneira bem-sucedida o episcopado na Inglaterra. Os escoceses, no entanto, se apegaram à *Confissão de fé de Westminster*, fazendo com que ela se vinculasse à Igreja da Escócia. Por intermédio da Escócia, a palavra *Westminster* se transformou em sinônimo de "calvinismo histórico".

O fundador dos quacres, George Fox

1648

George Fox funda a Sociedade dos Amigos

O século XVII foi uma época de mudança religiosa e de crescente liberdade, ainda que de forma bastante lenta. Em lugar de uma igreja "universal", muitas denominações se desenvolveram. A Reforma ensinou que apenas a Bíblia poderia conduzir à fé, mas qual interpretação dela os cristãos deveriam aceitar? Havia muitas diferenças, todas em nome das Escrituras.

Os puritanos rejeitavam a Igreja da Inglaterra, que não se encaixava em sua compreensão das Escrituras, mas, apesar de não gostarem do sacerdócio anglicano, também não se afastaram dele.

George Fox, o fundador da Sociedade dos Amigos — ou quacres — realmente rompeu com o clero.

Como muitos outros, George Fox não encontrava conforto na religião formal de sua era. No entender de Fox, até mesmo os grupos separatistas ou os presbiterianos independentes eram revestidos de muita formalidade. Ele acreditava que esses grupos fizeram concessões ao governo — a igreja se tornara uma espécie de servidor público que se afastara de Deus.

Em sua busca por paz espiritual, Fox procurou muitos conselheiros, mas nenhum deles parecia capaz de ajudá-lo. Certo dia, em 1647, ouviu uma voz que lhe disse: "Existe um, igual a Jesus Cristo, que pode falar a ti". Isso provocou uma grande mudança na vida de Fox que, dali em diante, dedicou-se a seguir a luz interior que Deus dera a ele e a todos que seguiam a Deus. Todos os cristãos — todos os amigos de Jesus — tinham acesso imediato a Deus. Fox ensinava que, ao seguir a luz que Deus dera, eles poderiam destruir o poder de Satanás e o fardo do pecado.

O ensinamento simples, mas convincente, de Fox atraiu outras pessoas. *Os amigos* — nome pelo qual chamavam uns aos outros — não faziam votos ou juramentos, vestiam-se de maneira simples, comiam pouco, falavam a verdade, e eram totalmente honestos. Eles se opunham à participação nas guerras. Apesar da oposição do governo, protestavam contra o formalismo nos cultos, recusando-se a tirar o chapéu para qualquer homem e não davam contribuições, ou ofertas, à igreja oficial.

Muitas Sociedades de Amigos se espalharam pela Inglaterra enquanto o destemido George Fox pregava. Nos lares em que realizavam suas reuniões, os aristocratas e as pessoas comuns adoravam juntos. Não existia clero específico algum, e tanto homens quanto mulheres podiam falar conforme se sentissem liderados pelo Espírito.

É claro que havia abusos dentro de um grupo que confiava tão fortemente na orientação individual do Espírito Santo, o que fez com que pessoas que antes eram tolerantes para com os amigos se voltassem contra eles. A ênfase que os amigos colocavam na liberdade também terminou por causar a oposição do governo.

Fox passou algum tempo na cadeia em razão de seus ensinamentos. Quando foi levado diante de um juiz que zombava das crenças do grupo, Fox o advertiu para que "tremesse diante da Palavra de Deus".

"São vocês que devem tremer, seus *quakers*" [palavra inglesa que quer dizer "o que treme"], disse o juiz. O nome pegou.

Durante o governo de Oliver Cromwell, a tolerância se tornou regra para os diversos grupos que formavam seu exército e compunham sua união política. Embora Cromwell admirasse a honestidade e a integridade dos quacres, ele não estendeu sua tolerância àquele grupo. Apesar de a perseguição ser menor do que aquela que fora promovida pelos reis, essa fé individualista que buscava liberdade não podia ser permitida diante de um líder da qualidade de Oliver Cromwell.

A despeito da perseguição, os quacres cresceram, especialmente porque muitos sentiam o apelo de uma fé que enfatizava que o indivíduo deveria ter uma experiência com Cristo.

1662

Rembrandt pinta *O retorno do filho pródigo*

A irretocável arte de *O retorno do filho pródigo* foi criada por um homem que sabia o que era ser pródigo e que mostrou pela sua arte quão profundamente o mundo precisava de salvação. Rembrandt Harmenszoon van Rijn tornou-se o maior pintor protestante, uma pessoa na qual a fé e a arte estavam perfeitamente combinadas.

Ele nasceu em uma família reformada, profundamente piedosa. Embora seus pais quisessem que se tornasse um estudioso, era bastante evidente que ele tinha uma inclinação natural pela arte. Seguindo o costume daqueles dias, Rembrandt passou a seguir artistas famosos e a aprendeu a pintar histórias bíblicas e acontecimentos de histórias referentes à mitologia grega e romana. Porém, a arte que desenvolveu como estilo pessoal era muito diferente. Outros protestantes confinavam suas pinturas religiosas a quadros que relatavam a Bíblia, e os artistas católicos retratavam os santos. Rembrandt, porém, fazia de cada uma de suas pinturas uma declaração de fé. Ao passo que os protestantes afirmavam que somente a Bíblia era a norma para a religiosidade do homem, Rembrandt mostrou que as Escrituras poderiam também ser o padrão para a arte religiosa.

Nos dias de Rembrandt, as pessoas retratadas nas pinturas bíblicas se pareciam com super-heróis, pouco distintas dos deuses e semideuses retratados nas pinturas mitológicas. Isso não acontecia com os quadros de Rembrandt. Ele mostrava a humanidade como ela realmente era: cheia de cicatrizes, pecaminosa e carecendo de redenção. Homens e mulheres *reais* povoam sua obra, desde sua esposa e filho até mesmo as pessoas das ruas. Rembrandt tomou como base para um tocante retrato de um rei de Israel um mendigo de aspecto deplorável, que ele vestira com um turbante. Um judeu idoso e simples se transformou em um retrato do apóstolo Paulo.

Rembrandt também usou a si mesmo como modelo. Na obra *O levantar da cruz*, que retrata a pecaminosidade do homem, o pintor é um personagem que ajuda a crucificar a Cristo. Embora tenha criado o retrato, o artista não pôde fugir da necessidade de salvação pessoal.

A técnica do claro-escuro — na qual um fundo escuro contrasta grandemente com a luz brilhante sobre os personagens — é marca registrada da obra de Rembrandt. A profundidade da escuridão física muitas vezes mostra com clareza a luz espiritual interior nos personagens que retratava.

Contudo, o objetivo principal de Rembrandt não era evangelizar. Vivia da venda de suas obras e fez tanto trabalhos espirituais quanto seculares. Entretanto, até mesmo aquelas peças que não tinham o objetivo de retratar uma cena religiosa carregavam dentro de si o sentido da perspectiva que o artista tinha sobre o mundo e sobre a humanidade. Ele via a beleza da criação de Deus na natureza, percebendo tanto a beleza quanto o pecado nas faces humanas diante dele.

A despeito da aparente firmeza de convicções cristãs de suas obras, Rembrandt não teve uma vida tão impecável. Ele se casou com Saskia, mulher jovem e rica que morreu em 1642. Seu testamento afirmava que, se Rembrandt se casasse novamente, todas as suas posses seriam entregues ao filho deles, Tito. Cercado de problemas financeiros, o artista certamente percebeu que não poderia abdicar do dinheiro dela. É por isso que ele manteve Hendrickje, sua empregada, como uma espécie de concubina.

Rembrandt presenteou diversas gerações com uma pintura protestante bastante singular do mundo de Deus. Calvino afirmou: "Somente devemos pintar o que os olhos são capazes de ver". Os olhos de Rembrandt criaram retratos que comunicavam a verdade. *O retorno do filho pródigo* mostra a humanidade de Rembrandt, seu amor por detalhes e a aguçada percepção do coração humano. O pai perdoador, o filho penitente e o irmão mais velho, vestidos em roupas do século XVII, encaixam-se perfeitamente na parábola de Jesus. Ele nos faz lembrar a infinitude e a atemporalidade das Escrituras.

1675

Philip Jacob Spener publica *Pia desideria*

Na parte final do século XVII, a Igreja Luterana abandonara de certo modo sua ênfase na fé pessoal, para enfatizar o anseio pela doutrina correta. Um pastor desafiaria essa situação com um pequeno livro que mudou o protestantismo.

Em seus estudos na universidade de Estrasburgo, Philip Jacob Spener aprendeu as línguas bíblicas, doutrina e história, disciplinas que geralmente faziam parte do curso normal requerido para o ministério. Porém, seus professores também colocaram na mente daquele jovem o anseio pelo renascimento espiritual e pela ética cristã. Spener descobriu a necessidade de aplicar a erudição à experiência pessoal. Nenhuma religião formal terá qualquer conseqüência a não ser que a pessoa nasça de novo.

O novo ministro enfrentou muita controvérsia por pregar contra o ócio e a imoralidade, assim como por tentar fazer com que sua congregação praticasse o cristianismo pessoal. O clero da Igreja Luterana via a si mesmo como o centro da igreja e sentiu-se ameaçado com a mudança rumo ao individualismo que essa pregação incentivava.

Spener passou a promover reuniões devocionais, conhecidas como *collegia pietatis*, que viriam a formar a base do movimento do pietismo.

Esse pastor luterano escreveu suas idéias sobre a Reforma, além de pregar em seu púlpito, em Frankfurt, e de formar os grupos locais. Em 1675, publicou a *Pia desideria* [*Desejos piedosos*], obra que apresentava seu plano de seis pontos.

Primeiramente, ele queria que os cristãos tivessem compreensão das Escrituras que fosse mais profunda e que afetasse mais a vida comum. Para alcançar esse objetivo, ele sugeriu a implementação de reuniões de pequenos grupos nas casas. Os clérigos do século XVII achavam que isso era utópico e que se tratava de uma idéia potencialmente ameaçadora.

Spener queria que a igreja levasse a sério o sacerdócio de todos crentes, de modo que sugeriu que os leigos assumissem certas responsabilidades dentro dos *collegia pietatis*. Embora o pastor fosse importante, não deveria ser o único responsável por carregar o fardo do alimento espiritual.

Opondo-se ao temor de sua época, ou seja, de que o individualismo poderia trazer problemas, Spener defendia que a igreja deveria enfatizar a experiência pessoal. Ele percebeu que ter apenas a doutrina correta levaria a uma fé morta.

Aprendendo com a Guerra dos Trinta Anos, que já provara os perigos das controvérsias religiosas, Spener buscou evitar o conflito teológico. Se fossem inevitáveis, os debates deveriam ser promovidos em um espírito de amor, mas insistia em que as pessoas se restringissem às questões essenciais da fé e não causassem confusão devido aos itens de menor importância. Ele dizia que era melhor orar pela pessoa que estava no erro do que gritar com ela.

Spener dizia que os pastores deveriam não apenas aprender sobre a Bíblia e a teologia, mas também deveriam saber como lidar com os leigos. O pastor que não pudesse expressar uma vida de devoção não poderia liderar sua congregação rumo a esse objetivo.

Ele também encorajou os pastores a proferir sermões que aplicassem as Escrituras à vida cotidiana. Eles deveriam inspirar e informar, ser inteligíveis e promover a elevação espiritual. Em vez de simplesmente fazer um discurso, os pastores precisavam inspirar o povo de Deus.

Devido ao grande furor que as idéias de Spener causaram, ele teve de mudar-se de Frankfurt para Dresden e depois para Berlim. Em 1694, já em Berlim, ele e August Francke fundaram a Universidade de Halle. Sob a liderança de Francke, a universidade se tornou um centro de evangelismo e de missões. Muitos anos depois de a Igreja Católica ter levado missionários para a Ásia e a América, as missões protestantes começaram em Halle, com um centro de estudos para que as línguas orientais e tradução da Bíblia fossem estudadas.

Embora o clero visse apenas grandes ameaças no programa de Spener quanto à reforma, ele trouxe alegria aos leigos. Nas igrejas que adotaram seus ensinamentos, a vida familiar foi melhorada, os padrões morais foram elevados e as pessoas aprenderam que o cristianismo significava muito mais do que simplesmente concordar com um catecismo. As reuniões de pequenos grupos encorajavam um sentimento familiar na congregação e a Bíblia se transformou em algo cheio de vida para os crentes.

Lutero enfatizara a importância do canto congregacional, mas seu uso estava enfraquecido. O pietismo deu um grande impulso à hinologia, e compositores como Paul Gerhardt, Joachim Neander e Gerhardt Tersteegen produziram hinos que, mais tarde, seriam traduzidos e incorporados aos hinários metodistas de língua inglesa.

Influenciadas pelo fervor do pietismo, muitas igrejas desenvolveram o estudo bíblico e os grupos de oração, ultrapassando o que seu fundador idealizara. Os aspectos práticos do pietismo — a ênfase no sentimento e na propagação do cristianismo — tiveram conseqüências de grande projeção e foram particularmente influentes no desenvolvimento do cristianismo americano.

1678

Publicação da obra *O peregrino*, de John Bunyan

John Bunyan na prisão de Bedford, em 1667. A despedida de sua filha cega, depois de fazer-lhe uma visita

Um dos maiores clássicos cristãos surgiria não nos corredores de uma grande universidade, mas na cela de uma prisão. O homem que o escreveu não era um erudito, mas um simples pregador sem pouca formação acadêmica.

John Bunyan nasceu em Elston, em Bedfordshire, em 1628. Seu lar era uma pequena cabana de sapé e seu pai era um latoeiro que passava os dias empurrando uma carroça pelas estradas, parando nas casas para consertar potes de metal.

O jovem John estudou gramática, mas, como a maioria dos filhos daqueles dias, passou a exercer a mesma profissão de seu pai. Durante a guerra civil inglesa, serviu como soldado, provavelmente do lado puritano. Casou-se aos dezenove anos e sua esposa cristã fez com que ele tentasse mudar sua vida. Bunyan, no entanto, constantemente retornava aos velhos hábitos. Embora vivesse bem o suficiente para impressionar seus vizinhos, Bunyan descrevia a si mesmo como "a representação de um hipócrita".

Em 1651, Bunyan começou a freqüentar uma reunião da Igreja Independente em Bedford e foi tocado pela forte pregação bíblica do pastor. Começou, depois desse episódio, a se debruçar sobre as Escrituras até que o conflito dentro dele se transformou em uma convicção da graça. A salvação chegara ao coração de John Bunyan. Ele se filiou à congregação de Bedford e começou a pregar ali, deixando as pessoas maravilhadas com a capacidade de um simples latoeiro.

Embora o rei Carlos II tivesse prometido a liberdade religiosa em um primeiro momento, a Igreja Anglicana tornou-se cada vez mais a única igreja aceitável. A dissidência não era encorajada, e, em 1661, John foi enviado à prisão de Bedford devido à sua pregação. Ele permaneceu ali até 1672, quando Carlos promulgou a *Declaração de Indulgência*, estendendo o perdão aos não-anglicanos.

Diante de sua libertação, o grupo de irmãos independentes chamou-o para que se tornasse seu pastor. Ele recebeu uma licença para pregar e ficou conhecido como bispo Bunyan, e talvez tenha se tornado o gênio organizador dos independentes naquela área. Essa tolerância, no entanto, não duraria muito.

Em 1675, Bunyan se viu mais uma vez na prisão e deu início à sua maior obra: *O peregrino*. Essa alegoria da salvação e da caminhada cristã é a responsável por cunhar frases como "fogueira das vaidades", "pântano do desespero", "bela casa", "difamador" e "a forca é algo bom demais para ele". Baseando-se apenas em sua experiência da Bíblia, esse homem quase iletrado criou uma cativante peça de literatura que apela aos que fazem — ou que venham a fazer — a peregrinação espiritual partindo da Cidade da Destruição rumo à Cidade Celestial.

Talvez pelo fato de muitos leitores experimentarem um tipo semelhante de peregrinação em sua vida, *O peregrino* se tornou o livro devocional cristão mais vendido do mundo. Bunyan descreve os mais íntimos estados da alma cristã. A percepção que possui da profundidade da graça de Deus em sua vida deu a Bunyan a capacidade de falar para muitas pessoas, até mesmo outras gerações, sobre o estado espiritual em que se encontravam.

Suas outras obras — *Abounding to the chief of sinners* [*Graça abundante ao principal dos pecadores*]; *The life and death of mr. Badman* [*A vida e a morte do sr. Maldade*] e *The holy wart* [*A guerra santa*] — nunca alcançaram a popularidade de *O peregrino*. Este livro tão humilde, porém, tocou milhares de vidas e se tornou um clássico.

1685

Nascimento de Johann Sebastian Bach e de George Frederic Handel

No mesmo ano, nasceram dois compositores alemães, em locais distintos, pouco mais de cem quilômetros distantes um do outro. Embora nunca tenham se encontrado pessoalmente, ambos criaram obras-primas da música que estão entre as maiores que a igreja já conheceu.

Ninguém ficaria surpreso com o fato de o outro membro da família Bach, que nascera em Eisenach, algum dia, tornar-se compositor, pois havia muitos músicos na família Bach. Em 1703, depois de receber educação musical de seu pai e de seu irmão, aos dezoito anos o jovem Johann Sebastian

J. S. Bach

Bach tornou-se violinista na orquestra da capela real de Weimar, mas logo deixou a posição para assumir o cargo de organista da igreja. Foi então que se casou com uma prima, Maria Bárbara, cantora muito talentosa. Eles tiveram sete filhos, e, depois que ela morreu, ele se casou de novo, dessa vez com Anna Magdalena Wülken. Quatro dos filhos de Bach se tornariam compositores de destaque.

Bach produziu um número impressionante de composições. Enquanto cuidava de seus vinte filhos, também compunha, tocava e ensinava música. Para Bach, compor cantatas e outras músicas específicas para o culto era a "atividade de um dia normal de trabalho", pois tal posição envolvia a produção musical. Ele produziu 198 cantatas, bem como música secular. Entre suas obras mais conhecidas, podemos destacar a *Paixão segundo são Mateus*, os *Concertos de Brandemburgo*, o *Oratório de Natal* e *O cravo bem temperado*.

Bach era um luterano extremamente devoto e em todas as suas obras — seculares ou sacras — colocava frases como "Para o louvor do Todo-Poderoso" ou "Glória somente a Deus" [esta representada pela sigla SDG, do latim *Soli Deo Gloria*]. O músico era também bastante temperamental, o que lhe causava problemas, com muita freqüência, com seus empregadores. Ele também se considerava altamente capaz.

Bach viveu em várias partes da Alemanha. Contudo, somente no século XIX, quando Félix Mendelssohn o redescobriu e popularizou suas obras, é que Bach alcançou grande fama em outras partes do mundo.

Handel era, em muitos aspectos, bastante semelhante a seu contemporâneo, embora, em outros aspectos, fosse muito diferente dele. Ele veio da cidade de Halle, onde seu pai era barbeiro. Quando o pai proibiu George de estudar música, a lenda diz que, à noite, ele se esgueirava até o sótão para praticar o cravo. Embora o pai de Handel quisesse que ele se tornasse advogado, acabou, por fim, permitindo que o filho estudasse com o organista local. A corte de Berlim se propôs a dar a George uma educação musical mais profunda; seu pai, porém, se recusou, mas, no final, não pôde mais impedir seu filho. Depois de um ano de estudo em Direito, George desistiu das leis e se tornou violinista da orquestra da corte. Ele também começou a escrever óperas em italiano.

Como Bach, Handel foi um compositor prolífico, mas seus primeiros trabalhos musicais eram seculares. Os oratórios sacros não foram seu principal interesse, que era voltado principalmente para a ópera e as obras instrumentais. Para deixar as companhias de ópera felizes, ele precisava continuar fornecendo-lhes material. O público queria um novo entretenimento a cada temporada, e o bem-sucedido compositor tinha, continuamente, de se submeter a esse capricho deles.

De que maneira aquele instrumentista amante da ópera conseguiu escrever a obra *Messias*? Convidado a escrever uma obra em Londres, o compositor alemão decidiu permanecer lá. A ópera italiana começava a declinar. As companhias de ópera o estavam irritando, e logo Handel começou a escrever oratórios: *Messias*, apresentado pela primeira vez em 1742, em Dublin; *Israel no Egito*; *Débora*; *Saul*; *Judas Macabeu*; *Salomão*; *Sansão* e outros.

Quando o governador do Estado alemão de Hanover se tornou o príncipe da Inglaterra, essa situação causou certo embaraço para Handel. Como poderia ele explicar a seu velho empregador as razões de ter partido para uma terra estranha? A lenda diz que Handel escreveu a peça *Música aquática* para aplacar a ira do rei. Foi uma manobra bem-sucedida.

Handel veio de um lar pietista alemão, que passou a ele a importância de um viver cristão prático, assim como de uma fé viva. Muitas das pessoas que já ouviram o oratório *Messias* experimentaram essa fé.

1707

Publicação da obra *Hinos e cânticos espirituais*, de Isaac Watts

Os hinos não têm longa história nas igrejas de fala inglesa.

Embora Martinho Lutero — um homem que gostava da música e do canto —, insistisse em que os hinos deveriam fazer parte da adoração dos luteranos (tendo ele mesmo escrito alguns), os ingleses demoraram a usá-los.

Os anglicanos tinham o *Livro de oração comum*, mas sua liturgia não incluía a música. Em 1562, as congregações podiam usar uma coleção de salmos metrificados, que terminou sendo chamada de *Antiga versão*, e, em 1696, Nahum Tate e Nicholas Brady elaboraram a *Nova versão*. Apesar de ser mais fácil de ser cantada, tudo aquilo que não vinha diretamente dos salmos era considerado suspeito. Um bispo poderia ocasionalmente escrever um hino para ser utilizado na capela de alguma universidade. Poetas como John Milton e George

Isaac Watts

Herbert escreveram peças devocionais, mas não existia uma produção de hinos para ser cantados. George Wither tentou criar um grande hinário em 1623, mas essa obra alcançou pouco sucesso.

Embora os anglicanos tivessem objeções ao uso dos hinos, os batistas eram favoráveis a eles. O pastor independente Isaac Watts decidiu que seu povo precisava de novos cânticos. Embora os salmos expressassem muitas coisas relativas à fé, não difundiam valores claramente *cristãos*, como o nascimento de Cristo, seus ensinamentos, a crucificação e a ressurreição. As congregações não podiam cantar sobre a Trindade, o Espírito Santo ou a igreja.

Em 1709, Watts publicou a obra chamada *Hinos e cânticos espirituais*. Outras coleções surgiram depois, incluindo *Salmos de Davi imitados na linguagem do Novo Testamento*, na qual Watts dizia que ele fizera com que Davi "falasse como um cristão". Esse material foi fortemente baseado nos salmos. Os hinos *Cristo Jesus com poder reinará* é baseado no salmo 72, e *Cantai que o Salvador chegou* baseia-se no salmo 98.

Os mais de seiscentos hinos compostos por Watts — entre eles *Ao contemplar a rude cruz*; *Ó Deus, eterno ajudador*; *Eu louvo o poderoso Deus* e *Há uma terra de prazer* — deram a ele o título de pai da hinologia inglesa. Esse clérigo traduziu de maneira brilhante o louvor cristão, o senso de maravilha com relação a Deus e a adoração ao Senhor. Embora tenha ofendido os mais conservadores líderes da igreja de seus dias, os grandiosos hinos que compôs retêm uma consciência constante da eternidade.

Os hinos de Watts tiveram notável influência sobre as igrejas não anglicanas. Nada se compararia a isso até que Charles Wesley começasse a escrever hinos; mas, por um longo tempo, o uso das obras de Watts não se estendeu à Igreja da Inglaterra. Embora outras igrejas na América, na Inglaterra e em outros lugares fizessem uso dos hinos de Isaac Watts, só em 1861 foi publicado o primeiro hinário anglicano, denominado *Hinos antigos e modernos*, no qual havia alguns dos hinos de Watts.

1727

Despertamento em Herrnhut dá início ao movimento dos Irmãos Morávios

Era apenas uma cerimônia de confirmação de duas meninas. Os irmãos morávios que viviam nas terras do conde Nicolaus von Zinzendorf estavam se encontrando como de costume, em 13 de agosto de 1727. Porém, o entusiasmo espiritual fervilhava havia várias semanas. Houve vigílias de oração, confissão de pecados, estudo bíblico sincero e reinava um sentimento de expectativa.

Parece que tudo que fervilhava eclodiu naquele dia. Depois que a bênção da confirmação foi pronunciada sobre as duas meninas, a igreja foi tomada por grande emoção. Alguns choravam, outros cantavam, muitos oravam. Não havia dúvida em na mente deles sobre o que acontecia: estavam sendo visitados pelo Espírito de Deus. Eles estabeleceram um “corpo” ali em Herrnhut, mas agora também eram um em espírito.

As coisas nem sempre foram tão felizes para os morávios. A maioria das pessoas em Herrnhut fugira para lá escapando da perseguição que sofriam em outras áreas. Eles eram os descendentes espirituais de João Hus — não eram nem católicos, nem luteranos, nem calvinistas. O mundo não tinha lugar para eles. Nem mesmo João Amós Comênio, seu grande líder, famoso por sua erudição, foi capaz de encontrar uma terra para eles, o que fez com que se dispersassem.

Esse reencontro começou em 1722, quando Christian David apareceu diante do conde de Zinzendorf em Dresden. Zinzendorf era luterano devoto, originário de uma família rica, ansioso por usar seus recursos para servir ao Senhor. De fato, Zinzendorf pensara em estabelecer uma comunidade que pudesse praticar os princípios da piedade cristã. Naquele momento, lá estava um morávio batendo à sua porta, perguntando se aquele grupo oprimido podia se estabelecer em suas terras. O conde lhes deu permissão.

À medida que Zinzendorf passou a conhecer seus convidados, uma afinidade espiritual começou a crescer entre eles. Ele recebeu outros morávios na nova comunidade e construiu escolas e estabelecimentos comerciais. O lugar viria a se chamar Herrnhut, que quer dizer "o Senhor cuida". Será que esperavam o Senhor, ou era o Senhor que estava à espera deles? Creio que ambas as alternativas são verdadeiras.

Em 1725, havia noventa morávios em Herrnhut mas, no ano seguinte, o número já chegara a trezentos. Contudo, com o crescimento chegaram os problemas. Os refugiados vinham de várias áreas e falavam idiomas diferentes. Naturalmente, haveria dificuldades econômicas conforme os novos habitantes chegassem para exercer suas ocupações. Na comunidade, existiam tanto morávios quanto luteranos, de modo que se levantaram algumas discussões sobre a liturgia da igreja. Um professor que se estabeleceu ali fora expulso da Igreja Luterana em conseqüência de seus ensinamentos heréticos e estava muito contrariado com isso. Naturalmente, sua ira caiu sobre a liderança luterana da comunidade, ou seja, Zinzendorf. O professor marchou pela cidade proclamando que o conde era "a Besta" do Apocalipse. O acusador do conde terminou sofrendo um colapso nervoso.

Preocupado com a possível dissolução da comunidade, Zinzendorf decidiu exercer alguma liderança. Ele abandonou sua mansão senhorial para morar com a comunidade e começou a visitar seus membros. Estabeleceu regras para a vida comunitária com as quais todos concordaram. A comunidade escolheu presbíteros que atuariam como líderes. As obras de caridade começaram a fazer parte da atividade do grupo como um todo, com a criação de pequenos grupos que foram formados, visando ao crescimento espiritual.

Durante o verão de 1727, as diferenças insignificantes foram desaparecendo. A comunidade tornou-se verdadeiramente unida, cujo objetivo comum foi confirmado pelo culto de 13 de agosto.

No ardor do entusiasmo espiritual, foi estabelecida uma vigília de oração de 24 horas por dia. Essa atividade perdurou por cerca de um século! Outras vias para o serviço cristão eram exploradas. Contatos com outros morávios por toda a Europa foram estabelecidos, o que os levou a desenvolver um intrincado sistema de discipulado e de correspondência. Líderes eram treinados para visitar outros grupos e para partilhar com eles o que acontecia em Herrnhut.

Em 1732, os morávios se entregaram ao trabalho de missões no exterior, enviando Leonard Dober e David Nitschmann para as Índias Ocidentais. No ano seguinte, três missionários morávios foram para a Groenlândia. Em 1734, outros foram para a Lapônia e a Geórgia, além de dezessete voluntários que se juntaram a Dober em St. Thomas. No ano de 1742, mais de setenta morávios haviam deixado a comunidade de Herrnhut, composta de cerca de seiscentas pessoas, para trabalhar nos campos missionários, incluindo o Suriname, a África do Sul, a Guiana, a Argélia, o Ceilão [atual Sri Lanka] e a Romênia.

Enquanto isso, Zinzendorf tentava estabelecer uma base legal para a Igreja Morávia na Saxônia. Em suas pesquisas, descobriu uma antiga constituição para a Unitas Fratrum, a igreja morávia original. Isso mostrou que os morávios tinham tantos precedentes históricos quanto os luteranos e que, portanto, deveriam ser reconhecidos. Entretanto, os inimigos de Zinzendorf o expulsaram da Saxônia em 1736. Esse fato deu início a um período de viagens realizadas pelo conde e por outros líderes morávios. Sua jornada os levou à América, onde estabeleceram uma base para a obra missionária entre os índios em Bethlehem, Pensilvânia. Mais tarde, Londres se tornou o centro da atividade morávia.

Em 1760, à época da morte do conde, 226 missionários já haviam sido enviados pelos morávios e mais de três mil convertidos tinham sido batizados. Conforme se aproximava de sua morte, Zinzendorf fez o seguinte comentário a um colega: "Que formidável caravana de nossa igreja já se forma ao lado do Cordeiro!". Isso é ainda mais verdadeiro nos dias atuais.

A Igreja dos Irmãos continua ativa hoje, mas seu legado é visto também em outras denominações. John Wesley foi grandemente influenciado pelos morávios e incorporou algumas de suas preocupações ao movimento metodista. William Carey, muitas vezes considerado o pai das missões protestantes modernas, estava, na verdade, seguindo os passos dos missionários morávios. "Vejam o que os morávios fizeram", comentou ele em determinada ocasião. "Será que não poderíamos seguir seu exemplo e, em obediência a nosso Mestre Celestial, ir ao mundo e pregar o evangelho aos incrédulos?"

Jonathan Edwards

1735

Grande despertamento sob a liderança de Jonathan Edwards

Em 1630, dez anos após o pequeno grupo de peregrinos ter se estabelecido em Plymouth, uma grande imigração de puritanos deu início ao estabelecimento de uma comunidade cristã em Massachusetts. Esses puritanos, mais prósperos nas questões materiais do que os pais peregrinos, diferiam deles também com relação às suas intenções de irem à terra deserta, despovoada, da América. Eles esperavam estabelecer uma sociedade baseada na Bíblia, que serviria como exemplo para que a Inglaterra seguisse com relação às questões da Reforma e da renovação. Como seu governador, John Winthrop, escreveu: "Devemos considerar que seremos como uma cidade sobre a colina, em que os olhos de todo o povo estará sobre nós". Porém, à medida que a comunidade puritana crescia e prosperava, declinavam os propósitos religiosos originais daquele estabelecimento. A segunda e a terceira gerações ficaram mais preocupadas com as coisas deste mundo do que com o estabelecimento do Reino de Deus na América.

Os fiéis assistiam a tudo e alguns deploravam o desenrolar dos fatos. A idéia puritana de que a nova terra era o lugar ideal para desenvolver uma comunidade santa morria lentamente. Os devotos não tinham dúvidas de que, embora a Inglaterra estivesse espiritualmente dormente — ou morta —, as colônias poderiam — ou deveriam — mostrar profunda espiritualidade.

Um rapaz devoto e precoce, que entrou na universidade de Yale aos treze anos, acreditava nisso. Seu nome era Jonathan Edwards. Durante certo tempo, sob a orientação de seu avô, o poderoso e influente Solomon Stoddard, Edwards foi co-pastor de uma igreja em Northampton, Massachusetts. Quando Stoddard morreu, em 1729, Edwards continuou na liderança, agora como o único pastor.

Pouco depois de ter chegado a Northampton, Edwards se casou com a sábia, adorável e devota Sarah Pierpont. Apesar de Edwards ter muitos filhos e pastorear sua igreja, ele, de alguma maneira, encontrou tempo para produzir alguns dos textos teológicos mais importantes do mundo. Sua teologia foi influenciada tanto pelo vasto conhecimento obtido por meio de leituras quanto pelas dramáticas mudanças que ocorreram na vida das igrejas nas quais pregava.

Bebendo profundamente das fontes do calvinismo, Edwards naturalmente acreditava na doutrina da eleição. Embora aceitasse que Deus escolhe quem deveria ser salvo e quem não seria, Edwards queria que todo o mundo fizesse parte dos eleitos. Sabia que isso não poderia acontecer, mas insistia em que os pastores deveriam pregar sobre a gravidade do pecado e a necessidade de o coração se voltar para Deus. Caso contrário, dizia ele, os pastores fracassariam em sua tarefa, e ele só precisava se voltar para o apático clero da Nova Inglaterra para encontrar alguns exemplos. Quando pregou o sermão "Deus glorificado na dependência do homem" a um grupo de irmãos na cidade de Boston, em 1731, Edwards sabia que muitos de seus ouvintes escarneciam da ênfase que ele dava ao pecado profundamente enraizado nos seres humanos e à necessidade de mudança interior.

Durante seu ministério de sesenta anos, Solomon Stoddard viu cinco "colheitas", períodos de grande convicção espiritual que resultaram em mudança na vida das pessoas e em maior devoção a Deus. Na década de 1730, Jonathan Edwards orou pedindo por uma colheita. Ele estava vendo o relaxamento dos padrões morais e sentia que a crescente aceitação do arminianismo poderia criar uma época de autoconfiança espiritual. Ele começou a pregar sobre esses assuntos.

No inverno de 1734 e durante todo o ano que se seguiu, uma grande mudança aconteceu em Northampton. Edwards disse: "O Espírito de Deus começou a trabalhar de maneira extraordinária". Sua igreja foi invadida por ouvintes, muitos dos quais buscavam a certeza de salvação. "A cidade parecia estar cheia da presença de Deus. Ela nunca ficou tão cheia de amor, nem tão repleta de alegria, apesar de estar, como sempre, repleta de necessidades." Disputas e fofocas desapareceram à medida que praticamente toda a cidade começou a freqüentar a igreja.

O homem que orara e pregara a favor de um reavivamento para aquela cidade, no entanto, não possuía técnicas vistosas de pregação. Seus sermões se concentravam apenas na justificação pela fé e mostravam seu pendor intelectual. Embora seja possível que ele não tenha usado nenhum dos métodos que apelavam para as emoções, Edwards recebia uma resposta emocional. Os críticos ridicularizavam as lamúrias e as contorções do corpo que às vezes acompanhavam sua pregação de avivamento. Mais tarde, quando escreveu sobre o Grande Avivamento, Edwards chegou a admitir que aquele acontecimento levou a alguns excessos emocionais, mas que, de modo geral, foram evidência do Espírito de Deus movendo o coração humano.

Edwards não estava sozinho na pregação que levou ao avivamento. Um pastor de origem alemã da cidade de Nova Jersey, Theodore Freylinghuysen, já trabalhava com congregações reformadas de língua holandesa desde 1720. Sua mensagem evangélica fervorosa trouxera resultados — bem como alguma dissensão. Ele também ajudou Gilbert Tennant, pastor presbiteriano que saiu da casa e da igreja de seu pai na Pensilvânia para Nova Jersey. Gilbert e seus irmãos — William, Jr., John e Charles — se tornaram vibrantes pastores e evangelistas na cidade de Nova Jersey.

O homem que uniu os dois reavivamentos foi George Whitefield, ministro anglicano — e amigo de John Wesley — que começou a pregar nos EUA em 1738. Ele não se importava muito com os laços denominacionais, pois só a causa de Cristo era importante para ele. Viajou incansavelmente por todo os estados, pregando uma mensagem de arrependimento. Sob sua influência, toda a nação passou a experimentar um avivamento.

1738 Conversão de John Wesley

Wesley enfrenta a multidão em Wednesbury

Aos cinco anos de idade, John Wesley quase perdeu sua vida no incêndio que destruiu a casa paroquial em que seu pai morava. Ele foi realmente "um ramo tirado do fogo", o homem que Deus usaria para aquecer a fé de milhares de pessoas.

Contudo, quando John Wesley foi para Oxford a fim de se preparar para o ministério e, assim, ajudar seu pai na congregação anglicana por alguns anos, uma inquietação tomou conta de seu espírito. Embora conhecesse a doutrina da salvação, ainda não tivera conforto em seu coração.

Em 1729, João voltou para Oxford. Com seu irmão mais novo, Charles, e alguns amigos, deram início ao "Clube Santo", que logo passou a ser liderado por John Wesley. Apelidados por seus detratores de "metodistas" — pelo fato de usarem métodos bastante rigorosos em sua procura pela santidade —, os jovens buscavam a salvação. Porém, nem mesmo os mais rigorosos exercícios devocionais podiam trazer paz a Wesley. Como Lutero, John Wesley buscava ganhar o favor de Deus e encontrou apenas um vazio.

Em 1735, John e Charles Wesley foram para a Geórgia em uma viagem missionária. Quando atravessava o oceano Atlântico, John Wesley ficou impressionado com alguns morávios. Quando seu navio enfrentou uma tempestade, Wesley temeu por sua vida, enquanto os morávios cantavam hinos alegremente.

Charles Wesley permaneceu na Geórgia somente por um ano, voltando para casa em razão de sua saúde debilitada. Embora John Wesley tivesse permanecido, o ministério não prosperou, e ele seguiu seu irmão, voltando à Inglaterra em 1738. Ele fora convidado para uma reunião de morávios em Aldersgate Street, em Londres e, em 24 de maio, compareceu ao local, "bastante a contragosto". Wesley descreve o que lhe aconteceu na reunião, enquanto alguém lia o comentário de Lutero sobre o livro de Romanos:

Por volta das 8h45min da noite, enquanto ele descrevia a mudança que Deus opera no coração pela fé em Cristo, senti meu coração estranhamente aquecido. Senti que confiava em Cristo, somente em Cristo, para a salvação. Uma certeza me foi dada: Cristo levara *meus* pecados e *me* salvara da lei do pecado e da morte.

John Wesley e seu irmão Charles, que se convertera três dias antes, se apossaram dessa mensagem da graça e a pregaram em todos os lugares em que puderam. Outro membro do Clube Santo, George Whitefield, recebeu a Cristo quase na mesma época. Juntos, eles levariam a América e a Inglaterra a um avivamento.

Quando as igrejas anglicanas, hostis, fecharam as portas para essa mensagem, os rapazes começaram a falar onde podiam, em praças públicas ou em campo aberto. De maneira diferente da Igreja Anglicana — que se importava mais com a aristocracia —, seus ouvintes eram os pobres da Inglaterra, os que clamavam por esperança. As multidões os cercavam quando pregavam.

Embora tenha recebido muito dinheiro pela venda de seus textos, John Wesley vivia de maneira simples, doava o dinheiro extra que recebia. Fazia questão de dar boas-vindas às pessoas de classe mais humilde.

John Wesley viajou incansavelmente por mais de 400 mil quilômetros no lombo de cavalos, pregava por toda a Inglaterra e Escócia. Ele agrupou os crentes, em cada uma das áreas que alcançara, em sociedades e, conforme o movimento crescia, indicava outros pregadores, designando cada um para determinada área. As sociedades ainda eram divididas em irmandades e grupos de oração. A intrincada organização — que, mais uma vez, recebeu o título de "metodista" — ajudou o movimento a prosperar.

Os Wesleys não tinham a intenção de romper com o anglicanismo. Ao contrário, queriam ver uma reforma na igreja. A ruptura aconteceu devagar. Quando, em 1784, John Wesley estabeleceu a forma de continuação que o movimento deveria seguir depois de sua morte, Charles não aprovou a divisão.

Embora ofuscado por seu irmão, Charles Wesley também teve grande impacto no metodismo. Ele é mais conhecido por seus hinos, como *Mil línguas eu quisera ter*; *Como pode ser?* e o conhecido hino natalino *Cantam anjos harmonias*. Ao contrário da Igreja Anglicana, que permanecia ligada aos salmos, desde o princípio o metodismo foi um movimento ligado ao canto, especialmente graças ao dom que Carlos tinha para lidar com as palavras.

O metodismo, de forma suave e amável, mudou a sociedade britânica. Mesmo quando alcançou posições políticas, encorajou um espírito de liberalidade que levou à melhoria das condições na Grã-Bretanha. Muitos historiadores atribuem aos metodistas o fato de não ter ocorrido uma revolução sangrenta na Inglaterra, como a que os franceses experimentaram no final do século XVIII.

1780

Robert Raikes dá início à escola dominical

A sra. Meredith não podia dar conta daquilo. Atendendo ao pedido gentil de um editor de jornais chamado Robert Raikes, ela recebeu um grupo de crianças de rua na cozinha de sua casa em Sooty Alley. Ele inclusive pagava àquela mulher um xelim por domingo para que ensinasse crianças maltrapilhas a ler e a recitar versículos da Bíblia. Entretanto, aquelas crianças eram extremamente difíceis. Engaioladas nos moinhos úmidos de Gloucester, Inglaterra, durante seis dias por semana, elas só tinham o domingo para se divertir, o dia em que se comportavam como pequenos vândalos. Os fazendeiros e os donos de lojas temiam aquelas brincadeiras infantis de mau gosto todos os finais de semana. Robert Raikes esperava que aquela "escola dominical" pudesse mudar a vida deles, mas eles levaram suas maneiras abomináveis para a cozinha da sra. Meredith.

Raikes não deixou a idéia morrer. Ele transferiu a escola dominical para a cozinha da sra. King, onde May Crithcley ensinava as crianças das dez ao meio-dia e de uma às cinco da tarde. Ele exigia que as crianças freqüentassem essas reuniões com as mãos lavadas e o cabelo penteado. Não demorou muito, e as crianças passaram a *querer* aprender. Em pouco tempo, noventa crianças freqüentavam a escola dominical a cada semana. Aos poucos, elas aprendiam a ler.

Essa não foi a primeira tentativa de Raikes para uma reforma social. Como editor, de mente liberal, do *Gloucester Journal*, ele tinha bastante consciência do ciclo de pobreza e de criminalidade. As pessoas eram jogadas na cadeia por não pagarem suas dívidas, e, quando saíam, não havia trabalho disponível para elas. Assim, lançavam mão do crime. Por vários anos, Raikes tentou trabalhar com alguns ex-prisioneiros para ajudá-los a romper o ciclo — esforço que não resultou em benefício algum.

"O mundo marcha com os pés das crianças pequenas." Essa frase, creditada a Raikes, explica a idéia da escola dominical. Os adultos já tinham caminhado muito ao longo da estrada da vida, mas as crianças estavam apenas começando.

Ele sentia que o problema era a ignorância. As crianças pobres nunca tinham chance de freqüentar uma escola — elas precisavam trabalhar para ajudar no sustento de suas famílias. Como resultado, jamais conseguiam sair da pobreza. Porém, se pudessem aprender as coisas básicas — ler e escrever, aritmética e moral bíblica — no dia de folga que havia, poderiam mudar tudo isso algum dia.

Assim, o experimento começou em Sooty Alley. Com o passar do tempo, o movimento cresceu. Em 1783, confiante de que o experimento fora bem-sucedido, Raikes começou a fazer publicidade dele em seu jornal. De maneira contida, ele escrevia sobre a lógica de seus argumentos e os resultados alcançados. A idéia logrou bom êxito.

Cristãos notáveis apoiaram a idéia. John Wesley a amava, e os grupos wesleyanos começaram a usá-la. A popular escritora Hannah More ensinava religião e costura para as meninas de Cheddar. Um mercador de Londres chamado William Fox estava desenvolvendo uma idéia similar, mas decidiu apoiar o projeto de Raikes. Em 1785, Fox fundou, nos diferentes condados da Inglaterra, a Sociedade para o Apoio e Encorajamento das Escolas Dominicais.

Até mesmo a rainha Charlotte endossou as escolas dominicais. Ela convocou Raikes para uma audiência particular e, mais tarde, emprestou seu nome para um empreendimento de levantamento de fundos que Fox fundara.

A fama também trouxe a oposição dos conservadores, que tinham receio de que os comerciantes quebrassem o mandamento do descanso por temerem a perda de negócios no domingo. Alguns amigos caçoavam de Raikes, chamando-o de "Bobby Ganso e seu bando de esfarrapados".

Mesmo assim, em 1787, havia 250 mil crianças freqüentando escolas dominicais na Inglaterra. Após cinqüenta anos, esse número saltou para 1,5 milhão no mundo inteiro, e cerca de 160 mil professores ministravam as aulas. Especialmente animadores são os números de Manchester, em 1835. Essa escola dominical tinha 120 professores, 117 dos quais foram estudantes da escola dominical.

Duas mudanças importantes aconteceram com o passar dos anos. No princípio, os professores eram pagos, mas, no fim das contas, o projeto se transformou em atividade voluntária. No primeiro momento, o currículo compreendia o básico — ler, escrever e aritmética —, em que a Bíblia era o livro texto disponível. Conforme as escolas dominicais conseguiam mais fundos, foram capazes de adquirir outros livros-texto. Contudo, conforme a educação pública se desenvolvia, as escolas dominicais se concentraram mais no ensino da Bíblia.

O movimento da escola dominical foi um fenômeno importante na

Inglaterra e na América, com implicações tanto religiosas quanto seculares. Aconteceu em um momento de despertamento espiritual que tirou a igreja da letargia e, provavelmente, contribuiu para poupar a Inglaterra da calamidade de uma revolução violenta. Cristãos ricos passaram de modo vagaroso a ter consciência de sua responsabilidade para com os pobres. O movimento da escola dominical plantou as sementes da educação pública e revolucionou a educação religiosa, especialmente pelo fato de ter impulsionado a impressão de material religioso. No final do século XIX, o movimento da escola dominical já fornecera à igreja um grande número de novos hinos.

Os maiores frutos, no entanto, são indubitavelmente as incontáveis vidas jovens que foram tocadas pela simples interação e instrução das Escolas Dominicais.

1793
William Carey viaja para a Índia

Um navio ergueu suas velas contra o vento de abril e desceu o rio Tâmisa, rumo ao canal da Mancha. Ele se dirigia à Índia, levando William Carey, o ardoroso sapateiro que se tornara pregador, e seu amigo missionário, o dr. John Thomas.

Os dois homens levantaram fundos, empacotaram suas coisas e se despediram. Agora, o navio seguia pela costa da Inglaterra antes de penetrar em mar aberto. Anos de sonhos, de orações e de preparação pareciam perto de seu cumprimento na vida de Carey.

Porém, o mar encrespado e os perigos da guerra da Inglaterra com a França colocaram fim às esperanças ambiciosas de Carey: a viagem foi cancelada. Intrépido, Carey — que chamava a si mesmo de "lutador", mas que era, na verdade, um incansável visionário — marchou por entre um sem-número de oposições e passou por todos os tipos de dificuldades para realizar seu trabalho.

William Carey

Sua infância foi pobre. Seu pai era um tecelão que dava aulas para ajudar a sustentar os cinco filhos. William era o mais velho e aprendeu a ler e escrever com entusiasmo, devorava livros de aventura como *Robinson Crusoé* e *As viagens de Gulliver.* Sua saúde nunca foi muito forte, mas ele conseguiu aprender o ofício de sapateiro.

Aos dezessete anos, freqüentava uma igreja dissidente com um amigo, época em que assumiu um compromisso com Cristo. Deixou a Igreja Anglicana onde fora criado, provocando a desaprovação de seu pai, e tornou-se cada vez mais ativo junto aos dissidentes. Ele se casou e começou a pregar nas igrejas. Durante algum tempo, caminhava doze quilômetros todos os domingos para pregar em uma igreja pobre em uma cidade vizinha. Mergulhou no estudo do Novo Testamento e da língua grega e, de alguma maneira, conseguiu levar três carreiras em paralelo: sapateiro, professor e pastor.

Além da saúde debilitada, havia as dificuldades em família. Um filho morrera ainda bebê. Sua esposa passou por dificuldades, as quais se transformariam em uma seqüência de problemas mentais. Raramente tinham dinheiro suficiente para alimentação adequada. A despeito de tudo isso, Carey ficou cada vez mais obcecado pela obrigação de os cristãos levarem o evangelho às multidões em outros países.

Nas reuniões de ministros de sua área, Carey defendia a causa de que os cristãos deveriam espalhar o evangelho para as terras distantes. Ele era constantemente contestado. "Se Deus quer salvar os índios", diziam, "ele vai fazer isso mesmo que não tenha a minha ajuda ou a sua". Chegou até mesmo a ponto de publicar um tratado chamado *Investigação sobre a obrigação dos cristãos de empregar meios para a conversão dos pagãos*, em que defendia a idéia das missões estrangeiras. Foi um trabalho primoroso, mas que não foi bem compreendido.

Três semanas depois de o tratado ter sido publicado, a Associação dos Ministros convidou Carey para ministrar-lhes uma palestra. Carey usou o texto de Isaías 54.2,3: "Alargue o lugar de sua tenda...". Seu tema era: "Espere grandes coisas de Deus; faça grandes coisas para Deus". Porém, seus ministros permaneceram impassíveis. Conforme a reunião se aproximava do final, Carey desabafou com grande frustração: "Será que, mais uma vez, não farão nada?". Por que ele não conseguia encontrar outras pessoas dispostas a compartilhar e levar adiante sua visão?

Uma chama, no entanto, *fora* acesa. Na reunião seguinte, foi formada uma sociedade missionária. O médico cristão John Thomas dispôs-se a servir na Índia, mas ele precisava de um associado. Carey decidiu ir com ele.

A situação parecia absurda. Carey tinha uma esposa grávida e três filhos pequenos. Será que ele conseguiria vencer as pressões físicas de sua própria saúde debilitada? Aquilo, porém, era a realização de seus sonhos. Carey se dispôs a seguir adiante, apesar de muitos contratempos: após uma rápida incursão para levantar fundos, estes ainda eram escassos; o dr. Thomas estava sendo procurado por credores que não haviam recebido seu dinheiro; sua esposa recusou-se a viajar com ele; e, além disso tudo, a repentina interrupção da viagem do navio. Esse atraso deu a ele mais tempo para voltar para casa e convencer sua esposa, Dorothy, a acompanhá-lo.

Pouco tempo depois, estavam de partida novamente, chegando a Calcutá em novembro de 1793. Porém, os problemas continuaram: as condições eram horríveis; a saúde deles não estava boa; Thomas continuou a acumular dívidas, e não havia conversões. Seu filho mais jovem morreu, e os dois mais velhos eram muito indisciplinados.

Em 1800, a família Carey se mudou para Serampore, juntando-se a um grupo de missionários dinamarqueses. Ali, eles presenciaram a primeira conversão ao cristianismo, devido, em parte, aos esforços do filho mais velho de Carey, Félix, agora cristão. Em pouco tempo, uma igreja foi formada, e uma tradução do Novo Testamento para a língua bengali foi concluída.

Três décadas de sucesso missionário estavam apenas começando. À época de sua morte, em 1834, Carey já havia traduzido a Bíblia para 44 línguas ou dialetos e dera início a diversas escolas. Várias frentes missionárias evangelizaram ativamente a Índia e os países vizinhos, Birmânia e Butão. Porém, além dessas estatísticas, Carey desenvolveu uma filosofia de missões passível de ser executada e a colocou em prática.

Ele estava muito à frente de seu tempo. Tinha um imenso respeito pela cultura da Índia e via a necessidade da criação de uma igreja indiana autóctone. Em vez de utilizar muito tempo condenando o hinduísmo, proclamava a morte e a ressurreição de Cristo.

Embora tenha realizado grandes feitos individuais, Carey também foi uma pessoa que trabalhava de forma magistral em equipe. Com base na sua experiência, ele aprendeu que a equipe de missões é mais forte do que os indivíduos que fazem parte dela. Carey também enfatizou o valor das mulheres como parte dessas equipes.

Às vezes, temos a idéia, equivocada, de que Carey foi o único responsável por colocar a igreja na era das missões, mas, na verdade, ele foi um dos muitos cristãos ocidentais chamados para apoiar o trabalho de missões estrangeiras. Sua voz foi simplesmente uma das mais claras, pois suas palavras foram fundamentadas com sua própria vida.

1807

O Parlamento britânico vota a abolição do comércio de escravos

Sr. William Wilberforce

A Europa do final do século XVIII era uma sociedade que se encaminhava cada vez mais para a deterioração: o rico ficava cada vez mais rico, ao passo que o pobre morria de fome. Os devedores apodreciam em prisões úmidas. Os órfãos eram escravizados em fábricas. O cristianismo, em grande parte, tornara-se a religião tipicamente das classes superiores.

Na França, a frustração dos pobres fez com que explodisse a Revolução Francesa de 1789.

Entretanto, no começo do século XIX, a complacência era a marca registrada da Igreja da Inglaterra, talvez porque a Grã-Bretanha tivesse evitado a revolução. O metodismo crescia entre as pessoas das classes mais humildes, mas a classe alta da sociedade permanecia praticamente intocada, exceto por um punhado de notáveis reformadores sociais. Esses cristãos — William Wilberforce, Elizabeth Fry, George Mueller, Thomas Buxton, John Venn e outros — acreditavam que sua dedicação a Cristo significava serviço à sociedade, aos pobres e aos necessitados.

Uma das principais vozes contra a escravidão no império britânico pertencia a William Wilberforce, anglicano, devoto ao Evangelho, que era também membro da Câmara dos Comuns. De acordo com a opinião geral, sua aparência e postura não causavam grande impacto, mas sua mente afiada e seu discurso eficiente foram capazes de lhe conceder o respeito tanto de amigos quanto de inimigos.

Wilberforce nasceu em 1759 e se transformou em um jovem despreocupado, dedicado à política e aos prazeres.

Aos 25 anos, viveu uma conversão plena, rededicando sua vida ao Cristo que conhecera quando menino. O momento não era oportuno: ele acabara de ser eleito para um lugar de prestígio no Parlamento. Será que essa nova devoção a Cristo colocaria um fim em sua ambição política?

O jovem William buscou o conselho de John Newton, um pastor. O famoso pregador que fora traficante de escravos, autor do famoso hino *Amazing grace* [*Maravilhosa graça*], insistiu em que Wilberforce continuasse na política. "Deus precisa de pessoas como você no Parlamento", disse Newton. "Talvez possamos abolir a escravatura."

Isso tornou-se uma forte paixão para Wilberforce. Em 1787, ele apresentou uma lei ao Parlamento, mas a oposição foi maior do que o previsto. Os traficantes de escravos sabiam como fazer o jogo da política: desafiavam os abolicionistas a todo instante. Wilberforce esperava um grande apoio de seu antigo colega de universidade, William Pitt, que naquela época ocupava o cargo de primeiro-ministro. Pitt, no entanto, era um moderado. Ele era favorável a mudanças graduais, e não a uma abolição total e repentina do tráfico de escravos.

Wilberforce, porém, conseguiu conquistar aliados num grupo de ativistas cristãos que ficaram conhecidos como "Facção de Clapham", nome originário de uma vila ao sul de Londres, onde Wilberforce residia. Esses homens se tornaram líderes do movimento evangélico na Igreja da Inglaterra. Vários deles, incluindo Wilberforce, estavam envolvidos na fundação da Sociedade Missionária da Igreja e da Sociedade Bíblica Inglesa e Estrangeira.

Pitt morreu em 1806. Os abolicionistas conseguiram anexar uma cláusula a uma lei relacionada com a guerra contra a França. Isso pavimentou o caminho para a lei de 1807 que impediu o tráfico de escravos na Inglaterra. (Os EUA aprovaram uma lei similar no mesmo ano.)

Wilberforce tornou-se um herói e usou sua fama recém-conquistada para promover outras reformas sociais. Ele continuou a trabalhar favor da abolição do tráfico internacional de escravos e ajudou a estabelecer Serra Leoa como um lar para os escravos libertos.

O reformador esperava que a instituição da escravidão simplesmente se extinguisse, uma vez que o tráfico de escravos se tornara ilegal. Ele estava equivocado. Em 1823, Wilberforce realizou um esforço final para erradicar a escravidão de uma vez por todas. Ele deixou o Parlamento em 1825, mas continuou a defender a abolição. Thomas Buxton assumiu a liderança dos abolicionistas no Parlamento. Finalmente, em agosto de 1833, um mês após a morte de Wilberforce, a Câmara dos Comuns votou a libertação dos escravos e a abolição de toda espécie de escravatura.

1811

Os Campbells dão início aos Discípulos de Cristo

Thomas Campbell dava boas-vindas a todas as pessoas que viessem cultuar em sua igreja. Ele pastoreava uma congregação na parte ocidental da Pensilvânia que pertencia à Igreja Presbiteriana Separatista, uma denominação dissidente, cujas raízes eram escocesas. Triste em razão das divisões mesquinhas que as doutrinas de homens acarretavam, Campbell estava disposto a receber qualquer presbiteriano que viesse até sua igreja, assim como permitia que membros de outras igrejas participassem da comunhão, quer fossem separatistas, quer não.

Porém, o presbitério não gostou disso, pois o regimento proibia essa prática. Eles promoveram uma investigação oficial sobre o assunto e condenaram Campbell.

Em resposta, Campbell escreveu ao Sínodo. Ele explicou seus princípios que, na verdade, eram idéias que, em breve, o levariam a formar uma nova denominação. A igreja precisava de unidade e deveria romper com formulações teológicas humanas, para seguir os claros ensinamentos das Escrituras. Ele venceu esse caso. O Sínodo reverteu a condenação do presbitério, mas um sentimento de amargura permaneceu entre os pastores amigos de Campbell. Assim, ele decidiu sair e começar sua própria igreja.

Thomas Campbell fora pastor por muitos anos no norte da Irlanda, mas mudara-se para os EUA por razões de saúde. Deixou a igreja e a escola que conduzia na Irlanda nas mãos de seu filho, Alexander, um jovem muito capacitado para o cargo.

Os EUA ainda eram o Novo Mundo. Suas fronteiras começavam nos Apalaches e estendiam-se a oeste. Em termos religiosos, a onda do avivamento estava terminando. O avivamento começou com Whitefield e Edwards na costa leste e rumou para o oeste. Os avivamentos das reuniões ao ar livre (camp meetings) começaram no Estado de Kentucky por volta do ano 1800 e ainda havia lampejos dele ao longo da fronteira.

Ironicamente, porém, os avivamentos podem causar divisão. O despertamento no oeste foi bastante diferente daquele que ocorreu na costa leste. O leste, por exemplo, ouvia o erudito Jonathan Edwards arrazoando cuidadosamente sobre a ira de Deus e a necessidade de reconciliação. O oeste tinha um bando de pregadores das partes mais remotas, com pouco treinamento teológico, que se colocavam em pé atrás de uma carroça para persuadir os pecadores a ficar de bem com Deus. Era uma diferença não apenas de estilo, mas também de teologia. O avivamento da costa leste era mais presbiteriano, e o do oeste, mais metodista; o leste era mais calvinista, e o oeste, mais arminiano; o leste era mais eclesiástico, e o oeste, mais individualista.

Desse modo, existiram várias dissidências no início do século XIX: o Presbitério de Cumberland, os *shakers*, o movimento da Nova Luz de Barton Stone e, agora, o grupo de Thomas Campbell.

Campbell fazia reuniões em qualquer lugar em que possível: em celeiros, em casas e nos campos, atraindo um grande número de seguidores. Chamava o grupo Associação Cristã de Washington (na comarca de Washington, Pensilvânia) e escreveu a *Declaração e Alocução*, que serviu como documento de fundação do movimento. Como outros fundadores da igreja, ele não tinha desejo genuíno de romper com a igreja oficial, mas foi compelido pela necessidade de caminhar em certa direção, já que nenhuma igreja parecia propensa a trilhar esse caminho. Para Campbell, a direção era bíblica e simples. Seu mote foi: "Onde as Escrituras falam, nós falamos; onde as Escrituras se calam, nós nos calamos".

O filho de Thomas, Alexander Campbell, chegou da Irlanda em 1809 e imediatamente embarcou com seu pai nesse empreendimento. Ele tinha apenas 23 anos, mas era extremamente talentoso, pois era um bom orador e um debatedor arguto. Juntos, fundaram a Igreja de Brush Run em 1811 (depois de a entrada na Igreja Presbiteriana lhes ter sido negada). Estudando as Escrituras, os Campbells chegaram à conclusão que o batismo de crentes por imersão era o correto, ao contrário do batismo infantil que praticavam, de modo que começaram a rebatizar os membros da igreja.

Nesse aspecto, eram essencialmente batistas, de modo que se filiaram à Associação Batista de Redstone em 1812. Alexander Campbell tornou-se figura importante na Igreja Batista, fazendo várias palestras e publicando um periódico chamado *The Christian Baptist* [*O Cristão Batista*]. Também fundou um seminário em Bethany, no oeste da Virgínia. Campbell estava sempre tentando levar a igreja de volta ao Novo Testamento, outra vez ao que ele julgava ser o caminho bíblico. Escreveu uma série de artigos em seu jornal sob o título "A restauração da antiga ordem das coisas".

Nem todos os batistas gostaram disso. Campbell achava que muitos ensinamentos batistas eram muito calvinistas e os atacava com freqüência. Discordava também da compreensão que os batistas tinham do batismo. Os batistas consideravam esse ato uma ordenança que apenas representava a salvação que já ocorrera anteriormente. Campbell, porém, baseou-se em diversas passagens do Novo Testamento, que traziam a expressão "arrepender e ser batizado", para argumentar que o batismo era uma condição necessária para o perdão. Campbell também rejeitava as tentativas de ir além das Escrituras na explicação da Trindade.

No final de 1820, as tensões chegavam a um ponto insuportável. Os seguidores de Campbell deixaram a Associação Batista e, em 1832, uniram-se à Igreja Cristã de Barton Stone. (Tanto Campbell quanto Stone queriam nomes simples e bíblicos para seus grupos, abstendo-se do denominacionalismo. A partir disso, "Cristãos" e "Discípulos de Cristo" foram nomes usados indistintamente pelos dois movimentos que se uniram.) Nesse momento, o grupo era formado por cerca de 25 mil membros.

O movimento continuou a crescer, parcialmente devido à proeminência pessoal de Alexander Campbell, que atuou como delegado na convenção constitucional da Virgínia em 1829. Tiago Madison, seu colega na delegação, disse o seguinte sobre ele: "Eu o considero como o mais hábil e mais original expositor das Escrituras que já ouvi".

A ampliação do movimento também se deveu em parte à expansão da fronteira ocidental. Os discípulos tinham um evangelho simples para um momento simples. Alexander Campbell era anti-escravagista desde o início, mas não foi um abolicionista veemente. Portanto, a igreja não se dividiu durante a Guerra Civil. Na virada para o século XX, havia cerca de um milhão de discípulos de Cristo.

A importância dos Campbells reside não apenas na fundação de uma denominação importante, mas na adoção de uma fé bíblica bastante simples.

A história da igreja está repleta de histórias de tensão entre a religião formal e a fé simples. Os Cam-pbells protegeram muitas pessoas da opressão da formalidade, levando-as a uma fé mais pessoal. Gerados e nutridos nas partes mais distantes de uma nação emergente, os discípulos se tornaram um grande exemplo do cristianismo americano daquela época. Eles ajudaram a preparar o terreno para os movimentos reavivalistas e para os fundamentalistas.

1812

Adoniram e Ann Judson viajam para a Índia

Adoniram Judson

Que lua-de-mel! Adoniram Judson se casou com Ann Hasseltine em 5 de fevereiro de 1812, e, duas semanas depois, viajavam para a Índia, indicados como missionários pela recém-criada Comissão Americana para Missões Estrangeiras. Parece que eles passaram a maior parte de seu tempo a bordo pulando corda, dançando, estudando a Bíblia e discutindo.

Discutiam sobre o batismo. Em seus estudos teológicos, Adoniram concluíra que os congregacionais estavam errados sobre o batismo, e os batistas, certos. Ann, sem dúvida, respeitava a decisão de seu marido, mas lembrava-o constantemente que eles foram enviados e eram sustentados *pelos congregacionais* naquele empreendimento missionário. Certamente, seria muito melhor pensar bastante sobre esse assunto antes de tomar qualquer decisão radical.

Entretanto, o impetuoso Adoniram venceu essa discussão. Ana também se tornou batista, como também fizera Luther Rice, seu colega naquela viagem missionária. Quando chegaram a Calcutá, os Judsons enviaram Rice de volta com uma carta de demissão e uma tarefa grandiosa: levantar sustento missionário entre as igrejas batistas. Até aquele momento, os batistas da América não tinham sociedade missionária alguma.

Rice cumpriu sua tarefa de maneira admirável, e o casal Judson conseguiu permanecer na Ásia, marcando seu lugar na história entre os primeiros missionários americanos a irem para fora de seu país.

Seis anos antes, ninguém teria imaginado que tanto Ann quanto Adoniram se encaminhariam para o campo missionário. Ann foi uma adolescente cheia de vontades, preocupada com suas necessidades, que amava divertir-se. Adoniram, apesar de ser um pouco temperamental, era um jovem brilhante que se afastara de sua criação religiosa a favor de uma carreira de ator em Nova York. As obras de Hannah More e John Bunyan fizeram com que Ann se aproximasse de Deus. Para Adoniram, a repentina morte de um companheiro de quarto da faculdade, o mesmo rapaz que pedira a ele que rejeitasse o cristianismo, o trouxe de volta aos braços do Senhor. Em 1808, Adoniram voltou para sua casa nos arredores de Boston e dedicou-se a Cristo.

Lendo sobre as terras asiáticas da Índia e da Birmânia, Adoniram sentiu-se movido a ir para lá como missionário. Isto não seria fácil, pois não havia juntas missionárias na América para enviá-lo.

A Reunião de "Oração do Monte de Feno" mudou isso. Um grupo de estudantes da Williams College e do Seminário Andover correu para um celeiro a fim de fugir de um aguaceiro que caía. Ali, ao lado de um monte de feno, começaram a orar pelas necessidades do mundo. Todos eles, incluindo Adoniram Judson, sentiam-se atraídos pelo trabalho missionário. Liderados por Samuel J. Mills, eles se apresentaram à Igreja Congregacional para que fossem enviados. A Comissão Americana para Missões Estrangeiras foi formada em 1810, mas demorou algum tempo até que levantassem fundos para os recém-nomeados. Impaciente, Adoniram viajou para Londres para tentar obter apoio da Sociedade Missionária de Londres. A França guerreava contra a Inglaterra naquela época, e os franceses capturaram seu navio. Judson passou por alguns momentos nada agradáveis, como prisioneiro de guerra antes que pudesse convencer seus captores de que era americano, e não inglês. Ele voltou para Boston são e salvo e a junta estava pronta para enviá-lo, com outros quatro, logo no início de 1812.

Nesse meio tempo, Adoniram conheceu Ann e se apaixonou por ela. Ele lhe prometeu uma vida de dificuldades, serviço missionário em locais primitivos, trabalho duro e poucas conveniências. Que garota poderia resistir a tudo isso? Contudo, desde o início, Ann via a si mesma como colega de trabalho de Adoniram, tão envolvida no empreendimento missionário quanto ele. Ela se ajoelhou com ele quando os dois foram consagrados para o trabalho missionário, no dia seguinte ao casamento deles. Depois disso, os dois partiram para a viagem.

Contudo, mais problemas esperavam por eles na Índia. Os governadores britânicos da Índia não permitiriam que aqueles americanos permanecessem ali. William Carey sugeriu que eles se mudassem para a Birmânia, pois seu filho Félix era embaixador ali, e poderia recebê-los por algum tempo. Havia mais problemas envolvidos na questão de ir para a Birmânia, mas o casal Judson chegou ali e começou a trabalhar imediatamente, aprendendo o idioma, dando início a uma escola para meninas e traduzindo o Novo Testamento. Ann aprendeu o birmanês tão bem quanto Adoniram e o ajudou nessa tarefa de tradução.

O primeiro convertido só surgiu após seis anos de trabalho. Os problemas continuavam. Ann tinha problemas de saúde e voltou temporariamente para os EUA. Logo após ela ter retornado para a Birmânia, a guerra daquele país com a Inglaterra eclodiu. Adoniram foi preso e mantido prisioneiro por dois anos. Ann mudou-se para as proximidades da prisão e o visitava regularmente. Essa provação afetou a saúde de ambos.

O exército britânico libertou Adoniram, mas Ann morreu pouco depois, aos 36 anos. Adoniram trabalhou por mais de 24 anos na Birmânia e, após esse período, os resultados eram mais aparentes. A tradução do Novo Testamento para o birmanês, feita pelo casal Judson, foi publicada, com um catecismo escrito por Ann. (Ela também produziu uma tradução de partes das Escrituras para o siamês.) Ao todo, Judson estabeleceu 63 igrejas, a maior parte delas entre a tribo Karen, habitantes das montanhas da Birmânia e do Sião. Os karens tinham uma tradição que dizia que eles receberiam a visita de estrangeiros que viriam restaurar o conhecimento do verdadeiro Deus que haviam perdido. Naquela ocasião, mais de 100 mil pessoas do povo karen foram batizadas como cristãos. A Sociedade Batista Americana de Missões Estrangeiras (descendente da sociedade missionária batista que Luther Rice fundara) apoiou grandemente o trabalho entre o povo karen.

O casal Judson também participou da fundação de duas sociedades missionárias diferentes. Essas entidades fomentaram a formação de várias outras organizações cristãs e juntas missionárias nos EUA. Eles foram os pioneiros do ministério cristão no sudeste da Ásia e serviram de inspiração para inúmeros casais missionários que passaram juntos por momentos difíceis em campos missionários por todo o mundo.

1816

Richard Allen funda a Igreja Episcopal Metodista Africana

Rev. Richard Allen, bispo da Primeira Igreja Metodista Episcopal Africana dos EUA

O incidente aconteceu em 1787, na Igreja Metodista de St. George, na Filadélfia. Richard Allen, um negro, pregara ali em algumas ocasiões, mas, naquele domingo, ele estava sentado na galeria. Por alguma razão, a área normalmente reservada aos crentes negros não estava disponível, e os responsáveis pela recepção dos membros direcionaram os negros para outra seção. Contudo, aparentemente houve um engano e eles se sentaram no lugar errado.

Quando se ajoelharam para orar, um dos diáconos percebeu que os crentes negros estavam na seção dos brancos e correu para lá a fim de segurar um dos negros. Ele era o reverendo Absolom Jones, destacado líder entre os metodistas negros.

— Você deve se levantar — disse o diácono. — Você não deve se ajoelhar aqui.

— Espere até que a oração termine — respondeu Jones.

— Não, você deve se levantar agora, ou pedirei ajuda para levá-lo daqui.

— Espere até que a oração acabe — disse Jones — e eu me levantarei e não lhe causarei mais nenhum problema.

Parece que o diácono, contudo, não poderia esperar mais. Ele e os responsáveis pela recepção dos membros começaram a puxar Jones e os outros crentes negros para fora. Naquele momento, a oração havia acabado. Allen e os outros negros saíram da igreja. "Eles não ficariam mais perturbados pela nossa presença", escreveu Allen, comentando que os negros haviam contribuído generosamente para a compra de mobiliário para a igreja. Eles pagaram pelo revestimento do chão no qual estavam ajoelhados.

Allen e Jones lideraram seu povo no sentido de começar a realizar seus próprios cultos em um galpão alugado. Por fim, compraram um terreno e construíram uma igreja. Contudo, continuaram a ter problemas com os metodistas brancos, especialmente aqueles que freqüentavam a Igreja de St. George.

Incidentes como esse eram bastante comuns naqueles dias. Porém, triste e ironicamente, o incidente durante o período de oração acontecera em uma igreja metodista, porque os metodistas da América foram bastante rápidos em perceber que os escravos também eram pessoas e que, além disso, precisavam conhecer Jesus e careciam de salvação, assim como as pessoas brancas. Missionários metodistas foram indicados para a tarefa de ministrar aos escravos e aos homens livres. Os líderes metodistas logo perceberam que os missionários negros eram mais eficientes entre seus irmãos negros.

Richard Allen nascera escravo, em 1760, na casa de Benjamin Chew, proeminente advogado da Filadélfia. Sua família foi vendida para um fazendeiro da região de Dover, no Estado de Delaware, onde, ainda na adolescência, Allen tornou-se cristão. Ele começou a se encontrar com um grupo metodista. Certa ocasião, conseguiu que o pregador fosse falar na casa de seu senhor. O amo, embora não fosse cristão, acabou por se convencer após a leitura da passagem escolhida pelo pregador ("Foste pesado na balança e achado em falta" [Dn 5.27]). Por conseqüência, ele deu a Allen e a seus irmãos uma oportunidade de comprar sua liberdade.

Liberto, Allen trabalhava cortando madeira e assentando tijolos. Continuou bastante ativo na igreja. Durante a revolução, dirigiu uma carroça entregando sal e pregando nas várias congregações pelas quais passava. Como era hábil com as palavras, acabou por tornar-se bastante popular, tanto entre brancos quanto entre os negros, à medida que passava pelos estados de Delaware, Nova Jersey e Pensilvânia, fazia trabalhos durante o dia e pregava todas as noites e nos finais de semana.

A Igreja Metodista Episcopal foi oficialmente estabelecida nos EUA em 1784. John Wesley apontou Thomas Coke e Francis Asbury como seus "assistentes" para supervisionar a igreja americana, e Richard Whatcoat e Thomas Vassey foram designados líderes. Especialmente durante a Guerra da Independência, o movimento metodista nos EUA ficou bastante fragmentado, em parte porque ainda era um movimento na Igreja Anglicana, e aquela guerra exigia lealdade. As ações de Wesley, em 1784, reuniram os fragmentos e, pela primeira vez, estabeleceu os metodistas como uma igreja separada.

Richard Whatcoat, designado para a área de Baltimore, percebeu o potencial de Richard Allen. Whatcoat convidou Allen a viajar com ele enquanto visitava as igrejas. Allen foi mais tarde convidado a se unir a Asbury em suas viagens.

Quando chegou à Filadélfia, Allen costumava pregar na igreja de St. George, mas terminou por deixá-la, como já vimos. O crente que fora ofendido enquanto orava, Absolom Jones, rompeu com os metodistas, em 1793, fundando a Igreja Episcopal Protestante Negra, mas Allen recusou-se a participar dela. "Eu não poderia ser outra coisa senão um metodista", escreveu ele. "Assim como nasci em Cristo e fui avivado por eles, posso continuar com eles."

Ele realmente foi mais além com eles, dando início a Igreja Episcopal Metodista Africana Betel, em 1794, na Filadélfia. Francis Asbury fez o sermão de consagração do templo. Contudo, até mesmo ali, os líderes da Igreja de St. George tentaram obter algum controle sobre a igreja de Allen. Os negros, naquela época, tinham poucos direitos legais, mas a Igreja Betel conseguiu vencer um problema na justiça contra a Igreja de St. George.

O conceito de Allen continuou a subir na denominação metodista, mesmo diante do aumento das pressões da igreja que ficava do outro lado da cidade. Allen foi ordenado diácono em 1799 e presbítero em 1816 — dois feitos jamais alcançados por um negro até então. Contudo, ainda em 1816, ele decidiu deixar os metodistas e começar outra denominação, a Igreja Metodista Episcopal Africana. A igreja de Allen reuniu várias igrejas negras independentes, e ele se tornou bispo do novo grupo. Baltimore e Filadélfia eram dois pontos centrais da nova dominação.

Allen foi um excelente administrador da nova igreja, moldando-a de acordo com as linhas metodistas. Ele continuou a viajar, a pregar e a desenvolver igrejas até sua morte em 1831. A Igreja Metodista Episcopal Africana seguiu adiante, experimentando um grande crescimento no despertar da guerra civil, quando os escravos libertos buscavam lugares de adoração verdadeiramente livres.

A nova denominação foi inspiração para todos os cristãos oprimidos. Ela representou uma notável declaração de independência para aquela época. Os crentes negros serviam a Cristo com alegria, sem ter de se submeter aos abusos de seus irmãos brancos. A audaciosa liderança de Allen fez muito para desenvolver a espiritualidade negra na América, ainda bem presente até os dias atuais.

1817

Elizabeth Fry dá início ao ministério às mulheres encarceradas

Para os prisioneiros britânicos do início do século XIX, valia o ditado: "Longe dos olhos, longe do coração". As prisões eram escuras, sem condições sanitárias, superlotadas e totalmente deseperadoras. Transgressores dos mais variados tipos — violentos ou não — podiam ser jogados na cadeia, e nenhuma distinção era feita entre os que já tinham sido condenados ou os que esperavam julgamento. As mulheres cujos maridos haviam partido ou morrido muitas vezes contraíam dívidas e eram presas, assim como seus filhos, que eram trancafiados com elas.

John Howard, cristão leigo que se tornara xerife de Bedfordshire em 1773, chamou a atenção das pessoas para as terríveis condições das prisões européias. Viajou mais de 80 mil quilômetros e gastou cerca de 30 mil libras do próprio bolso para defender a reforma do sistema prisional. Infelizmente, embora as pessoas ficassem tocadas, elas não eram motivadas a promover mudança. Ao retornar de uma viagem torturante, para levantamento de dados na Itália, ele descobriu que estavam recolhendo fundos para a construção de uma estátua em sua honra. O único memorial que ele queria, disse às pessoas, era uma reforma duradoura no sistema prisional. Contudo, no início do século XIX, a situação permanecia desanimadora.

Ao contrário de todas as expectativas, a sucessora de John Howard foi uma mulher, Elizabeth Fry. Filha de um próspero comerciante de lã e banqueiro, Elizabeth Gurney cresceu em uma casa liberal, de confissão quacre. Ainda menina, leu Voltaire, Rousseau e Thomas Paine. Aos dezessete anos, escreveu em seu diário que não tinha religião alguma.

Contudo, no ano seguinte, ela encontrou um quacre vindo da América, William Savery, que inspirou nela um senso da presença de Deus. Ela começou a freqüentar uma reunião claramente quacre e se tornou mais séria com relação à sua fé.

Aos vinte anos, Elizabeth casou-se com Joseph Fry, que também vinha de uma família de ricos banqueiros. Ela teve onze filhos. No entanto, seu envolvimento com as reuniões dos quacres cresceu e, em 1811, aos trinta anos, foi reconhecida como "pastora".

Três anos depois, visitou Newgate, uma prisão perto de Londres. Assustada com as condições daquele lugar, Elizabeth fez o que pôde para minimizar aquelas condições: levou roupas para as crianças das prisioneiras. A despeito dos esforços de John Howard, o sistema prisional britânico havia piorado. Entre 1800 e 1817 o número de condenados presos dobrou, provocando enorme superlotação. Alguma coisa precisava ser feita, especialmente pelas mulheres e pelas crianças, cujo único crime, em muitos casos, era a pobreza.

Em 1817, Elizabeth organizou uma equipe de mulheres para visitar com regularidade as prisioneiras na ala feminina, lendo a Bíblia para elas e ensinando-as a costurar. Essa ocupação tão importante mudou radicalmente a natureza da vida na prisão para aquelas internas. O comércio de Londres começou a apoiar os esforços de Fry e ela foi aclamada por toda a Grã-Bretanha.

Com o final da guerra contra Napoleão, o povo inglês voltou sua atenção para outros problemas. A reforma no sistema prisional foi um deles. Fry criou mais comitês femininos de visitação em outras áreas e, em 1821, estabeleceu a sociedade britânica para a promoção da reforma de presídios femininos. Thomas Buxton, que mais tarde ajudaria Wilberforce a vencer a luta pela abolição da escravatura, em 1818 publicou um estudo sobre a prisão de Newgate, em que questionava se o sistema penal realmente ajudava ou prejudicava a sociedade. Logo os reformadores ganharam a atenção do ministro do interior, Robert Peel, que propôs ao Parlamento a Lei das Prisões em 1823. Isso mudou radicalmente as prisões na Inglaterra e limitou a quinhentos o número de ofensas que exigiam a pena de morte. Robert Peel também deu início a uma força policial regular, cujos membros se tornaram conhecidos como *bobbies*, uma homenagem ao apelido de Peel.

Até sua morte, em 1845, Fry continuou a promover as melhorias das condições na prisão. Embora outras nações européias tivessem seguido a liderança da Inglaterra, os próprios britânicos pareciam responder de maneira negativa, retrocedendo a uma mentalidade mais atrasada. Os esforços de Fry, no entanto, tiveram resultados duradouros. Com outros contemporâneos, como William Wilberforce e George Mueller, ela insistiu em que toda uma geração de cristãos assumisse suas responsabilidades sociais de maneira séria. Também deu continuidade à antiga tradição da liderança feminina nos empreendimentos de caridade.

1830

Começo dos avivamentos urbanos com Charles G. Finney

Charles G. Finney

A onda de avivamento da Nova Inglaterra já varria o sul e o oeste, alcançando a fronteira ocidental no Tennessee e em Kentucky por volta de 1800. À medida que caminhava para o oeste, o avivamento ficava cada vez mais conhecido pelo emocionalismo de seus convertidos.

Como muitos outros calvinistas, os presbiterianos duvidavam muito das conversões emocionais, mas um dos responsáveis mais animados e eficientes pelo avivamento do século XIX surgiu de suas próprias fileiras.

Charles Grandison Finney nasceu em 1792, no Estado de Connecticut. Como muitas pessoas de sua idade, ele se mudou para o oeste. Em 1794, seus pais se mudaram para Nova York. O jovem Finney estudou Direito no escritório local em Adams, Nova York, e foi admitido na Corte Estadual.

Interessou-se pela Bíblia graças às muitas referências a ela nos livros de Direito. Desse modo, Finney começou a ler a Palavra de Deus e a freqüentar a igreja. Depois de um período de luta intensa, ele teve uma experiência de conversão em 1821. Conforme seu próprio relato, disse: "Recebi do Senhor Jesus Cristo a incumbência de lutar por sua causa". E imediatamente começou a pregar.

Finney juntou-se à Igreja Presbiteriana e foi ordenado em 1824, depois de estudar com seu pastor. Viajava a cavalo, indo de vila em vila, e atraía as multidões. Aquele pregador — alto, articulado e notável — falava de maneira simples e direta, como se estivesse diante de um júri.

Os pregadores das reuniões ao ar livre [chamadas "camp meetings"] eram famosos por dar grande ênfase ao emocionalismo. Embora Finney evitasse maneirismos teatrais, ele buscava obter a atenção dos seus ouvintes pelo entusiasmo, pois dizia: "A humanidade não agirá até que esteja entusiasmada". Trabalhando com o Espírito Santo, procurou levar a Palavra de Deus ao povo.

Em 1830, Finney liderou avivamentos notáveis na cidade de Rochester, Nova York. Daquele momento em diante, o avivamento se tornou característica da vida urbana norte-americana.

Em 1832, Finney se mudou para a Segunda Igreja Presbiteriana da cidade de Nova York, mas sempre teve objeções quanto ao hipercalvinismo dos presbiterianos e, em 1834, mudou-se novamente para a Igreja Congregacional, o Broadway Tabernacle, construído especialmente para ele.

Finney devia muito de seus métodos de avivamento — chamados de "novas medidas" — aos pregadores das regiões mais afastadas do país, que ficaram famosos graças ao emocionalismo. Ele usava um recurso chamado "banco dos ansiosos", um lugar bem na frente da igreja aonde os pecadores podiam se dirigir para pedir orações. Finney conduzia reuniões de oração que varavam a noite, nas quais os pecadores eram citados nominalmente e as mulheres podiam orar em público. Embora não encorajasse algumas práticas, o avivamento permitia a ocorrência de gritos, de gemidos e de outras evidências de emoção. Essas novas medidas se tornariam parte característica da obra de avivamento, e as igrejas que usavam esses artifícios cresceram, a despeito dos ataques que muitos críticos faziam a esses métodos.

Antes de visitar uma cidade, Finney recrutava ministros e leigos das igrejas locais. Eles organizavam reuniões de oração e, depois da reunião de avivamento, podiam trabalhar com os novos convertidos, visitando-os e convidando-os a se filiar à igreja. Foi um papel muito importante, pois, se as igrejas locais não estivessem dispostas a se envolver no trabalho posterior, Finney não pregaria naquele lugar.

Além disso, as equipes de apoio local distribuíam folhetos, afixavam cartazes e colocavam anúncios nos jornais. A promoção se tornara parte do evangelismo.

A despeito da oposição que enfrentava, a energia, a determinação e a inteligência de Finney — além, é claro, do sucesso de suas novas medidas — fizeram com que suas idéias se firmassem. O avivamento moderno havia começado.

Na publicação de 1835, intitulada *Preleções sobre o avivamento da religião*, Finney explicava: "O avivamento não é um milagre e não depende, de forma alguma, de um milagre. Ele é o resultado do uso correto dos meios constituídos".

Os métodos de Finney foram bem recebidos por uma nação que estava bastante consciente do grande valor que o homem comum possuía na democracia de Jackson. O avivamento fez com que a pessoa simples se tornasse participante de um grande drama religioso, ao apelar para a crença de que todas as pessoas podiam fazer a escolha certa favor de Deus. Ao concentrar-se na capacidade que todas as pessoas tinham de julgar por si mesmas, ele estava em harmonia com a idéia americana de que um atendente ou um trabalhador braçal possuía tanta racionalidade e valor quanto o dono da fazenda.

Em 1835, Finney foi para a Oberlin College a fim de estudar Teologia. Dezesseis anos depois, tornou-se o presidente daquela entidade. Ele continuou a promover avivamentos até sua morte, em 1875.

J. N. Darby

C. 1830

John Nelson Darby ajuda a dar início à comunidade dos Irmãos de Plymouth

Cinco homens se reuniram para adorar a Deus em uma casa em Fitzwilliam Square, em Dublin, em um dia de novembro de 1829. O anfitrião, Francis Hutchinson, apresentou uma ordem de culto simples e convidou-os a que se reunissem com ele regularmente, em um horário que não interferisse com suas outras atividades eclesiásticas.

Para a mente moderna, não havia nada de errado sobre aquela reunião. Contudo, naquela época, isto era bastante incomum. A igreja oficial da Inglaterra dominava toda a prática e toda a vida religiosa. Encontrar-se para comunhão e para adoração fora das paredes da igreja não era considerado comportamento adequado. Celebrar a ceia sem a presença de um clérigo era um escândalo.

John Nelson Darby estava presente naquela reunião, mas seria errado considerá-lo o fundador dos Irmãos de Plymouth. Ele foi um dos muitos líderes daqueles tempos primordiais, embora tenha se tornado um de seus mais notáveis porta-vozes.

Nas primeiras três décadas do século XIX, o fervor espiritual aumentava na Irlanda. Alguns católicos converteram-se à Igreja Anglicana ou foram para as igrejas dissidentes, mas um movimento independente também havia surgido. Grupos de cristãos começaram a se reunir — separadamente da igreja oficial — usando apenas a Bíblia como sua orientação.

O movimento dos Irmãos de Plymouth teve seu início com Anthony Norris Groves, um dentista cristão. Devoto, ele estava disposto a desistir de sua profissão para servir como missionário na Pérsia. Antes de atingir esse intento, ele, submisso à ordem vigente, freqüentou a Trinity College, em Dublin, durante o ano de 1826, a fim de se preparar para a ordenação. Ali, porém, teve contato com um número de cidadãos de Dublin que tinha uma mentalidade bastante independente. Esses amigos abalaram sua idéia a respeito de uma "igreja estabelecida". Ele mesmo, porém, já estava pensando: "Por que eu preciso de todas essas aulas e provas para ser missionário?". Por fim, decidiu que não precisava da ordenação ou de uma sociedade missionária oficial, mas simplesmente necessitava dar um passo de fé.

Groves, após conseguir levantar apoio de seus amigos em Dublin e Plymouth, rumou para Bagdá em 1829. O ato de apoiar Groves se transformou em um fator de união, à medida que os grupos se reuniam para orar por ele e para levantar fundos para seu sustento.

Enquanto isso, John Nelson Darby servia como pároco auxiliar em County Wicklow. Ele estudara Direito na Trinity College, mas logo começou a buscar sua ordenação. Também era um clérigo devoto, mas ficou desiludido pela política de portas fechadas de sua igreja. Seus superiores pareciam se importar mais com os membros da igreja do que com Cristo.

Depois de se ferir em um acidente em 1827, Darby pediu licença de sua igreja para se recuperar em Dublin. Ali, encontrou um grande número de homens que pensavam da mesma maneira que ele, alguns pertencentes ao círculo de apoio de Groves. O grupo inflamou ainda mais as idéias que se formavam na mente de Darby. Em seguida, renunciou à sua posição, mas ainda não havia rompido com a igreja oficial. Ele se tornou um defensor da abertura e da união da igreja, publicava panfletos que exigiam mudança na política eclesiástica. Clamava por uma espiritualidade verdadeira entre os cristãos, assim como pregava o retorno às Escrituras. Um dos aspectos das Escrituras grandemente ignorado, dizia ele, era o da profecia. Ele ficou fascinado pelas teorias sobre o final dos tempos e implorava aos líderes cristãos que atentassem para isso. Uma série de conferências proféticas foi promovida no início da década de 1830 para analisar o assunto.

A idéia predominante na igreja oficial era pós-milenarista, ou seja, que a igreja promoveria uma era de paz, depois da qual Cristo voltaria a terra. Darby, porém, foi adepto dos ensinamentos que haviam sido propagados no século XVIII pelo monge chileno Manuel de Lacunza. Esse monge sugeria que haveria um retorno pré-milenar — o mundo se encaminharia para a destruição, e somente depois disso é que Cristo voltaria para estabelecer seu reino milenar. (Lacunza também propôs que Cristo apareceria primeiramente para remover os fiéis e poupá-los das piores tribulações antes de voltar plenamente para estabelecer seu Reino.)

Em 1831, a atenção do movimento começou a se transferir a cidade de Plymouth, na Inglaterra. Os anos seguintes presenciaram uma espécie de consolidação dos diversos grupos. Os "Irmãos", como ficaram conhecidos, tentavam livrar suas igrejas de todos os adornos não-bíblicos. A ceia era celebrada semanalmente; não havia ministros ordenados (todos os crentes eram ministros); pessoas de todas as denominações eram bem-vindas em nome de Cristo. Os irmãos também acreditavam no pacifismo e, naturalmente, na importância da profecia.

Em Bristol, um imigrante alemão, George Mueller, fundou um orfanato. Inspirado pelo exemplo de A. N. Groves de encaminhar-se para o campo missionário pela fé, Mueller se propôs a cuidar de seu orfanato pela fé. Ele não pedia dinheiro e confiava apenas na provisão de Deus. O ministério de Mueller transformou-se em uma obra legendária, testemunha da fé simples do florescente movimento dos Irmãos de Plymouth.

Enquanto isso, Darby continuava a viajar, a falar e a escrever. Começando pela Suíça, em 1838, ele deu início a um grande número de Igrejas dos Irmãos naquele lugar. Com uma revolução política em 1845, começou a perseguição a essas igrejas, e o próprio Darby escapou por pouco.

Nessa época, levantaram-se várias controvérsias entre os Irmãos, especialmente no que se referia aos dons espirituais, ao lava-pés, ao papel dos presbíteros e dos anciãos e à interpretação da profecia. A maior contenda aconteceu entre Darby e B. W. Newton, considerados fundadores os do movimento. Newton terminou se afastando da igreja, mas o conflito provavelmente estimulou uma discordância posterior que promoveu um grande cisma entre Darby e Mueller. O resultado de sua discordância foi uma divisão entre os Irmãos Exclusivos (que não teriam comunhão com os que não partilhassem da sã doutrina) e os Irmãos Abertos (que mantinham comunhão com eles). Naturalmente, a exclusividade do primeiro grupo levou a várias divisões subseqüentes, refletindo a triste ironia de que é difícil apegar-se à unidade da igreja e ao mesmo tempo à pureza de doutrina.

Como os Discípulos de Cristo nos EUA, os Irmãos de Plymouth contribuíram para a ênfase na simplicidade da vida eclesiástica, tão necessária na Inglaterra. A igreja conseguiu arrebanhar um grande séqüito de seguidores por todo o mundo, incluindo figuras proeminentes como o estudioso Samuel Tregelles e o especialista em Novo Testamento F. F. Bruce.

Porém, o aspecto que conferiu a Darby sua grande fama foi sua escatologia. Suas idéias sobre a profecia ficaram conhecidas por "dispensacionalismo" e tornaram-se o tema principal das conferências proféticas do final do século XIX, assim como dos movimentos fundamentalistas do início do século XX.

1833

O sermão *Apostasia nacional*, de John Keble, dá início ao Movimento de Oxford

O metodismo tentou trazer nova vida à Igreja Anglicana, mas terminou por formar uma denominação separada. No final da década de 1820, a freqüência à Igreja da Inglaterra caíra drasticamente. Enquanto a Igreja Metodista vicejava, a igreja da qual ela se originara es-tava seca e vazia.

O homem que ficou preocupado com a situação da Igreja Anglicana era um clérigo egresso de Oxford, plenamente anglicano, mas com um coração evangélico. John Keble sentia que sua igreja perdera sua força porque se afastara da rica tradição da liturgia e dos escritos dos pais da igreja. A não ser que a Igreja da Inglaterra percebesse sua herança referente

Cardeal John Henry Newman, figura central do Movimento de Oxford

à sucessão apostólica, Keble acreditava que ela perderia espaço tanto para os dissidentes protestantes quanto para a Igreja Católica, e por fim desapareceria.

Keble publicou uma coleção de poemas devocionais que refletia a liturgia, com suas festas e dias santos. Os belos poemas da obra *O Ano Cristão* mostravam o fervor normalmente associado aos metodistas e a outros grupos dissidentes, mas, no entanto, mantinha a tradição anglicana.

Em 14 de julho de 1833, Keble pregou na Oriel College. Seu sermão intitulado *Apostasia nacional* atacava o Parlamento por reduzir o número de bispos da igreja da Irlanda, dizendo que o ato fora exemplo da interferência do Estado na igreja. A igreja, originada por um ato divino, não deveria estar sujeita à legislação secular.

As palavras de Keble deram início ao Movimento de Oxford (também conhecido por "tratadismo"), que buscava a renovação da Igreja Anglicana por meio de um retorno às crenças e às práticas da igreja primitiva. Dentre os partidários do Movimento de Oxford encontramos os discípulos de Keble, Richard Froude, John Henry Newman e Edward Pusey.

Newman publicou o *Tratado dos tempos*. Keble e Froude escreveram noventa tratados entre 1833 e 1841. As pequenas brochuras de quatro páginas, vendidas a preço simbólico cada, foram publicadas de maneira anônima, e Newman caminhava pela região de Oxford vendendo-as ao clero.

Alguns dos folhetos, ou tratados, [o que deu origem ao nome "tratadismo"] encorajavam a Igreja da Inglaterra a voltar ao aprisco católico. Embora a Igreja Anglicana não fosse exatamente reformada, ela temia um retorno ao catolicismo, especialmente diante da revogação, ocorrida em 1828, de leis que tiravam dos católicos o direito de realizar cultos públicos — direito lhes fora negado desde o ato promulgado em 1673. As críticas ao Movimento de Oxford atingiram seu auge em 1841, quando Newman escreveu um folheto dizendo que o batismo e a Ceia não eram os únicos sacramentos. Além disso, ele defendia a crença no purgatório, na presença real de Cristo na eucaristia e na invocação dos santos. O bispo de Oxford respondeu a essa manifestação, ao ordenar o fim da série de tratados.

Alguns clérigos anglicanos — entre eles o próprio Newman — realmente voltaram ao catolicismo, mas a maioria dos que simpatizavam com os tratadistas permaneceu na Igreja da Inglaterra. Embora os que permaneceram apreciassem as tradições da igreja, inclusive os ornamentos e as vestes, a genuflexão, o incenso, a confissão ao sacerdote, a celebração freqüente da Ceia e até mesmo o monasticismo, muitos eram, na verdade, anticatólicos. Eles queriam uma religião que apelasse aos cinco sentidos, mas não pretendiam exatamente uma associação com o papa ou com sua hierarquia mundial.

Depois que Newman deixou o Movimento de Oxford em 1845, o movimento procurou se apegar ao que de melhor havia no ritual, na arquitetura e na música, evitando, ao mesmo tempo, outros aspectos do catolicismo. Edward Pusey tornou-se, a seguir, o mais eloqüente porta-voz do movimento.

Muitos evangélicos estavam perturbados pelas práticas desses anglicanos católicos. Em 1846, eles formaram a Aliança Evangélica. Contudo, aquilo que começou como um movimento antitratadismo tornou-se uma maneira de atrair os evangélicos para uma comunhão nacional. A despeito de suas objeções ao ritualismo do Movimento de Oxford, os evangélicos não podiam negar que ele teve influência positiva sobre a Igreja Anglicana. Em vez de verem a si mesmos como servidores públicos ingleses, os clérigos anglicanos que deram apoio ao Movimento de Oxford passaram a levar a sério a tradição apostólica. Em vez de simplesmente moralizar os cultos de adoração, começaram a desenvolver um senso de reverência. Essas mudanças de percepção resultaram no ressurgimento do termo antigo "Alta Igreja". Muitos clérigos e freiras anglicanos começaram a trabalhar com os pobres nas cidades cada vez mais industrializadas.

Além disso, o Movimento de Oxford nos proporcionou vários compositores de hinos. Os primeiros, anteriores a eles, vieram das fileiras dissidentes. Naquele momento, o próprio Keble, Frederick W. Faber e John Mason Neale, que traduziram para o inglês alguns hinos gregos e latinos que estavam perdidos, juntaram-se a eles.

1854
Hudson Taylor chega à China

Hudson Taylor

Ninguém sabia que ele estava chegando. Hudson Taylor saiu do barco em Xangai, depois de uma viagem tediosa que se iniciara na Inglaterra, e não havia ninguém para lhe dar as boas-vindas. Sua carreira missionária brilhante apenas começava, mas ele não tinha um lugar para ficar. Não sabia falar chinês, e apenas alguns chineses conseguiam falar inglês. Para agra-var ainda mais as coisas, havia uma guerra civil em andamento, acontecendo bem nos arredores da cidade.

Taylor perguntou no consulado britânico sobre alguns missionários ocidentais que ele conhecia. Um deles havia morrido, e o outro voltara para casa. Finalmente localizou o dr. Walter Medhurst, da Sociedade Missionária de Londres, e combinou ficar com ele.

Isso nem de longe era o que Taylor sonhava. Criado em um lar metodista, ouvira histórias sobre a China contadas por seu pai, que era pregador. Ele escutou histórias sobre Robert Morrison, o presbiteriano escocês que iniciou seu ministério em Guangzhou em 1807, que, enquanto trabalhava como tradutor para mercadores, pregava Jesus Cristo. Quando o jovem Hudson, aos dezessete anos, tornou-se cristão, ele quase que imediatamente sentiu seu chamado. Estudou medicina e teologia, assim como procurou conhecer tudo sobre a grande terra da China.

Quando estourou a Rebelião de Taiping em 1850, no primeiro momento aquilo soou como uma boa notícia para os missionários. O líder dos rebeldes fora influenciado por folhetos cristãos. Queria livrar a China da idolatria e da corrupção. Ele até mesmo batizou o movimento com o nome de "Taiping", que quer dizer "grande paz". (Ele também estava convencido de que era o irmão mais novo de Jesus Cristo, mas essas excentricidades não ficaram aparentes logo de início.)

Toda a Inglaterra deu atenção à China. Uma nova junta de missões, a Sociedade para a Evangelização da China, publicou um chamado para trabalhadores. Taylor, que fora dissuadido pela Sociedade Missionária de Londres, ofereceu seus serviços. Ele foi direto da escola para o campo missionário. Tinha 22 anos quando chegou a Xangai.

O zelo se sobrepôs à sabedoria, pelo menos no que se referia à junta de missões. É certo que eles colocaram seu homem no campo, mas não lhe deram orientação, pois não tinham uma filosofia missionária, assim como fizeram pouca coisa para preparar o caminho dele até lá. Eles, rotineiramente, também ficavam sem fundos.

Taylor precisou estabelecer suas próprias regras. Uma dessas questões tinha relacionava-se com o fato de se vestir como os chineses. Seus colegas da Inglaterra ficaram assustados, mas Taylor tinha suas razões. "Estou plenamente seguro de que as vestimentas nativas são um pré-requisito absoluto", escreveu ele.

"Estabelecer-se discretamente junto às pessoas, desenvolver comunicação livre, familiar e irrestrita com eles, conciliar os preconceitos, atrair sua estima e confiança e, assim, viver de maneira a ser um exemplo para eles de como um cristão chinês deve se comportar, exigia não apenas a adaptação a esse costume, mas também a aceitação dos hábitos deles [...] a aparência estrangeira das capelas e até mesmo o próprio ar estrangeiro de tudo o que estava ligado à religião atrapalhou muito a rápida disseminação da verdade entre os chineses. Mas por que era necessário dar esse aspecto estrangeiro ao cristianismo? A Palavra de Deus não exige isso [...] nós procuramos a cristianização deles e não a perda da identidade nacional desse povo."

Os missionários chegaram àquele país fechado no rastro dos mercadores e dos soldados. Desde que Morrison começou a trabalhar como tradutor para a Companhia das Índias Orientais, a relação entre essas pessoas tornou-se evidente. Quando a Grã-Bretanha promoveu as vergonhosas Guerras do Ópio — na verdade, uma luta pela manutenção do direito de trocar ópio por seda chinesa —, os tratados unilaterais incluíram, até mesmo, suprimentos especiais para os missionários. A mensagem foi bastante clara: a civilização antiga da China era humilhada pela moderna máquina de guerra da Europa — e os europeus trouxeram consigo o cristianismo. A China estava sendo transformada em outra colônia do Império Britânico, um usurpador "cristão".

Taylor teve de lutar com essa história. De certa forma, esses tratados facilitaram o surgimento de missionários. Porém, também dificultaram uma relação de maneira mais séria com o povo. Taylor esperava que pudesse romper com a mentalidade colonial ao adotar os costumes locais.

Nos primeiros seis anos de trabalho, Taylor trabalhou em Xangai, Swatow e Ningpo, aprendeu o idioma, traduziu as Escrituras e até dirigiu um hospital. Durante esse tempo, ele se demitiu da sociedade missionária e continuou de maneira independente.

Voltou à Inglaterra em 1860 e começou a despertar o entusiasmo pelas missões na China. Escreveu um livro sobre as necessidades daquele local e buscou ativamente novos missionários. Ele fundou a Missão para o Interior da China (MIC) e estava determinado a não cometer os mesmos erros das juntas de missões anteriores. A MIC não faria pedidos específicos de contribuições, não garantiria um salário para seus obreiros, mas compartilharia todas suas entradas de maneira eqüitativa entre os obreiros. A missão indicaria pessoas de denominações diferentes e de nações distintas, assim como permitiria até mesmo que mulheres solteiras ou casadas pudessem ser apontadas como missionárias. Para aquela época, isso era radical. Ele também insistiu em que os missionários da MIC seguissem o seu costume: vestir-se como os chineses.

Em 1866, dezesseis novos missionários voltaram para a China com ele. Iniciaram o trabalho em novas áreas, pregavam o Evangelho aos que nunca puderam ouvi-lo antes. Em pouco tempo, a MIC era a principal missão na China. Na época da morte de Taylor, em 1905, havia 205 campos missionários, 849 missionários e uma estimativa de 125 mil cristãos chineses.

Hudson Taylor não foi o primeiro missionário na China, mas sua firme recusa de fazer missões "da maneira habitual" levou-o a obter grande sucesso naquele subcontinente.

Um incidente tipifica a integridade e a visão que Taylor introduziu em sua sociedade missionária. A MIC, como outras organizações missionárias, perdeu pessoas e propriedades na Revolta dos Boxers em 1900. O exército britânico entrou no país mais uma vez, controlou a crise e impôs grandes multas ao governo chinês. Esse dinheiro serviria para cobrir os prejuízos das missões. A MIC, no entanto, recusou-se a aceitar qualquer pagamento, pois os chineses já haviam perdido muito.

Nos anos que se seguiram, os missionários da MIC descobriram que esse compromisso de permanecer ao lado do povo chinês fez mais para abrir o coração deles a Cristo do que qualquer tratado diplomático poderia ter feito. Hudson Taylor sempre soube essa verdade.

1854

Søren Kierkegaard publica ataques à cristandade

A teologia do século XX poderia ter sido bastante diferente, não fosse por uma jovem chamada Regina Olsen. Ela era a futura noiva de um dinamarquês brilhante, Søren Kierkegaard. O noivado e a ruptura desse compromisso fizeram com que Søren iniciasse uma produção frenética de escritos filosóficos. As obras que ele produziu contribuíram, de modo significativo, para mudar a forma do pensamento moderno.

Kierkegaard nasceu em uma família influente, em 1813. Seu pai, um empresário bem-sucedido, aposentou-se precocemente. Nessa fase de sua vida, o pai gostava de convidar professores para jantar a fim de que pudessem compartilhar suas idéias. Søren, o filho mais novo, era o predileto da família. Seu pai o amava de modo muito especial, assim como admirava o raciocínio rápido do filho.

Aos dezessete anos, Kierkegaard foi enviado para a Universidade de Copenhague. Seu pai queria que ele estudasse para o sacerdócio, mas o jovem se recusou. Essa foi apenas uma das muitas discussões que teve com seu pai, que sempre financiou a educação de Søren, bem como seu estilo de vida esbanjador. O jovem Kierkegaard tornou-se um tipo de "estudante perpétuo". Pouco antes da morte de seu pai, Søren conseguiu reconciliar-se com ele, e o jovem terminou por estudar Teologia, embora nunca tenha sido ordenado.

Nessa época, Regina Olsen chamou sua atenção. Ela era apenas uma adolescente, mas Søren estava decidido a se casar com ela. O único problema era que ela estava interessada em outra pessoa. Søren continuou sua ofensiva, encantando Regina e sua família e levando-a a romper com o outro pretendente, para, a seguir, pedir sua mão em casamento.

Agora, porém, ele não a queria mais. Ou talvez se considerasse indigno dela. Parece que ele tinha algum segredo profundo e obscuro que o impedia de se aproximar dela. O que deveria fazer? Se rompesse o noivado, isso seria uma desgraça para ela. Não seria justo. Porém, se *ela* rompesse, seria a melhor solução. Desse modo, Søren tentou fazer com que ela desmanchasse o noivado com ele. Ele se tornou uma pessoa amarga e desagradável. Ela conseguiu suportar isso por bastante tempo, mas, por fim, se cansou.

Todo esse episódio teve um grande peso no coração já pessimista de

Kierkegaard. Ele era o vilão e a vítima de sua própria vilania. Começou a escrever uma série de textos filosóficos, questionando as pressuposições daqueles dias. Essas obras foram publicadas sob pseudônimos. Depois, assinando seu verdadeiro nome, ele lançava livros que respondiam àquelas questões.

Uma das primeiras dessas obras — *Um ou outro* — foi saudada por um jornal satírico chamado *O Corsário*, periódico que raramente aplaudia alguma coisa. Kierkegaard ficou perturbado pela aprovação e pediu que o jornal se retratasse. *O Corsário* simplesmente zombou de seu pedido e começou a expor Kierkegaard ao ridículo.

Isso isolou ainda mais o filósofo solitário. O fiasco com Regina Olsen maculara seu nome em diversos círculos da sociedade, e, agora, *O Corsário* o insultava em público.

Ele, no entanto, continuou a escrever, voltando sua atenção para temas religiosos. De que maneira alguém pode ser um cristão verdadeiro em um mundo caído? Suas respostas eram desesperadoras. Ele não tinha esperança nos sistemas ou nas instituições de sua época. Somente, conforme se posicionara, os milagres de Deus poderiam nos salvar.

Ele ainda não planejava um ataque devastador sobre a igreja organizada, mas seus pensamentos caminhavam nessa direção. A igreja dinamarquesa daquela época era influente e próspera, assim como foi a defensora da boa teologia luterana e de seus rituais. Porém, Kierkegaard via pouca vida nisso tudo. Kierkegaard deixou de escrever em 1850, talvez por temer o ponto ao qual seus escritos o levariam.

A morte de seu amigo J. P. Mynster, bispo de Zealand, o pôs novamente em ação. A seu modo, Mynster, tentara soprar nova vida na igreja dinamarquesa, mas obtivera resultados limitados. Kierkegaard aproveitou a ocasião para ralhar rudemente com a igreja por sua negligência aos verdadeiros ensinamentos de Cristo, por sua devoção à forma e aos sistemas filosóficos e por sua adoração ao dinheiro e ao poder. Entre dezembro de 1854 e maio de 1855, ele publicou 21 artigos no jornal *A Pátria*, além de outros textos que foram publicados de maneira independente.

Em outubro de 1855, Kierkegaard sofreu um derrame, vindo a morrer um mês depois.

Seus textos influenciaram alguns pensadores-chave do século XIX, mas sua maior influência só apareceu bastante tempo depois. Kierkegaard foi saudado como o pai do "existencialismo", corrente filosófica que ganhou proeminência no século XX. Filósofos e teólogos desenvolveram as idéias de Kierkegaard de muitas maneiras, e algumas delas fariam com que ficasse bastante irado, mas outras, até aprovaria.

Kierkegaard é o responsável por muito da subjetividade da teologia moderna, mas sua subjetividade resultou de sua humildade. Ele defendia que Deus não é um objeto que podemos dissecar e analisar cientificamente, pois o Senhor é um Ser vivo e ativo que nos confronta com o objetivo de nos salvar.

Do mesmo modo, nós, os humanos, não somos simplesmente uma peça dentro de um quebra-cabeça. Somos *seres*, disse Kierkegaard, com vontades, esperanças e tristezas. Ele lutou contra os sistemas abstratos — quer fossem filosóficos, quer fossem religiosos — que buscassem algum tipo de verdade abstrata. Ele insistia em que a religião precisava nos dizer *de que maneira deveríamos viver.*

O pensador dinamarquês também se desesperou diante de nossa inabilidade, como seres humanos, de alcançar Deus pelo intelecto. Nossa razão somente nos leva até determinado ponto, disse ele, e, desse ponto em diante, precisamos dar um salto no escuro, na fé de que Deus se encontrará conosco ali. Esse salto exige de nós total compromisso, uma rejeição dos valores do mundo e, às vezes, até mesmo dos valores da igreja.

O desespero de Kierkegaard, caso consideremos o apogeu inebriante do Iluminismo, foi praticamente uma surpresa para as pessoas de sua época. Contudo, ele antecipou a desumanidade da Revolução Industrial, assim como a ascensão e a queda do modernismo. Esse grande dinamarquês estava um século à frente de seu tempo.

1854

Charles Haddon Spurgeon torna-se pastor em Londres

"Isso deve ser um engano."

Foi isso o que Charles Haddon Spurgeon pensou quando lhe pediram para pregar na capela da rua New Park, em Londres. Era uma igreja de grande prestígio, em um maravilhoso edifício antigo, e Spurgeon tinha apenas dezenove anos de idade.

Entretanto, não era um engano. Depois de ter falado, Spurgeon foi convidado a se tornar o pastor principal daquela igreja, e manteve-se nesse posto por quase quatro décadas.

Spurgeon dificilmente seria o tipo apropriado para uma sociedade londrina claramente dividida em classes. Nascido em uma família de huguenotes, em uma área rural de Essex, viveu com seus avós quando criança porque seus pais eram muito pobres para cui-

Charles Haddon Spurgeon

dar dele. Seu avô e seu pai eram ministros congregacionais, mas Charles freqüentou uma escola agrícola — ainda que por apenas alguns meses.

Lutando com as necessidades de sua alma, Spurgeon decidiu ir à igreja no primeiro domingo de 1850. Uma nevasca impediu que fosse até a igreja que ele pretendia freqüentar, mas terminou indo a uma capela mais próxima, uma metodista primitiva. O orador era ignorante, como disse o próprio Spurgeon mais tarde, mas lançou um desafio direto ao jovem Charles. Como resultado, Spurgeon tornou-se cristão aos dezesseis anos de idade.

Spurgeon logo descobriu que tinha o dom da oratória. Em 1852, ele se tornou pastor de uma pequena Igreja Batista em Waterbeach. Era uma área bastante rude, e as pessoas daquela região eram conhecidas por seu apego à bebida. Spurgeon desenvolveu um estilo direto. Seus ouvintes não deveriam esperar por explicações teológicas floreadas — ele simplesmente diria a eles o que a Bíblia tinha a dizer. A fama do "jovem pregador" de Waterbeach começou a se espalhar. Logo, a diretoria da capela da rua New Park decidiu dar-lhe uma oportunidade.

A igreja possuía um histórico magnífico, mas enfrentava dificuldades. O prédio muito bem ornamentado tinha espaço para cerca de mil pessoas, mas, nos últimos tempos, a igreja tinha dificuldades para reunir uma centena. Cerca de oitenta pessoas compareceram ao primeiro culto de Spurgeon. Talvez o jovem pregador pudesse fazer com que as coisas acontecessem.

Ele fez. Seu estilo direto fez com que o povo londrino acordasse. A audiência da igreja cresceu muito rapidamente. Não demorou muito para que aquele grande templo ficasse lotado. A igreja precisou alugar o Exeter Hall, um teatro com capacidade para 4 500 pessoas.

Um crescimento tão rápido chamou a atenção da imprensa de Londres, cujos artigos sobre o novo pastor nem sempre eram favoráveis. "Todos os seus discursos são carregados de mau gosto, além de serem vulgares e teatrais", escreveu um jornal. Outro dizia que seu estilo "era ordinário e coloquial, repleto de extravagâncias [...] Até mesmo os solenes mistérios de nossa santa religião são tratados por ele de maneira rude, áspera e impiedosa [...] Esse é o pregador que 5 mil pessoas escutam."

O número era superior: 10 mil pessoas ou mais. O Exeter Hall logo ficou muito pequeno para as multidões que queriam ouvir Spurgeon. A igreja alugou o Surrey Music Hall, com capacidade para 12 mil pessoas sentadas, e o lugar ficou lotado, sem contar as quase 10 mil que esperavam do lado de fora. Infelizmente, o culto de abertura trouxe consigo um grande desastre. Alguns agitadores gritaram "Fogo!". No pânico que se seguiu, sete pessoas morreram e 28 ficaram gravemente feridas. O incidente não contribuiu em nada para que Spurgeon passasse a ser mais tolerado pela imprensa de Londres.

Havia, no entanto, um novo entusiasmo evangélico na Inglaterra de 1860, e Spurgeon estava exatamente no meio dele. Os historiadores chamaram esse episódio o Segundo Avivamento Evangélico. Outros pregadores, como Alexander Maclaren, em Manchester, e John Clifford, em Londres, também atraíam multidões. Em 1861, a capela da rua New Park concluiu a construção de um novo edifício, o Tabernáculo Metropolitano, com capacidade para 6 mil pessoas. O ministério de Spurgeon apenas começava. Publicou seus sermões, assim como comentários e livros devocionais, totalizando 140 livros. Fundou um seminário para pastores e o orfanato de Stockwell, que cuidava de 500 crianças. Tornou-se presidente de uma sociedade para distribuição da Bíblia. Ele pregava em todos os lugares sempre que lhe era dada oportunidade.

O estilo de Spurgeon pode ter sido direto e simples, mas não era relaxado com relação à teologia. Ele era um batista de convicção calvinista. De certa maneira, essa mistura de tradições ajudou as duas alas: trouxe a estrutura do Calvinismo à religião das classes mais simples e ofereceu a sinceridade da fé batista às igrejas das classes mais abastadas.

Seu dom era o da comunicação. Ao ler seus trabalhos, podemos encontrar um poder moderno neles. Lembre-se de que ele viveu em uma época na qual se prezava muito o estilo: *o que* você dizia, normalmente, não era nem de perto tão importante quanto *a maneira* como você falava. Spurgeon, no entanto, não tinha tempo para expressões refinadas. Ele empregava fortes imagens na linguagem e escolhia verbos que enfatizassem suas idéias. Ao fazer isso, estabeleceu um exemplo para os pregadores futuros. Os trabalhos escritos desse "príncipe dos pregadores" continuam nos catálogos de várias editoras nos dias atuais, pois ainda são muito admirados.

1855
Conversão de Dwight L. Moody

O jovem de dezessete anos tentava fazer a vida na grande cidade de Boston. Depois de caminhar pelas calçadas por várias semanas, conseguiu trabalho como vendedor de sapatos na loja de seu tio. Morava no andar de cima da loja. "Tenho um quarto no terceiro andar", escreveu, "... posso trabalhar com minha máquina de costura, e existem três edifícios antigos cheios de meninas, as mais bonitas da cidade —, que xingam como papagaios [sic]".

Uma das nove crianças criadas por uma jovem viúva na área rural de Northfield, Massachusetts, Dwight Lyman Moody não recebeu muita instrução, mas tinha sonhos e determinação. Contudo, a cidade de Boston não foi gentil para com ele. "Se o homem quiser sentir que está sozinho no mundo", escreveu Moody certa vez, "ele não precisa ir ao deserto, onde terá a companhia de si mesmo; deixe que vá para alguma dessas grandes cidades e que caminhe pelas ruas onde poderá encontrar milhares de pessoas, mas não achará ninguém que o conheça ou possa reconhecê-lo".

D. L. Moody

"Lembro-me de quando saí por aquela cidade à busca de algum trabalho, mas não consegui encontrar nenhum. Parecia que havia um lugar para todas as outras pessoas no mundo [...] exceto para mim. Por quase dois dias tive a horrível sensação de que ninguém me queria."

Moody ouviu os abolicionistas discursarem em um lugar próximo do Faneuil Hall. Passou a freqüentar a Associação Cristã de Moços (ACM), organização que, havia pouco tempo, fora importada da Inglaterra, além de começar a freqüentar a Igreja Congregacional de Mt. Vernon para ouvir os sermões do famoso Edward Norris Kirk.

Moody achou a pregação bastante poderosa e tocante — tão tocante que, por diversas vezes, caiu no sono. "Um jovem aluno de Harvard [...] deu-me um cutucão com o cotovelo, e, a seguir, esfreguei meus olhos com a ponta de meus dedos e acordei. Olhei para o ministro e — vejam só — achei que ele pregava diretamente para mim. Então, falei para mim mesmo: 'Quem será que contou alguma coisa sobre mim ao dr. Kirk?' [...] No final do culto [...] peguei meu casaco e saí dali o mais rápido que pude."

Seu professor da escola dominical, Edward Kimball, tomava conta do jovem Moody, insistindo em que voltasse a prestar atenção quando se desviava. Ele também desafiava Moody a ler a Bíblia com regularidade. Ele até tentou, mas não conseguia entendê-la. "Conheci poucas pessoas com mente tão obscura em termos espirituais como a daquele jovem que começara a freqüentar minha classe", escreveu Kimball mais tarde.

Em 21 de abril de 1855, Kimball achou que era hora de pedir que Moody assumisse um compromisso com Cristo. Ele foi até a loja de sapatos e parou meditativo bem em frente a ela. Pôs-se a caminhar de lá para cá e, sem mais nem menos, como se tivesse mudado de idéia, entrou de repente na loja. Encontrou Moody empacotando sapatos e colocando-os nas prateleiras. O jovem já estava pronto para ouvir. Naquele dia, D. L. Moody tornou-se cristão.

Demorou um pouco para que Moody compreendesse as implicações de sua fé. Na realidade, foi-lhe negada a filiação à igreja porque não passou no exame de admissão: ele não conseguiu explicar o que Cristo fizera por ele. Entretanto, seu coração estava transformado. Ele não tinha vergonha de ser cristão e continuava aprendendo sobre sua fé.

Não demorou muito para ele se cansar de Boston, levando seus sonhos rumo a oeste, para a cidade de Chicago. Seu jeito impetuoso era bem mais aceito ali, e ele se deu bem na venda de sapatos. Também se envolveu em trabalhos evangelísticos. Certa vez, caminhou até uma missão na rua North Wells e perguntou se poderia ensinar em uma classe de escola dominical. Disseram-lhe que a missão tinha muitos professores, mas não havia alunos suficientes. Se ele pudesse trazer alunos, então poderia ensiná-los. Isso não era problema para alguém como Moody, que possuía as habilidades de bom vendedor. Em pouco tempo, ele lecionava para uma multidão de crianças pobres.

Em 1861, Moody já trabalhava em tempo integral no ministério, tanto com a escola dominical quanto na ACM. Ele conseguiu apoio de comerciantes locais como John Farwell e Cyrus McCormick. Em 1864, sua missão foi transformada em igreja.

Em 1871, o ministério de Moody em Chicago era bastante confortável, seguro e próspero. Ele começou a pensar na possibilidade de viajar como evangelista, mas por que deixaria uma situação tão boa? O grande incêndio de Chicago fez com que mudasse de idéia. Sua igreja, sua casa e o prédio da ACM se transformaram em um monte de cinzas, e o mesmo aconteceu com o comércio de seus patrocinadores. Seria muito difícil levantar dinheiro em outras cidades para reconstruir o ministério em Chicago, de modo que Moody decidiu botar o pé na estrada.

Ele viajou para a Inglaterra em 1873. Suas reuniões evangelísticas varreram as ilhas britânicas como uma verdadeira tempestade. Depois de dois anos de trabalho na Grã-Bre-tanha, voltou para os EUA como uma celebridade internacional. Foi convidado a pregar em muitas cidades americanas.

Seguindo os passos da tradição avivalista estabelecida por Charles Finney, Moody trouxe o evangelismo para a era industrial. Pregava um evangelho simples, livre de divisões denominacionais. Isso expandiu sua influência, assim como o apoio que recebia. Moody fez alianças de peso com os comerciantes respeitáveis, que foram os líderes da nova geração, e não os pregadores. Ele insistia em que os homens colocassem suas riquezas em boas causas, como cuidar dos pobres em áreas urbanas. Moody trouxe técnicas de negócio para o planejamento evangelístico. Música, aconselhamento e acompanhamento eram partes de uma abordagem organizada para atingir o coração das pessoas.

Em 1879, Moody voltou sua atenção para a educação, criando o Seminário de Northfield, para moças, e depois a Escola Monte Hermom, para rapazes. Deu início às conferências bíblicas de verão e ao Instituto Bíblico, que hoje possui seu nome. Inicialmente, ele temia competir com os seminários já estabelecidos, porém, cada vez mais, percebia a necessidade de treinamento prático para o ministério. Seu problema não estava relacionado tanto com a linha liberal dos seminários norte-americanos, mas o que o perturbava era o isolamento dessas escolas com relação às pessoas comuns. Seu objetivo era treinar comunicadores que pudessem levar a verdade simples de Deus às massas que precisavam dela.

Essa abordagem prática persiste no foco do império que possui seu nome. O Instituto Bíblico Moody, por exemplo, continua a treinar pastores, missionários e outros obreiros. A influência de Moody, no entanto, chegou muito além disso. Ele foi o precursor de evangelistas como Billy Sunday e Billy Graham, e o aspecto social de seu evangelismo ajudou a inspirar profundo compromisso com o ministério social entre os evangélicos.

David Livingstone publica *Viagens missionárias*

David Livingstone

Durante toda a sua vida, David Livingstone tentou conciliar a pesquisa científica com o cristianismo. Desde adolescente, ele se recusava a ler os livros cristãos que seu pai lhe dava, preferia obras sobre ciência e viagens. O livro que finalmente promoveu sua conversão era um que tentava colocar a fé e a ciência juntas.

No ano seguinte, Livingstone leu um panfleto que chamava médicos-missionários para ir para a China. Ele sabia o que precisava fazer. Matriculou-se em uma escola de medicina em Glasgow e também se inscreveu na Sociedade Missionária de Londres (SML). Por não ter credenciais teológicas, a SML não o aceitou plenamente logo de início. Quando finalmente o receberam, a Guerra do Ópio estourara na China, e era desaconselhável enviar missionários para lá.

Embora, naquele tempo, tudo isso pudesse ter sido terrivelmente perturbador, essa mudança nos acontecimentos foi decisiva para Livingstone, para suas explorações futuras e para o continente da África. Pouco depois, Livingstone se encontrou com Robert Moffat, pioneiro no trabalho missionário no sul da África. Livingstone voltou seus olhos para aquele continente e se uniu à equipe de Moffat em 1841.

A sede da missão ficava a mais de 950 quilômetros da costa, mas Livingstone estava ansioso para chegar lá. Havia muito mais coisas para se alcançar no continente. Não poderia ficar feliz sendo apenas um médico-missionário em um posto avançado. Ele precisava fazer explorações. Livingstone se uniu a outro missionário e estabeleceu uma nova missão, que, mais tarde, estendeu sua incursão ainda mais longe no continente.

Seu ministério foi excepcionalmente difícil. Livingstone trabalhou por dez anos entre o povo tswana e viu apenas um convertido. Naquela época, ele foi atacado por um leão e ficou seriamente ferido. Mary, a filha de Moffat, cuidou de Livingstone até que se restabelecesse. Eles se casaram em 1845. De maneira geral, aquele não foi um casamento feliz. Mary considerava o gosto de Livingstone pelas viagens era algo muito instável.

Livingstone tinha problemas com a política missionária "conservadora" da SML. O padrão era abordar uma área de cada vez, obter conversões, construir uma igreja ali em que o missionário ficava encarregado e sair de lá somente quando a igreja estivesse bem estabelecida. Era um processo bastante lento. Livingstone viu que as condições para o evangelismo na África eram ruins. A falta de conhecimento sobre a cultura africana, combinada às tristes experiências dos africanos com os mercadores de escravos, criavam grande resistência para a entrada do cristianismo. Por que não se infiltrar no interior do continente de maneira positiva, ajudar os africanos a desenvolver seu comércio e aprender sobre seus modos? Isso talvez não fosse suficiente para construir igrejas em curto prazo, mas criaria condições mais favoráveis para o evangelismo na próxima geração.

No final de 1852, depois de embarcar sua família em segurança para a Inglaterra, Livingstone promoveu uma expedição para atravessar o continente. Ele já tinha descoberto o rio Zambeze. Aquele rio tinha de nascer em algum lugar. Talvez fosse possível encontrar uma rota fluvial que cruzasse o continente do oceano Índico até o Atlântico. Isso poderia abrir oportunidades de comércio para o povo local e, durante o processo, terminaria por ser um grande golpe para o tráfico de escravos.

A viagem rumo ao oeste foi difícil, repleta de doenças, e a expedição enfrentou a seca e os ataques tanto de animais quanto de tribos hostis. Ele finalmente alcançou o Atlântico em 1854 e, de lá, poderia ter viajado de volta à Inglaterra. Contudo, havia mais explorações a fazer. Seria possível navegar por todo o rio Zambeze até o oceano Índico? Ele se aventurou mais uma vez, desta vez indo para o leste, e alcançou a costa em 1856.

Dali, ele viajou para a Inglaterra, recebendo as honrarias de herói. A exploração de territórios não mapeados era uma coisa altamente valorizada naqueles dias. Um explorador como Livingstone seria tão aclamado pelas pessoas naquela época do mesmo modo que acontecerá com o primeiro astronauta a pisar em Marte. Livingstone não apenas estabelecia uma nova geografia, mas fazia isso por diversas e nobres razões: o trabalho missionário, o comércio e a erradicação da escravidão. O relato de suas jornadas foi transcrito no livro *Viagens missionárias*, escrito em 1857 e que, na época, se tornou um *best-seller*.

Livingstone voltou à África no ano seguinte, sem estar vinculado à SML. Embora ele afirmasse que ainda era missionário, foi para lá como agente do governo britânico. Porém, essa expedição foi desastrosa. Descobriu-se que as corredeiras do rio Zambeze não poderiam ser atravessadas de navio. Não foi possível encontrar rotas alternativas. As esperanças de encontrar uma passagem pelo interior da África malograram. Enquanto isso, Mary Livingstone tornou-se um empecilho. A fama de David e a insegurança de Mary levaram-na a beber. Depois de David ter partido para a África, ela não foi bem tratada. Ela se lançou em uma viagem desesperada para ir ter com ele, mas, pouco depois de se encontrar com seu marido, morreu.

Após cancelar a expedição, Livingstone retornou para a Inglaterra em 1864. Dessa vez, foi um fiasco, a notícia de ontem recebera apenas a honra educada que se presta a uma relíquia. Ele resolveu partir mais uma vez, por conta própria, para seu amado continente. Procurava a nascente do rio Nilo. No processo de busca, descobriu vários lagos interiores.

Os anos se passaram sem que se tivesse qualquer notícia dele. Algumas, mas poucas, expedições foram até lá para tentar encontrá-lo. A mais famosa dessas expedições levou o repórter Henry M. Stanley, do jornal *New York Herald*, até lá em 1871. Conseguiram finalmente encontrar Livingstone em Ujiji, no lago Tanganica, quando o repórter fez uma declaração breve, que ficou famosa: "Dr. Livingstone, eu presumo". O repórter não foi capaz de convencê-lo a voltar para casa. (Stanley se tornou missionário na África mais tarde.)

Livingstone morreu em 1873. Foi encontrado de joelhos em uma cabana primitiva. Seu coração foi enterrado em sua terra de adoção, e seu corpo voltou para a Inglaterra. Ali, o grande missionário foi honrado ao ser sepultado na abadia de Westminster.

David Livingstone foi uma pessoa de pensamento independente, assim como os personagens mais importantes da história cristã. Desafiou as idéias predominantes das missões de sua época, sempre lançando desafios ainda maiores. Ele tinha uma visão que combinava o bem-estar espiritual e econômico do povo da África, o que significava caminhar na contramão da mentalidade colonialista de seus contemporâneos. O fato é que a obra de Livingstone realmente criou condições para o crescimento do cristianismo. Um século depois de sua morte, a igreja africana expandia-se com muita rapidez.

William Booth funda o Exército de Salvação

Com o crescimento da indústria, cresceram também os abusos contra a classe trabalhadora.

A Inglaterra saía de um estilo de vida agrícola e iniciava uma vida centrada nas fábricas, o que fez com que as favelas de Londres crescessem. Milhares de pessoas chegavam à cidade, vindas do interior, à busca de trabalho, mas, com freqüência, trabalhavam e moravam nas piores condições possíveis.

A igreja deveria ser a primeira a aliviar o sofrimento dessa gente, mas ela estava perdida. Como toda a Inglaterra, Londres fora dividida em paróquias, em distritos que não mudavam havia séculos. A despeito da crescente população da cidade, a Igreja da Inglaterra não tinha provisões para novas igrejas e novos clérigos. Para criar uma nova paróquia era preciso que houvesse a aprovação do Parlamento, o que era um processo vagaroso.

A Igreja Metodista, denominação que atendia a classe média, também não foi capaz de atingir de maneira eficiente a classe trabalhadora. Os metodistas fizeram esforços para alcançar os que haviam abandonado a Igreja da Inglaterra, mas os pobres que moravam nos becos permaneciam distantes do Evangelho.

Preocupado com o clamor dos pobres, William Booth e sua esposa, Catherine, fundaram em 1865 uma missão aos pobres, localizada em uma área periférica de Londres, o East End. Aquele começo em uma humilde tenda deu início ao ministério do Exército de Salvação.

Ao redor do casal de evangelistas estavam lares superlotados, nos quais havia violência familiar, bebedeira, prostituição e desemprego. A prosperidade, marca da classe média vitoriana, não se estendia à região de East End.

Os esforços legais pareciam não resolver o problema, e William acreditava que a situação só mudaria quando o coração das pessoas fosse transformado. Uma vez conhecendo Jesus Cristo, o comportamento das pessoas poderia melhorar, além de suas condições de vida.

Isso não significava que os Booths ignoravam os problemas ao seu redor. Eles criaram estabelecimentos comerciais chamados de Comida para os Milhões, oferecendo refeições baratas. Se a pessoa estivesse de estômago cheio, seria mais fácil ouvir a mensagem da salvação de Cristo.

Embora Booth seguisse muitas das idéias organizacionais da Igreja Metodista, que abandonara, ele foi além, terminando por criar uma organização que seguia as linhas militares. Um de seus seguidores fez a propaganda de uma reunião chamando-a de "o exército de aleluias lutando para Deus". O forte controle que Booth exercia sobre sua organização levou algumas pessoas a chamá-lo de general. Em 1878, o grupo assumiu o nome de Exército de Salvação. Seu general, cônscio de sua atitude, já o havia organizado com uniformes, oficiais, bandas marciais e uma revista chamada *O Brado da Guerra* (publicada até hoje).

Alguns cristãos sentiram-se ofendidos pelo Exército. Além do mais, as bandas que marchavam pela cidade não tinham a dignidade da música anglicana. Será que o Diabo estaria usando o Exército de Salvação para fazer com que o cristianismo parecesse uma coisa ridícula? O Exército, no entanto, fazia sucesso. As bandas podiam ser ouvidas por todas as ruas da cidade e tocavam músicas seculares, de apelo popular, com letras cristãs. "Por que o Diabo ficaria com todas as melhores músicas?", perguntava Booth.

Além disso, a vida familiar melhorou por causa da influência do Exército de Salvação. Abordava-se efetivamente os problemas da fome e da falta de habitação, e o Evangelho era pregado a muitos que nunca haviam colocado os pés em uma igreja.

Contudo, se os cristãos tinham objeções ao Exército de Salvação, alguns não-cristãos tinham reações ainda mais fortes. À medida que a classe trabalhadora se convertia a Cristo, levava adiante a política de abstinência do Exército. Isso influenciou o mercado dos fabricantes de bebidas, que se tornou particularmente hostil ao Exército de Salvação. Durante as últimas duas décadas do século XIX, os oficiais do Exército foram assaltados, e seus imóveis eram depredados.

Porém, até mesmo os piores zombadores tinham de admitir que o Exército fizera um bom trabalho ao transformar devassos e exploradores de crianças em pais estáveis e bons trabalhadores.

Catherine, esposa de Booth, apoiou de maneira hábil os esforços de seu marido, e a missão do casal foi levada adiante por sua numerosa prole. O Exército de Salvação espalhou-se não apenas por toda a Inglaterra, mas chegou a todos os cantos do mundo.

William viajou cerca de 8 milhões de quilômetros, pregou aproximadamente 60 mil sermões e alistou cerca de 16 mil oficiais para trabalhar com ele. Seu livro mais famoso, intitulado *In darkest England and the way out* [*A Inglaterra mais torpe e a solução para o problema*] mostrou a muitos vitorianos que eles não precisavam se engajar nas missões estrangeiras para descobrir "pobres ímpios" que precisavam de Jesus Cristo. Booth fundou agências que cuidavam das necessidades físicas e sociais das pessoas, além de pregarem o Evangelho. Em toda a sua carreira, ele desenvolveu técnicas de comunicação às massas e de como compartilhar a mensagem de Cristo. Cerca de 40 mil pessoas compareceram ao seu funeral, em 1912.

Enquanto levava sua mensagem aos pobres da Inglaterra, o Exército de Salvação representava o trabalho incansável daquele que havia ministrado aos pescadores, às meretrizes e aos leprosos.

1870

O papa Pio IX proclama a doutrina da infalibilidade papal

Pio IX

O que era a Itália: apenas uma região geográfica ou uma nação unificada?

Quem governava a nova nação?

Em meados do século XIX, essas perguntas ainda aguardavam uma resposta. A Europa assistira a uma série de mudanças em 1848, à medida que a onda de nacionalismo varreria o continente. Na França, na Itália e em uma dezena de outras nações, o povo começara a reivindicar o direito de ter seu próprio país, baseado na língua e na geografia, em vez de ser governado por outras nações. A Sicília procurava uma maneira de libertar-se da monarquia de Bourbon, e o norte da Itália tentava se livrar das restrições do governo austríaco.

O novo papa, Pio IX, apoiava o *Risorgimento* [Ressurgimento], movimento que pretendia criar um Estado de língua italiana. O papa agradou os liberais italianos quando outorgou uma constituição aos Estados Papais. Isso, contudo, não perdurou muito tempo. Quando os revolucionários assassinaram o novo primeiro-ministro, o papa se retirou dos Estados Papais durante algum tempo. Voltou somente com a ajuda do exército francês. Naquele momento, ele via a ameaça dos liberais e queria encorajar o velho governo absolutista.

Em 1869, o papa, que fora sitiado, convocou o Concílio Vaticano I. As filosofias liberais e o nacionalismo crescente encorajaram um pensamento mais livre na igreja. Muitos sacerdotes e bispos tinham começado a pressionar o poder do papa. Em um mundo que não era mais uniformemente católico, o papado também perdera influência política. A igreja precisava avaliar a si mesma diante dos desafios do pensamento liberal e da diminuição da importância da tradição na igreja.

Em 1854, Pio IX fez um pronunciamento dizendo que a Virgem Maria concebeu sem pecado, a doutrina da Imaculada Conceição. Embora muitos católicos já aceitassem essa proposição havia vários anos, isso, agora, se tornava doutrina da igreja.

Nove anos depois, o papa deu continuidade às declarações com o *Sílabo de erros*. Em um esforço de deter a onda de liberalismo, ele relacionou coisas às quais nenhum católico poderia jamais dar ouvidos, por exemplo, pensamentos modernos como o racionalismo ou o socialismo, casamentos civis e muitas formas de tolerância religiosa.

O Concílio Vaticano I abordou a questão do papel que o papa desempenhava na igreja. Pio IX procurou estabelecer duas coisas: que o papa, o vigário de Cristo, tinha poder pleno e direto sobre toda a igreja e sobre toda sua hierarquia. Estabeleceu também que, quando fala *ex cathedra* ("da cadeira", i.e., exercendo a função de papa), ele é infalível. A despeito do liberalismo na igreja, o papa saiu vitorioso no Concílio Vaticano I. Essas duas proposições se tornaram doutrina da Igreja Católica.

Embora os liberais tivessem desaprovado isso, para muitas pessoas, como os que favoreciam o absolutismo, essas medidas eram bem-vindas. Eles viviam em uma era de confusão, pois muitas coisas haviam mudado na política e na filosofia. Muitos católicos precisavam ter segurança de que algumas coisas — como o papa e os ensinamentos da igreja — permaneceriam firmes.

O papa não conseguiria manter sua autoridade política, pois, cerca de dois meses depois do Concílio Vaticano I, Vítor Emanuel II conquistou Roma, e seus habitantes aprovaram a formação do reino da Itália. Embora o papa tivesse perdido o poder temporal, ele obteve vitórias no aspecto espiritual. Do Vaticano, ele exerceu mais autoridade do que qualquer um dos mais poderosos prelados da Idade Média.

A Igreja Católica permaneceria praticamente sem alterações até o Vaticano II.

1886

Início do Movimento Estudantil Voluntário

Isso aconteceu em uma das conferências de verão de Dwight L. Moody. O grande preletor convidou os estudantes universitários a comparecer à Conferência do Monte Hermom em Northfield, Massachusetts, para um período de um mês de estudo bíblico e de comunhão. Em julho de 1886, 151 estudantes compareceram.

Nas duas primeiras semanas, foi uma conferência bastante comum. Nada foi dito com relação às missões. O estudo bíblico fazia parte das atividades diárias. Porém, havia um estudante de Princeton que orava pelas necessidades do mundo. Ele sentiu que Deus usaria aquela reunião para iniciar um movimento de missionários. Aquele estudante estava certo.

Ele chamou 21 estudantes, que tinham o mesmo sentimento, para que orassem com ele. Eles oraram para que o espírito de missões invadisse a conferência. Em 16 de julho, o orador A. T. Pierson fez um assombroso desafio missionário: "Todos devem ir, e devem ir a todos". O espírito tornou-se ainda mais intenso em 24 de julho, com a Reunião das Dez Nações. Representantes de dez diferentes países e nacionalidades falaram brevemente, relatando as necessidades de suas nações. No restante da semana de conferências, muitos estudantes decidiram dedicar sua vida ao serviço missionário. No final, uma centena deles havia assumido esse compromisso.

No último dia da conferência, os alunos começaram a avaliar formas de manter esse espírito vivo e de espalhá-lo. Eles indicaram Robert P. Wilder para viajar a várias universidades durante todo o ano, falando sobre o que acontecera em Monte Hermom, bem como para dar início a grupos de estudantes comprometidos com missões. No ano seguinte, Wilder e um colega visitaram 167 instituições e 2 200 estudantes se comprometeram com o trabalho nos campos missionários.

Contudo, em 1888, esse espírito arrefecia. O movimento precisava de liderança e organização. Em uma reunião na Escola Monte Hermom, um grupo principal de cerca de cinqüenta pessoas decidiu indicar um triunvirato de líderes: Wilder representaria a Aliança Missionária Interseminários; Nettie Dunn, da Associação Cristã de Moças, e John R. Mott, da Associação Cristã de Moços. Mott se tornaria grande influência, pois transformou um movimento estudantil em uma enorme força de atividade ecumênica e evangelística.

Mott acabara de se formar na Universidade Cornell, onde era bastante ativo na liderança da ACM. Tinha um grande anseio por ganhar almas, de modo que levou bem a sério seu papel no recém-formado Movimento Estudantil Voluntário [MEV]. Comunicação, publicidade e organização eram áreas em que Mott se destacava. Ele fazia questão de esclarecer às sociedades missionárias que o MEV não competia com elas, mas que, em vez disso, fornecia-lhes material humano. Estudantes, cujo coração estava voltado para missões nas várias faculdades, eram organizados em "grupos" e se encontravam regularmente para oração e encorajamento. Convenções de estudantes voluntários aconteciam a cada quatro anos. Mott e outros líderes viajavam bastante no esforço contínuo de encontrar, treinar e enviar novos missionários.

O lema dessa organização, proclamado alto e bom som, era "A evangelização do mundo nesta geração". Mott escreveu um livro com esse título. Em 1914, o MEV já era responsável por ter enviado um número estimado de 5 mil estudantes para os campos missionários.

Além desses números, porém, o movimento foi responsável pelo novo entusiasmo missionário no mundo. Outras organizações surgiram a partir dele. Em 1895, Mott lançou a Federação Cristã Estudantil Mundial e tornou-se seu primeiro-secretário geral. O Movimento Missionário Leigo nasceu em uma das conferências do MEV em 1906, levantando entre os leigos o apoio para as missões. Mott também foi uma figura de grande importância na Conferência Missionária Internacional de Edimburgo, em 1910. Isso levou à formação, mais tarde, do Concílio Mundial de Igrejas.

Mott tornou-se amplamente conhecido e exerceu grande influência. O presidente Wilson lhe ofereceu a oportunidade de ser embaixador na China, mas ele recusou. A Universidade de Princeton considerava a possibilidade de ele se tornar seu presidente, mas também recusou. Mott chegou até mesmo a ter a oportunidade de se tornar secretário de Estado, porém, mais uma vez, não aceitou. Ele era um homem com uma missão: fazer missões.

O entusiasmo missionário arrefeceu nos EUA depois da Primeira Guerra Mundial. Entretanto, os missionários inspirados pelo MEV, obviamente, serviram por muitos anos. O Movimento Estudantil Voluntário fez que William Carey fizera um século antes: despertou o interesse por missões em um momento muito importante.

1906

O avivamento da rua Azusa dá início ao pentecostalismo

"Com gritos estranhos e pronunciando coisas que aparentemente nenhum mortal em seu juízo normal pudesse entender, teve início, em Los Angeles, a mais recente seita religiosa."

Foi isso o que disse a edição de 18 de abril de 1906 do *Los Angeles Times*. "As reuniões acontecem em um prédio decadente da rua Azusa, e os devotos de doutrinas estranhas praticam os ritos mais fanáticos, pregam as mais extravagantes teorias e se colocam em um estado de louca euforia quando se entregam ao fervor pessoal."

A publicidade negativa realmente ajudou a trazer mais pessoas. Alguma coisa sobrenatural acontecia naquele prédio antigo. William J. Seymour, pregador batista negro, recém-chegado de Houston, chamava os crentes a dar um passo a mais. Na verdade, dois passos: ele queria que eles se "santificassem" e que fossem "batizados no Espírito Santo". O batismo, dizia ele, seria acompanhado pelo falar em línguas.

Houve outras irrupções do falar em línguas ao redor dos EUA e da Europa nos anos anteriores, mas o acontecimento da rua Azusa foi a grande explosão. As reuniões continuaram naquele "prédio decadente" por vários anos. Muitas pessoas viajaram para lá simplesmente para ver o que estava acontecendo.

O mundo estava pronto para o avivamento. O final do século XIX assistiu à grande revolução industrial. As pessoas se tornavam engrenagens da máquina social. A lacuna entre os ricos e os pobres aumentava. Infelizmente, a igreja, com freqüência, pendia mais para os ricos. Até mesmo grupos "comuns" e tradicionais, como os batistas e os metodistas, enfatizavam mais os bens materiais do que a energia espiritual. Graças aos precursores avivalistas, como Finney e Moody, as igrejas estavam cheias. Porém, muitos que professavam o cristianismo ainda careciam de alguma coisa.

O movimento Holiness [Santidade] foi o primeiro passo na direção do avivamento. Essas agitações, especialmente na Igreja Metodista, buscavam uma "segunda bênção" de Deus, na qual os crentes seriam "santificados" para viver uma vida santa. Os ensinamentos de Keswick também tiveram seu impacto, tanto na Europa quanto nos EUA. Criados nas convenções anuais de Keswick, na Grã-Bretanha, os mestres de Keswick imploravam aos cristãos: "Caminhem no poder da ressurreição de Cristo"; "Deixe Cristo reinar em sua alma". Não aconteceu nada muito radical ali, a não ser a vontade de uma experiência cristã mais plena, para utilizar a linguagem que os pentecostais usariam mais tarde.

Outra corrente de pensamento que apressou o surgimento do incipiente movimento pentecostal foi o pré-milenarismo, popularizado por J. N. Darby e a Irmandade de Plymouth. A virada do século fez com que as posições pré-milenaristas e pós-milenaristas ficassem conhecidas. Muitos começaram a propagar a idéia de um "século cristão", no qual a igreja e a tecnologia prenunciariam o Reino de Deus. Os pré-milenaristas, no entanto, afirmavam que o fim dos tempos estava próximo, pois seria caracterizado, como era profetizado, pelo irromper de uma atividade espiritual.

É possível encontrar base para o movimento pentecostal em 1896. William F. Bryant liderou o avivamento no condado de Cherokee, na Carolina do Norte, que incluía o falar em línguas. Como essas manifestações continuaram, as pessoas foram expulsas das igrejas, edifícios religiosos foram queimados e o próprio Bryant foi atingido por um tiro. Falar em línguas não era uma atividade popular no condado de Cherokee.

O avivamento no País de Gales, entre 1904 e 1906, teve, certamente, impacto no clima religioso de sua época. Evan Roberts, ex-mineiro, viajou por todo o país de Gales e, mais tarde, pelo mundo, proclamando o ministério do grande avivamento do Espírito. O falar em línguas não era enfatizado de maneira específica, mas sim o poder espiritual. Um pequeno grupo de pastores da área de Los Angeles visitou o País de Gales e tentou trazer o avivamento para suas igrejas, mas obtiveram sucesso limitado. Contudo, as sementes da restauração estavam sendo lançadas em Los Angeles.

Se preferir, você pode observar o movimento de restauração da virada do século XIX que apelava para um retorno aos dons e às práticas da igreja apostólica, especialmente o dom de cura. John Alexander Dowie afirmava que era Elias, o restaurador, e estabeleceu uma comunidade cristã (que mais tarde se tornou a cidade de Zion [Sião], no Estado de Illinois). No Estado do Maine, Franck Sandford também afirmava ser Elias, o restaurador, que viera estabelecer uma comunidade em Shiloh [Siló].

Em 1900, Charles Fox Parham passou cerca de seis semanas em Shiloh. Ele era um pregador metodista da linha Holiness, do Kansas, que procurava a "fé apostólica". Ele e sua esposa fundaram uma "casa de cura" em Topeka, onde as pessoas poderiam permanecer gratuitamente enquanto oravam por sua cura. Em Shiloh, Parham ficou impressionado com a escola bíblica fundada por Sandford, O Espírito Santo e Nós, cuja abordagem era claramente antiacadêmica. A Bíblia era o único texto usado, e o único professor era o Espírito Santo. Parham fundou uma escola similar, quando voltou para sua casa. Cerca de quarenta estudantes se matricularam.

Em dezembro daquele ano, Parham pediu a seus alunos que procurassem nas Escrituras, para ver se havia algum sinal que supostamente indicaria a existência do batismo no Espírito Santo. Quando se reuniram no culto de vigília do Ano-Novo, eles já tinham a resposta: o batismo no Espírito Santo seria manifestado pelo dom de línguas. Agnes Ozman orou para receber o Espírito Santo e "a glória caiu sobre ela", como disse Parham. "Um halo parecia cercar sua cabeça e seu rosto, e ela começou a falar o idioma chinês. Ela não foi capaz de falar inglês por três dias." No mês seguinte, a maioria dos alunos teve experiência similar.

Os esforços de Parham para espalhar esse avivamento para as cidades de Kansas City e Lawrence fracassaram. As igrejas se opuseram, e os jornais zombaram desse fato. Em 1903, uma mulher do Texas foi curada depois de uma oração de Parham, o que levou a convidá-lo a promover um avivamento na cidade de Galena, no Texas. Esse empreendimento foi bem-sucedido. Em 1905, essas reuniões "pentecostais" ou do "evangelho pleno" aconteciam no Missouri, no Kansas e no Texas, e eram freqüentadas por cerca de 25 mil pessoas.

Depois da campanha de Houston, em 1905, Parham fundou outra escola bíblica ali. Um dos alunos mais promissores foi William J. Seymour. Uma mulher de Los Angeles visitou a escola de Houston e teve uma experiência de batismo no Espírito Santo. Quando retornou para sua casa, ela insistiu em que a congregação do Nazareno convidasse Seymour para ser pastor auxiliar daquela comunidade.

Ironicamente, a igreja que trouxera o avivamento pentecostal para Los Angeles não queria ter participação alguma nesse avivamento. A ênfase que Seymour dava ao ato de falar em línguas ofendeu alguns membros, e ele ficou proibido de participar da igreja. Por fim, ele começou a realizar cultos na casa de alguns amigos. Os cultos duraram três dias e três noites, atraindo muito mais pessoas do que a casa comportava. As pessoas se organizaram para mudar para um prédio na rua Azusa, ocupado anteriormente por uma Igreja Metodista. Ali, sentadas (e em pé!) nos bancos de tábua, entre materiais de construção, as pessoas continuaram seu culto de adoração cheias do Espírito. A igreja passou a se chamar Missão Evangélica da Fé Apostólica.

Todas as linhas da renovação espiritual pareciam convergir para esse prédio. Ele foi a Meca pentecostal. Por vários anos, serviu como centro de um movimento pentecostal crescente. As pessoas visitavam o local e tentavam levar de volta para suas casas o que encontravam ali.

A despeito desse foco geográfico, o movimento pentecostal foi extremamente diversificado. Havia um grande número de líderes carismáticos, incluindo Seymour e Parham, que reuniam seguidores, bem como disputavam uns com os outros. O movimento também foi intencionalmente desvinculado de organização e de denominações, pois se preocupava apenas em seguir a orientação do Espírito. Isso pode explicar a abundância de pequenas denominações pentecostais que existem hoje.

A Assembléia de Deus, a maior denominação pentecostal hoje em dia, começou como uma tentativa de alcançar alguma coesão — assim como alguma regulamentação — dentro do movimento. Havia muitas acusações de conduta inadequada nas áreas financeira e sexual por parte dos principais pregadores. Havia também várias disputas doutrinárias.

Um grupo de pentecostais do sul dos EUA, liderado por Eudorus N. Bell, passou a se autodenominar Fé Apostólica e começou a buscar união dentro do movimento. À medida que outras pessoas se juntaram a eles, o nome mudou para Igreja de Deus em Cristo. Em 1913, essa igreja era composta por 352 ministros em uma associação bastante livre, sem qualquer autoridade que os unisse. Em abril de 1914, o grupo convocou todos os pentecostais para uma reunião em Hot Springs, no Arkansas. O propósito era: união, estabilidade, credibilidade do movimento e criação de um programa de missões e de institutos bíblicos. Foi assim que nasceu a denominação chamada Assembléia de Deus.

Apesar de as questões pentecostais se tornaram a razão pela qual houve divisão de muitas igrejas não-pentecostais, o pentecostalismo provavelmente foi a arma mais poderosa do cristianismo no século XX. Sua ênfase em missões e no evangelismo resultou em um crescimento fenomenal do movimento, tanto nos EUA quanto por todo o mundo.

1910-1915

Publicação da obra *Os fundamentos* lança o movimento fundamentalista

Lyman Stewart tinha um sonho. Ele também possuía muito dinheiro. O presidente da Union Oil Company estava preocupado com o crescimento do modernismo nas igrejas americanas. Alguma coisa deveria ser feita com relação a isso. As pessoas precisavam ser alertadas. O cristão comum tinha de ficar consciente da ameaça à fé tradicional. Talvez um livro, uma série de livros, um esforço maciço de informação. Stewart, entretanto, sabia que ele não era um erudito.

Capa do volume 1 da obra *Os fundamentos*

Certo dia, quando estava sentado na igreja, ouviu a mensagem de A. C. Dixon, pastor da Igreja Moody de Chicago. Esse era o homem que ele precisava. Depois do culto, Stewart conversou com Dixon sobre as idéias que nutria. "Isto é do Senhor", disse Dixon. "Vamos orar a respeito."

Esse foi o início de um empreendimento de publicações que deu o nome ao movimento fundamentalista, como também, talvez, tenha dado o seu foco. Dixon reuniu em torno de si um conjunto impressionante de líderes cristãos, formando a editora Testimony Publishing Company. Lyman Stewart obteve ajuda financeira de seu irmão, Milton. Juntos, eles investiram

300 mil dólares no projeto. Expositores bíblicos de destaque foram procurados para escrever artigos para uma série de livros de 125 páginas. Os artigos cobriam doutrinas básicas assim como questões do dia-a-dia, como o socialismo, a evolução e as finanças. Dixon editou os cinco primeiros livros e, depois, mudou-se para Londres. Louis Meyer editou os cinco seguintes antes de morrer. R. A. Torrey editou os dois últimos. Os irmãos Stewart não tiveram seus nomes mencionados nos doze livretos, pois se autodenominavam "dois cristãos leigos".

Ao todo, foram publicados cerca de três milhões de exemplares em um espaço de seis anos, que foram distribuídos "a todos os pastores, evangelistas, missionários, alunos de teologia, superintendentes de escola dominical ou secretários das associações cristãs de moças e de moços" que eles pudessem encontrar. Um terço desses livretos foi enviado para fora do país, a maioria deles para a Inglaterra.

Não fica claro qual foi o impacto dos livros. *Os fundamentos*, como as apologias mais primitivas da igreja, provavelmente, contribuíram mais para unir e educar os que já concordavam com ele do que para convencer e converter seu público-alvo. O termo "fundamentalista" foi cunhado em 1920 por Curtis Lee Laws, editor batista, quando se referiu aos batistas conservadores que se apegavam aos "fundamentos" da fé.

Em retrospectiva, parece que o movimento fundamentalista sintetizava algumas tendências anteriores da igreja americana e se opunha fortemente a várias tendências da sociedade e da erudição liberal. É difícil ter uma idéia precisa sobre isso. O movimento foi social e teológico, alarmista e evangelístico, triunfalista e desesperador.

Comece com a tradição do *avivamento*, mais claramente exemplificada por Dwight L. Moody. Ela ensinava que os pontos principais da teologia não eram importantes, comparados à conversão das almas para o Reino de Deus.

Adicione a tradição Holiness, preocupada com a santidade e com fortes raízes no campo metodista, que se propagou, no final do século XIX, pelas Conferências Keswick. A retidão pessoal era considerada um resultado essencial de uma vida íntima com Jesus Cristo.

Junte a tudo isso um crescente sentimento *milenarista*. Com a aproximação do século XX, o sentimento de que o mundo poderia acabar rapidamente era cada vez maior. O passo rápido da revolução industrial fez com que muitas pessoas pensassem quais seriam as conseqüências de tudo aquilo que acontecia. As conferências proféticas foram abundantes no final do século XIX. Alguns cristãos, olhando de forma otimista para os feitos humanos, prediziam que o século XX seria o "século cristão". Os pós-milenaristas sustentavam que os cristãos promoveriam uma era de justiça e de paz. No entanto, os levantes sociais da época também fomentavam o pré-milenarismo, especialmente visto da perspectiva do dispensacionalismo de J. N. Darby. Muitos adotaram a idéia de que o mundo ficaria cada vez pior até que Cristo viesse para pôr fim a tudo.

A revolução industrial pode ter misturado todos esses ingredientes, mas o verdadeiro catalisador foi o "modernismo". Seu principal componente foi a teoria da evolução de Charles Darwin. Por toda a história da ciência, pelo menos desde a Inquisição, sempre houve uma espécie de acordo de cavalheiros entre a igreja e os laboratórios. Todos assumiam que a verdade científica seria compatível à verdade religiosa. Agora, de repente, Darwin publicara descrições sobre a evolução das espécies e, portanto, da origem da humanidade, de uma maneira que não estava de acordo com os ensinamentos da igreja. Além do mais, essas idéias obtinham aceitação no mundo acadêmico.

Enquanto isso, entre os filósofos e os teólogos, principalmente na Alemanha, novas idéias sobre Deus e a Bíblia fervilhavam. Essas teorias minavam a posição absolutista que a igreja assumira por vários séculos. Elas questionavam a autoridade da Bíblia e a identidade de Cristo, aceitas até aquele momento. Além disso, essas idéias estavam sendo aceitas por alguns seminários, o que era bem alarmante.

Esses acadêmicos e clérigos ensinavam às pessoas comuns que era tolice acreditar na Bíblia e que era aceitável crer na evolução. Os cristãos conservadores lançaram um contragolpe. Em 1895, a Conferência Bíblica do Niágara reafirmou cinco pontos "essenciais" da fé cristã: 1) a inerrância das Escrituras; 2) o nascimento virginal e a deidade de Cristo; 3) a morte vicária de Cristo; 4) a ressurreição física de Cristo; e 5) o retorno corpóreo de Cristo. Essas verdades foram amplamente aceitas nas igrejas conservadoras.

Entretanto, ainda havia pouca coesão em torno do fundamentalismo. Você poderia reunir alguma oposição à teoria de Darwin, mas quando começava a bombardear as idéias de Immanuel Kant e de Friedrich Schleiermacher, certamente perderia alguns partidários. Alguns imaginavam que essas teorias simplesmente desapareceriam. Outros pensavam que era melhor concentrar-se no evangelismo e em missões (a igreja ainda estava em meio ao apogeu da consciência missionária).

Os fundamentalistas entraram em ação só depois da Primeira Guerra Mundial. Antes de os EUA entrarem na guerra, a maioria dos cristãos, assim como a maioria dos americanos, era contrária a ela. Na verdade, em seus primeiros estágios, os cristãos conservadores foram acusados verbalmente pelos cristãos liberais de não serem patriotas, pois não apoiavam os esforços de guerra. (A oposição de alguns desses conservadores veio do pacifismo bíblico, e a de outros, do desejo de se "separar" do mundo.)

Contudo, à medida que as atrocidades dos alemães eram noticiadas — e, provavelmente, exageradas —, os pregadores fundamentalistas se aproveitaram da conexão óbvia: a Alemanha era o berço da filosofia modernista! Portanto, essa filosofia só levaria a isso: brutalidade, barbarismo e destruição.

De repente, o futuro do mundo estava em jogo. O movimento fundamentalista começou, realmente, a caminhar depois da guerra. A Associação Fundamentalista Cristã Mundial, liderada por William B. Riley, foi formada em 1919 com o objetivo de advertir sobre como o modernismo era perigoso para a *sociedade americana*. Pregadores como Billy Sunday e John Roach Straton começaram a denunciar publicamente as calamidades sociais que estavam em alta na sociedade pós-guerra. Trabalhando como reavivalistas, propagaram a tradição da santidade. Afirmavam que aquela grande nação descambaria para o barbarismo, a não ser que o povo se voltasse para as verdades de Deus.

Os fundamentalistas ganharam terreno nos cinco anos seguintes. Nas principais denominações protestantes, especialmente entre os batistas e os presbiterianos do norte, as forças fundamentalistas tentaram voltar às bases cristãs elementares. Credos, afirmações doutrinárias, requisitos para os missionários e investigações de seminários faziam parte de sua agenda. Eles tiveram pouco sucesso. Na maioria dos casos, o resultado foi a divisão denominacional.

A batalha épica ocorreu não em uma convenção eclesiástica, mas no tribunal da cidade de Dayton, no Tennessee, no famoso julgamento de Scopes. Os olhos da nação americana se voltaram para dois advogados célebres: William Jennings Bryan a favor dos fundamentalistas e Clarence Darrow a favor do professor evolucionista. Bryan ganhou a batalha, mas perdeu a guerra. Scopes foi considerado culpado — apesar de posteriormente o veredicto ser revertido —, mas Darrow deixou Bryan com má fama. É possível que a opinião pública já tivesse se voltado contra os fundamentalistas, mas isso terminou por selar sua posição. Eles ficaram conhecidos como os zelotes, matutos fanáticos e ignorantes, e todos zombavam deles.

Depois de 1925, o fundamentalismo recuou, e fechou-se, separou-se do mundo aguardando a volta de Cristo, como também passou a estudar a Palavra de Deus inerrante. Sobreviveu como subcultura isolada, dando crescimento ao movimento evangélico de 1940 e produzindo o ressurgimento do neofundamentalismo por volta de 1980.

1919

Publicação do *Comentário da carta aos Romanos*, de Karl Barth

No século XIX, o liberalismo enfatizou o progresso do homem e a reforma do mundo.

Mas se esse homem era tão avançado, por que promoveu uma guerra mundial? Se suas descobertas na tecnologia e na ciência eram tão eficazes, por que apontou suas armas para seus semelhantes?

As pessoas estavam apaixonadas por suas possibilidades. Os avanços alcançados na ciência pareciam transformar o mundo em um lugar menos misterioso. Em vez de procurar um Deus sobrenatural, muitos procuravam criar o paraíso na terra.

Darwin e outros cientistas questionavam os elementos sobrenaturais da Bíblia. O homem era realmente uma criação especial? Os milagres poderiam mesmo acontecer? Por que precisamos de Deus, se nós mesmos podemos controlar a natureza? A teologia liberal daquela época retratava um Deus sem ira, um Cristo feito de ética e um Reino que era plenamente deste mundo.

A Primeira Guerra Mundial, no entanto, provocou o questionamento de todas essas coisas. Como o progresso da Europa cristã fora colocado em dúvida, muitos passaram a enxergar a natureza falida do pensamento liberal.

Dr. Karl Barth, em um momento de descontração entre as sessões da primeira assembléia do Conselho Mundial de Igrejas, com o dr. Emil Brunner

Um desses homens foi um pastor chamado Karl Barth. Confrontado com as atrocidades da guerra, o pastor liberal voltou-se para a carta de Paulo aos Romanos. O que ele encontrou ali mudaria sua fé e criaria uma sublevação nos remanescentes da teologia de Agostinho, Lutero e Wesley.

Sua obra *Comentário da carta aos Romanos* — que foi chamada "uma granada no terreno da teologia liberal" — descreveu Deus como soberano e transcendente. A queda do homem, mostrada em Gênesis 3, é real, disse Barth. Ali, todo o ser do homem estava atrelado ao pecado, e ele não era mais capaz de descobrir a verdade de Deus por si mesmo. Deus precisava se revelar ao homem, e ele faz isso por intermédio de Jesus Cristo.

A reafirmação de doutrina por Barth, que usou termos clássicos protestantes, causou muita discussão. Em 1930, o pastor já se tornara professor de teologia na Alemanha.

Barth, com outros da Igreja Confessante, escreveu grandes trechos da *Declaração Barman*, que chamava os cristãos a se opor às inverdades que Hitler declarava sobre a igreja. Um ano depois, em 1935, Barth foi expulso da Alemanha e seguiu para Basiléia, na Suíça, a fim de ensinar Teologia. Escreveu com grande intensidade durante o período que passou ali, incluindo sua obra principal, os treze volumes da *Dogmática eclesiástica*, obra-prima do protestantismo.

As idéias de Barth se tornaram a base da *neo-ortodoxia*. Essa teologia do século XX é antiliberal em sua ênfase do estudo das Escrituras e do pecado, e em sua atitude séria com relação à soberania de Deus, mas assume uma posição ambivalente em relação à historicidade da Bíblia, especialmente do Antigo Testamento. Embora apóie a maior parte dos ensinamentos bíblicos, ela não necessariamente aceita que todos os acontecimentos relatados na Bíblia ocorreram no tempo e no espaço. Seus críticos disseram que a neo-ortodoxia conseguia "ser a melhor e ao mesmo tempo a pior", pois afirma as doutrinas tradicionais e, também, apóia os céticos que duvidavam da natureza histórica do cristianismo.

Teólogos como Emil Brunner, Gustaf Aulen, Reinhold e Richard Niebuhr, além de Friedrich Gogarten, compartilharam da maioria das crenças de Barth sobre a soberania de Deus e o pecado do homem. Eles enfatizaram que a fé significa mais do que dizer SIM a algumas proposições teológicas. Pelo fato de a neo-ortodoxia pressupor a necessidade de um "salto de fé", com relação às verdades aparentemente difíceis ou contraditórias, ela também foi chamada *teologia da crise*.

Em um mundo que enfrentou duas enormes guerras, as idéias de Barth levaram uma igreja indecisa de volta aos temas do pecado e da soberania de Deus. Muitos cristãos consideram esses textos volumosos tanto estimulantes quanto frustrantes. Barth flertou com o universalismo, a idéia de que Deus no final salvará todas as pessoas, embora o teólogo nunca tivesse enfrentado a questão. Em sua teologia cristocêntrica, ele, com freqüência, via Cristo no Antigo Testamento em lugares improváveis. Ele não aceitava a infalibilidade ou a inerrância das Escrituras.

Barth, no entanto, encorajou o estudo bíblico sério, enfatizou a pregação dinâmica e levou o homem de volta à compreensão de sua necessidade do Deus todo-poderoso — o aspecto positivo de sua obra. Em uma época em que muitos haviam se voltado para o mundo em busca de esperança, ele pedia que todos olhassem para Cristo.

Paul Rader, pioneiro nos programas cristãos de rádio

1921

Transmissão do primeiro programa cristão de rádio

O rádio tinha apenas dois meses de idade. A empresa Westinghouse, em Pittsburgh, foi a pioneira na utilização desse meio de comunicação, quando anunciou os resultados das eleições de 1920 em uma emissora que utilizava o prefixo KDKA. Os primeiros ouvintes usavam aparelhos primitivos, feitos em casa, mas, agora, a Westinghouse vendia um grande número de aparelhos de rádio já prontos — e os compradores precisavam ter programas para ouvir. Diante da busca frenética por programas, aquela estação de rádio decidiu transmitir o culto de uma igreja.

Um dos engenheiros da Westinghouse era membro do coro da Igreja Episcopal do Calvário, em Pittsburgh. Desse modo, foram feitos acertos para transmitir um culto daquela igreja no primeiro domingo de 1921. O ministro-principal, bastante cético, deixou o culto a cargo de seu ministro auxiliar, Lewis B. Whittemore. Dois engenheiros da KDKA — um católico e um judeu — operaram o equipamento. Eles vestiram as mesmas becas do coro para que sua presença na plataforma não distraísse a congregação. A resposta à transmissão foi tão positiva que o culto se tornou um programa regular da KDKA.

Na área de Chicago, o pregador Paul Rader levou um quarteto de metais para um "estúdio" no telhado de uma casa, composto de uma grande caixa de madeira com um buraco em um dos lados. "Aprontem-se e apontem seus instrumentos para este buraco aqui", disse o técnico. "Quando eu der o sinal para tocar, vocês tocam."

Ele colocou o microfone de um aparelho telefônico antigo pelo buraco e disse: "Toquem!". O quarteto tocou. Rader pregou. A resposta favorável levou Rader a procurar outras estações de rádio da área de Chicago. Percebendo que a rádio WBBM de Chicago fechava todos os domingos, ele deu um jeito para conseguir usar seus estúdios naquele dia. Por catorze horas, todos os domingos, Rader conduzia sua estação de rádio semanal, chamada WJBT, *Where Jesus blesses thousands* [*Onde Jesus abençoa milhares*].

Assim como ocorreu com muitos outros avanços tecnológicos, muitos cristãos evangélicos temiam a introdução do rádio. Além do mais, Satanás não era o "o príncipe das potestades do ar"? A maioria dos pregadores pioneiros do rádio enfrentou mais oposição vinda da própria igreja do que da sociedade secular.

Na cidade de Omaha, no Estado norte-americano de Nebraska, a rádio WOAW (mais tarde conhecida por WOW) começou a transmitir em abril de 1923. A estação foi desprezada por diversos pregadores, até que pediram a R. R. Brown, ministro da Aliança Cristã Missionária, novo na cidade, que assumisse a programação da Rádio. Brown pediu conselho a um amigo. Este lhe disse que estava orando para que Deus "concedesse autoridade" sobre essa nova (e potencialmente mundana) estação de rádio. Seria Brown aquele que exerceria essa autoridade?

Brown concordou em fazer apenas o primeiro programa, mas, ao deixar o estúdio depois da transmissão, um homem se encontrou com ele, afirmando que fora convencido pelo Espírito Santo e que se convertera pela transmissão do programa. Brown gritou: "Aleluia! A unção pode ser transmitida!".

Em Chicago, a WGES preparava uma transmissão remota da Exposição de Produtos de Illinois em 1925. Estavam prontos para entrar no ar, mas os músicos ainda não haviam chegado. Por acaso, um dos funcionários da estação ouvira dois estudantes tocando cornetas no estande do Instituto Bíblico Moody e correram para eles a fim de "pedir o serviço deles emprestado". Alguns dias depois, a estação de rádio convidou o Instituto Bíblico Moody para realizar um programa de uma hora todos os domingos. Isso acabou por levar à criação da própria estação de rádio do Instituto, chamada WMBI.

Em 1928, Donald Grey Barnhouse tornou-se o primeiro pregador de rádio a comprar um horário em rede nacional, transmitindo seu programa pela CBS a partir da Décima Igreja Presbiteriana da Filadélfia. Em 1930, Clarence Jones e Reuben Larson lançaram a primeira estação de rádio missionária, a HCJB, na cidade de Quito, Equador, e essa foi a primeira estação de rádio daquele país.

Durante a grande moda do rádio no meio da década de 1920, muitas igrejas e ministérios começaram a fazer transmissões. Em 1928, havia sessenta estações de rádio de cunho religioso. Nesse momento, a comissão federal de rádio instituiu novas regras, padronizando freqüências e eliminando muita confusão. As regulamentações extinguiram as rádios menores, mas ajudaram as que estavam mais bem aparelhadas. Em 1932, apenas trinta estações de rádio religiosas ainda operavam. Contudo, na segunda metade do século, a mídia cristã cresceu bastante. Líderes como Billy Graham, Rex Humbard, Oral Roberts e Pat Robertson, sem falar do bispo Fulton Sheen, abriram o caminho para a televisão nas décadas de 1950 e 1960. O rádio e a televisão desempenharam um papel muito importante no ressurgimento do fundamentalismo no final da década de 1970.

O envolvimento dos cristãos com o rádio, na década de 1920, revelou um pouco da esquizofrenia do fundamentalismo americano. "Separação" era a palavra em voga. Pregadores fundamentalistas, como Billy Sunday, pediam a seus ouvintes que evitassem o "mundanismo" em todas as suas formas. Os fundamentalistas também foram os que preservaram um evangelho expansivo. Para serem verdadeiros com ele, precisavam levar a palavra aos outros. Para isso, era necessário usar todos os meios disponíveis — inclusive as ondas de rádio — para pregar sobre Jesus. Desse modo, o surgimento das rádios cristãs foi o acontecimento precursor dos movimentos evangélicos das décadas de 1930 e 1940, nos quais o ímpeto evangelístico começou a suavizar a abordagem radical dos separatistas.

Conforme as emissoras de televisão cristãs se expandiam a partir das rádios cristãs, a transmissão religiosa tornou-se um grande negócio. Nos EUA, o encantamento da televisão capturara o público em geral, de modo que ela se tornou a maior fonte de entretenimento — ou de inatividade — para a maioria das pessoas. Os cristãos também foram cativados por sua mística. Pregadores empreendedores construíram grandes organizações e instituições (parques de diversão, universidades, catedrais de cristal) como base para seus ministérios televisivos. Eles procuravam firmar uma forte presença política nos anos de 1980, em que um deles, Pat Robertson, chegou até mesmo a concorrer à presidência dos EUA.

Os ministérios religiosos televisivos alcançavam apenas uma pequena fração do público americano. Os analistas de audiência das transmissões seculares sempre souberam disso e nunca encararam a programação religiosa como ameaça suficientemente forte para tirar sua audiência. Os cristãos, no entanto, ficaram enamorados com a idéia de que ao menos estavam presentes no poderoso mundo da televisão e, no final da década de 1980, subsidiavam a transmissão de programas religiosos a um custo de 2 bilhões de dólares por ano nos EUA. Infelizmente, escândalos morais envolvendo dois dos maiores ministérios atingiram a "grande audiência", cuja repercussão foi muito maior do que aquela que os programas religiosos alcançaram. Assim como a televisão mudou a maneira de os americanos elegerem os políticos durante as décadas de 1970 e 1980, a religião televisiva sem dúvida influenciou, de forma decisiva, a percepção pública da natureza e do significado do cristianismo. É muito cedo para realmente sabermos de que maneira a programação religiosa da televisão atingiu a igreja durante esse período, mas será importante descobrir isso.

1934
Cameron Townsend dá início ao Instituto de Verão de Lingüística

Cameron Townsend aprendeu desde cedo a relação entre a lingüística e o evangelismo. Ainda jovem, trabalhou como missionário na Guatemala, esforçando-se ao máximo para se aproximar das pessoas na rua e perguntar sobre seu relacionamento com Cristo. Ele até mesmo decorou sua pergunta introdutória em espanhol: "Você conhece o Senhor Jesus?".

Ele ainda não havia percebido que *Jesus* era um nome comum em espanhol e que a palavra "Senhor", como no português, era um pronome de tratamento de significado muito mais comum do que aquele relacionado ao senhorio de Cristo. Cameron esperava obter uma resposta que pudesse dar início a uma conversa que tratasse sobre questões espirituais. Porém, tudo o que conseguia era uma resposta trivial como "Desculpe-me, não conheço o sr. Jesus. Sou novo aqui nas redondezas".

Isso aconteceu em 1917. A maioria dos jovens americanos de sua idade estava na Europa participando da guerra. É provável que a aparência frágil de Townsend tenha sido a responsável por fazer com que ele fosse dispensado pelas forças armadas e obtivesse permissão de vender bíblias na Guatemala.

No primeiro momento, parecia que Townsend não conseguia entender nada. Porém, ele aprendeu espanhol e começou a trabalhar entre grupos de índios crentes. Designado para trabalhar com os índios cakchiquel das terras altas, Townsend percebeu que poucos deles conheciam o espanhol. Para produzir algum impacto sobre eles, precisaria aprender a língua deles.

Isso não seria fácil. Sua esposa, Elvira, escreveu uma carta que era um pedido de oração: "Orem para que possamos aprender rapidamente esta língua estranha. Sem uma gramática ou livros de qualquer tipo a partir dos quais possamos estudar, isto é realmente difícil. Temos um pequeno livro nosso no qual anotamos palavras diferentes e frases que os índios nos dizem quando os visitamos. Contudo, algumas dessas palavras têm sons tão difíceis que é praticamente impossível escrevê-las. Mas, certamente, o idioma dos cakchiquel é do Senhor, assim como o inglês, o espanhol ou o sueco, e sabemos que ele nos ensinará essa linguagem indígena de modo que possamos em breve ser capazes de explicar o evangelho para eles em sua própria língua".

Cameron Townsend cantando com os índios tzeltal, no México

A oração foi respondida. Em 1931, o casal Townsend produziu um Novo Testamento completo no idioma cakchiquel. Pouco depois, problemas de saúde forçaram os dois a voltar aos EUA. Cameron esperava ser transferido para um ministério na América do Sul depois que se recuperasse. L. L. Legters, colega e incentivador do trabalho de Townsend na Guatemala, pediu-lhe que trabalhasse no México, mais perto de casa. Juntos, Townsend e Legters desenvolveram uma nova idéia.

"Sugeri que criássemos um instituto de verão no qual os missionários pioneiros pudessem ser ensinados quanto ao modo de representar um idioma na forma escrita e de traduzir as Escrituras", escreveu Townsend mais tarde. Uma vez que apenas duas universidades americanas ofereciam cursos na área de lingüística descritiva, e como esses cursos de quatro anos tomariam muito tempo dos missionários, alguma coisa especial precisava ser feita. Legters e Townsend seguiram por dois caminhos. Decidiram montar uma escola de lingüística para missionários nos EUA e planejavam pedir ao governo mexicano que permitisse que eles enviassem tradutores da Bíblia para aprender as línguas não escritas dos índios.

Em 1934, o Instituto de Verão de Lingüística teve início em uma fazenda em Sulphur Springs, no Estado americano do Arkansas, com um currículo impressionante. Quando os melhores professores não podiam ir ao instituto, o instituto ia até os professores — havia apenas dois alunos no primeiro ano e um pouco mais no segundo.

Inicialmente, esses tradutores tiveram pouca cooperação do governo mexicano. Townsend, no entanto, tinha alguns estudiosos de primeira linha ao seu lado. Ele foi um dos pioneiros nessa nova ciência, a lingüística. Por fim, os líderes mexicanos viram o valor de aprender a linguagem dos índios e deram grande apoio ao trabalho de Townsend.

Townsend nunca foi pessoa de trabalhar dentro de organizações. Quem deveria fazer o trabalho de missões eram os missionários, e não os escritórios que os apoiavam. Contudo, no início da década de 1940, esse trabalho de tradução estava ficando grande demais para ser gerenciado apenas no tempo livre. O instituto de verão mudou-se para a universidade de Oklahoma, onde havia 130 alunos. Havia 44 tradutores trabalhando no México e Townsend pedia mais 50. Era preciso haver algum tipo de organização que os apoiasse financeiramente. Desse modo, em 1942, foi fundada a organização Wycliffe Bible Translators [Tradutores da Bíblia Wycliffe], uma homenagem ao grande tradutor inglês da época medieval. O Instituto de Verão de Lingüística continuaria a interagir com governos estrangeiros, mas a Wycliffe Bible Translators seria a responsável por organizar o apoio financeiro nos EUA.

O trabalho de tradução se expandiu grandemente a partir dali: Guatemala, Peru, Colômbia e Equador. Uma unidade militar da aeronáutica, a Serviços de Rádio e de Aviação na Floresta, foi criada para levar e trazer os missionários tradutores em segurança até as mais remotas regiões.

Atualmente, essas três organizações possuem mais de 6 mil trabalhadores em cerca de 50 países. Eles produziram porções das Escrituras em mais de 300 idiomas e estão trabalhando em outros 800.

O trabalho dos tradutores da Wycliffe fez com que centenas de grupos aceitassem o Evangelho. Esse foi um dos passos mais importantes no esforço das missões modernas de atingir os povos ainda não alcançados — aqueles com pouco ou nenhum acesso ao cristianismo.

Porém, a organização de Townsend também representa uma sutil mudança no protestantismo americano. Nas décadas de 1930 e 1940, o fundamentalismo saía de sua concha. O separatismo rigoroso dava lugar ao evangelismo agressivo. Enquanto mantinha sua integridade doutrinária, a organização Wycliffe se aliava abertamente a universidades, lingüistas, governos e antropólogos com o objetivo de conseguir que seu trabalho fosse realizado. O movimento "evangélico" viu surgir diversas missões e organizações educacionais cristãs, todas dispostas a ten-tar novos métodos para levar o evangelho a todos os povos.

1945 Dietrich Bonhoeffer é executado pelos nazistas

Dietrich Bonhoeffer na prisão de Tegel, Berlim, em 1943

Os cristãos podem discordar de sua teologia, mas poucos podem deixar de admirar o firme posicionamento de Dietrich Bonhoeffer contra o terceiro Reich, chegando a ponto de dar a própria vida.

Bonhoeffer, aluno de Karl Barth, recebeu o título de doutor em Teologia na Universidade de Berlim quando tinha apenas 21 anos. Ele era capelão e orador luterano naquela cidade quando Hitler chegou ao poder em 1933.

Consciente de sua influência sobre o povo, Hitler já cortejara e enganara a igreja, e teve muito apoio do clero luterano e católico. A idéia de uma igreja puramente alemã era bastante atraente para os "cristãos alemães". As idéias nazistas começaram a se infiltrar na igreja.

Entretanto, havia pessoas que suspeitavam de Hitler e de suas idéias sobre a superioridade ariana. Cerca de um terço do clero protestante, que liderava o que foi denominado Igreja Confessante, levantou-se contra o líder alemão. Alinharam-se à Declaração de Barmen, escrita principalmente por Karl Barth, que destacava os erros doutrinários dos cristãos alemães.

Em 1935, Bonhoeffer tornou-se o diretor do seminário da Igreja Confessante, que, no entanto, foi fechado em 1937, e Bonhoeffer foi proibido de publicar seus artigos e de falar em público. Dois anos mais tarde, quando a possibilidade de assumir o cargo de professor nos EUA lhe foi oferecida, Bonhoeffer rejeitou a oferta para servir seus compatriotas alemães.

Seu cunhado o atraiu para o movimento da resistência, e Bonhoeffer engajou-se em um plano para assassinar Hitler. Ele e outros colegas sentiam que o líder alemão era o Anticristo. Desse modo, aquele clérigo se tornou um agente duplo no escritório militar da inteligência alemã. Primeiramente, ele tentou em vão conseguir apoio dos britânicos para o plano, mas mesmo assim passou mensagens dos conspiradores para os britânicos. O plano falhou.

Bonhoeffer foi preso em 1943 não por seu trabalho como agente duplo, mas por ajudar a introduzir clandestinamente catorze judeus na Suíça. Na prisão, Bonhoeffer escreveu peças que foram publicadas postumamente sob o título *Cartas e papéis da prisão*.

Se Bonhoeffer tivesse vivido mais, talvez explicasse melhor algumas das idéias desafiadoras e, ao mesmo tempo, perturbadoras que ele apresentou durante o período em que esteve preso. Os teólogos argumentavam sobre sua frase "cristianismo sem religião". Os estudiosos da religião acreditavam que a frase "a morte de Deus" significava uma coisa, ao passo que os evangélicos achavam que significava outra. O que Bonhoeffer quis dizer quando afirmou que o "mundo atingiu sua maioridade"? Ele procurava secularizar o Evangelho ou via — como muitos nos dias atuais — que as pessoas simplesmente não podiam mais entender os conceitos tradicionais do cristianismo?

"Como podemos falar sobre Deus de maneira 'secular'?", Bonhoeffer perguntou. Sabemos que discordava de outros teólogos, como Rudolf Bultmann e Paul Tillich, que queriam "demitizar" o Evangelho, mas ele nunca apresentou nenhum projeto seu.

Embora permaneçam muitas perguntas com relação a ele, Bonhoeffer não deixou qualquer dúvida sobre o elemento-chave de sua crença: a fé é custosa. Seu livro *O discipulado* chamou os cristãos a uma fé convincente e cheia de autonegação. Ele disse que muitos aceitaram um cristianismo composto por uma "graça barata", que encorajava uma fé fácil. Em vez de considerar as partes éticas do Novo Testamento como ideais impossíveis, os cristãos deveriam se esforçar para alcançá-los. A verdadeira religião significa mais do que ter as idéias corretas sobre Deus. Ela representa segui-lo — até a morte, se for necessário.

Bonhoeffer seguiu o próprio conselho. Ele buscou servir aos outros enquanto esteve na prisão. Em 9 de abril de 1945, quando as tropas aliadas faziam o avanço final sobre a Alemanha, ele foi enforcado sob a acusação de alta traição. Embora os cristãos, muitas vezes, tenham problemas éticos com o envolvimento de Bonhoeffer no plano para assassinar Hitler, sua posição contrária às tentativas do ditador de transformar a igreja em uma espécie de departamento do regime nazista e sua disposição de morrer por Cristo apresentam a todas as gerações o desafio da fé sacrifical.

1948

O Conselho Mundial de Igrejas é formado

Todas as vezes que as pessoas foram encorajadas a pensar por si mesmas, ocorreu divisão na igreja. Sempre que houver dois ou três reunidos, existe uma grande possibilidade de você ter quatro ou cinco opiniões.

A Bíblia fala da união dos crentes, mas também revela a necessidade de se apegar à verdade. Muitos reformadores, como já vimos, se firmaram na verdade e, como resultado, separaram-se das igrejas que consideravam falsas. Outros, como Alexander Campbell e John Nelson Darby levantaram-se contra divisões mesquinhas promovidas em nome da unidade da igreja. Infelizmente, porém, as idéias que esses homens tinham sobre a verdade também foram desafiadas, e a unidade que buscavam nunca foi alcançada. "Falar a verdade em amor" nunca é fácil.

John R. Mott e seus associados, no entanto, perceberam que a obra missionária eficiente exige cooperação e unidade da igreja — e, talvez, a unidade da igreja exigisse trabalho

O dr. John R. Mott (à direita) saúda o dr. W. A. Visser 'T Hooft, secretário-geral do Conselho Mundial de Igrejas em sua primeira assembléia geral, em Amsterdã, Holanda. Esses dois homens foram figuras-chave na formação do conselho mundial

missionário. Uma revoada de gansos permanece unida contanto que voem na mesma direção. Se os cristãos simplesmente se sentarem juntos para pensar, nunca concordarão nos pontos delicados da teologia. Mas se você os puser para trabalhar juntos, para propagar o Evangelho de Cristo, talvez então possamos ser o corpo unido que Cristo deseja.

O Movimento Estudantil Voluntário, liderado por Mott, provocou um vendaval de atividades missionárias. Ele funcionava além das linhas denominacionais. Outras organizações espalharam a atividade para além das universidades, alcançando os leigos mais idosos. Em 1910, a Conferência Missionária Internacional se reuniu, em Edimburgo, a fim de planejar estratégias para o evangelismo mundial. Esse evento é geralmente considerado o início do movimento ecumênico. Com John R. Mott como seu principal propagador, os milhares de delegados colocaram em ação duas organizações: o Movimento de Fé e de Ordem (para questões doutrinárias) e o Movimento de Vida e de Trabalho (para missões e ministério).

De maneira geral, o progresso foi lento — além de ter sido interrompido por duas guerras mundiais. A cada dez anos, mais ou menos, esses "movimentos" se encontrariam para discutir as necessidades do mundo e a situação das igrejas. O Movimento de Vida e de Trabalho se encontrou em Estocolmo em 1925, para discutir o relacionamento do cristianismo com a sociedade, a política e a economia. Dois anos depois, o Movimento de Fé e de Ordem se reuniu em Lausanne para tentar pôr em prática a difícil tarefa de extrair alguma unidade doutrinária.

Em 1937, encontrando-se separadamente, em Oxford e em Edimburgo, as duas organizações decidiram se unir. Os líderes da igreja se encontraram em Utrecht, em 1938, para esboçar uma constituição. Entretanto, a Segunda Guerra Mundial impediu que as igrejas dessem prosseguimento a esse plano.

Depois da guerra, porém, houve um sentido de unidade ainda maior, à medida que as igrejas no mundo todo buscavam recolher os pedaços. Uma reunião em Amsterdã, em 1948, finalmente mesclou as duas organizações, formando o Conselho Mundial de Igrejas [CMI]. Havia 135 organizações eclesiásticas representados ali, vindas de 40 nações diferentes. Depois de toda uma vida dedicada ao esforço ecumênico, Mott, agora na casa dos 80 anos, foi eleito presidente honorário.

Descrevendo a si mesmo como "uma comunidade de igrejas que aceita Jesus Cristo como Senhor, Deus e Salvador", o CMI chamava as igrejas para trabalhar juntas, estudar juntas, ter comunhão e adorar juntas, e para se reunir em conferências especiais de tempos em tempos. O CMI negava qualquer plano de formar uma nova "igreja mundial". Ele não teria poder centralizado algum, pois simplesmente objetivava dar às igrejas ao redor do mundo a oportunidade e os recursos para cooperarem umas com as outras.

Desde o início, alguns grupos protestantes principais dos EUA se recusaram a fazer parte do CMI, em particular os batistas do sul e da Igreja Luterana (Sínodo do Missouri). A Igreja Católica Romana via a si mesma como uma unidade e, portanto, não se uniria, embora o Vaticano II tenha aberto algumas portas para a discussão. Apesar disso, o CMI se mantém como uma organização ativa e influente no mundo todo. Kenneth Scott Latourette o chama de "o mais inclusivo corpo que o cristianismo jamais possuiu".

Muitos conservadores atacam a mentalidade "revolucionária" do CMI. Hoje vemos que não foi possível alcançar a união organizacional da igreja no século passado — e talvez ela nunca seja alcançada. Novas formas de cooperação para juntar os cristãos estão sendo descobertas e implementadas. Porém, a oração de Jesus em João 17.21 ("... para que todos sejam um") ainda não foi plenamente respondida.

Cruzada Billy Graham em Los Angeles

"Vocês ficariam maravilhados se pudessem ter visto aquela grande tenda montada ontem à tarde com 6 100 pessoas e várias centenas que foram dispensadas, além do grande número de pessoas caminhando pelos corredores, vinham de todas as direções e aceitavam a Cristo como Salvador pessoal quando o convite foi feito."

O pregador de trinta anos de idade estava em Los Angeles, escrevendo uma carta para a diretoria de um pequeno seminário bíblico em Minneapolis, do

Tenda onde aconteceu a primeira Cruzada Billy Graham, em Los Angeles, no ano de 1949

qual era diretor. Ele considerou aquele evento "de longe, a maior campanha evangelistica de todo o meu ministério". Entretanto, aquilo era apenas o começo para Billy Graham.

Multidões se encaminharam para a grande tenda montada na esquina das ruas Washington Boulevard e Hill Street, a qual foi chamada "a catedral de lona". A campanha, anteriormente prevista para durar três semanas, se estendeu por oito semanas, à medida que as pessoas continuavam vindo. Celebridades se converteram publicamente no momento em que Graham apresentava seu evangelho simples. Diz-se que o jornalista William Randolph Hearst resolveu "encher a bola" de Graham, dando-lhe publicidade em demasia. Seja como for, as reuniões em Los Angeles viraram o assunto principal de todo o país e lançaram Graham para a fama.

Deve ter sido uma surpresa para aquele rapaz de cabelos claros, da Carolina do Norte. Filho mais velho de um fazendeiro cristão especializado em laticínios, Graham se converteu em uma reunião promovida por Mordecai Ham, adepto do avivamento, do sul do país. Sua paixão pelo beisebol transferiu-se para a salvação de almas. Aos 22 anos, ele foi ordenado pastor batista da Convenção do Sul.

Em 1943, formou-se na Wheaton College e se casou com Ruth Bell, filha do famoso missionário médico na China. Ele assumiu o pastorado de uma igreja na área de Chicago, mas logo se envolveu com Torrey Johnson, apresentador do programa de rádio Canções na Noite, e mais tarde veio a servir como evangelista de tempo integral no novo ministério de Johnson, chamado Juventude para Cristo. Como evangelista, Graham promoveu diversas campanhas que envolveram toda a cidade no final da década de 1940, inclusive uma viagem à Grã-Bretanha entre 1946 e 1947.

Desde o início, Graham tinha um estilo cooperativo de evangelismo, ou seja, a campanha não ficava limitada a uma igreja em particular. Todos os líderes cristãos da comunidade eram convidados para ajudar a planejar as campanhas evangelísticas. Essa decisão atraiu grande oposição dos grupos mais conservadores, mas contribuiu grandemente para o amplo apelo de Graham.

No início da década de 1950, Graham deu prosseguimento ao sucesso de Los Angeles promovendo notáveis campanhas em Boston e em outras cidades. Em 1954, uma viagem de evangelismo a Londres transformou-o em celebridade internacional. Ele fez amizade com o presidente Eisenhower e vários líderes mundiais de grande destaque.

Graham aprendeu rapidamente a dominar os meios de comunicação de massa. Ele escreveu um *best-seller* chamado *Paz com Deus* em 1950 e vários outros desde então. Seu programa de rádio chamado *A hora da decisão* permaneceu no ar por décadas. Com seu sogro fundou a revista *Christianity Today* para ajudar os líderes cristãos a permanecer teologicamente alertas. Mais tarde, sua organização lançou a revista *Decision*, voltada para o público em geral. As Cruzadas Billy Graham foram televisionadas com regularidade em rede nacional nos EUA, e a empresa World Wide Pictures, ramo da Associação Evangélica Billy Graham, produziu dezenas de filmes de destaque.

Na condição de um dos principais evangelistas mundiais, Graham patrocinou o Congresso de Lausanne em 1974, reunião que revolucionou as políticas de missões evangelísticas ao promover o trabalho autóctone. Em 1983 e em 1986, sua organização trouxe evangelistas itinerantes de todas as partes do mundo a Amsterdã para um grande encontro de educação e de encorajamento. O Centro Billy Graham, na Wheaton College, dá treinamento em comunicação e em ministério, assim como mantém um arquivo e um museu do evangelismo do século XX.

Nos últimos anos, Graham conseguiu ter acesso a países comunistas, a despeito da política oficialmente ateísta. Algumas pessoas o criticaram por não usar sua posição para protestar contra a perseguição de crentes naqueles países, mas Graham sempre se concentrou no evangelismo, e não na crítica social.

Esse jogador de beisebol, alto e de boa aparência, nascido na Carolina do Norte, tornou-se a maior figura religiosa da última metade do século XX. Sua equipe estima que cerca de 2 milhões de pessoas "vieram à frente", para sinalizar que se converteram, em suas reuniões. Cerca de 100 milhões de pessoas já o ouviram pessoalmente, e incontáveis milhões foram tocados por seus ministérios realizados na mídia. Fez tudo isso se apegando ao que ele faz melhor: pregar o Evangelho simples.

1960

Início da renovação carismática moderna

O vigário de uma igreja próxima pediu ajuda a Dennis Bennett, prior da Igreja Episcopal de São Marcos, em Van Nuys, Califórnia. O vigário tinha alguns amigos que haviam "recebido o batismo no Espírito Santo" e falavam em línguas.

Embora Bennett não conhecesse muito sobre o assunto, concordou em atender o casal. E foi assim que ele também experimentou o batismo.

O batismo se espalhou por toda a área, e a igreja daquele casal deu início a um grupo de oração. Suas reuniões eram entusiasmadas, mas ordeiras e, com bastante freqüência, passavam da uma da manhã. Em 3 de abril de 1960, cerca de setenta membros da igreja de Bennett já haviam sido "batizados com o Espírito Santo".

Embora a atividade carismática não fosse permitida nos cultos formais promovidos por Bennett, notícias sobre aquele fato circulavam e muitas pessoas tinham perguntas. Por fim, isso levou a uma divisão. Bennett deixou a igreja e o número de membros que permaneceriam nela era incerto.

Ao contrário de muitos que se separam da igreja em função de discordâncias, Bennett decidiu permanecer no sacerdócio episcopal. Ele se mudou para Seattle, e a igreja problemática que pastoreou ali recebeu uma nova vida. O movimento carismático se espalhou, e Bennett se tornou uma figura nacional.

O centro do movimento permanecia em Van Nuys. Jean Stone, membro da Igreja de São Marcos, fundou a Blessed Trinity Society [Sociedade da Bendita Trindade] em 1961, visando prover comunhão e informação para o movimento carismático que nascia. Em 1962, a sociedade lançou os seminários intitulados "Avanço Cristão". Essas palestras tinham por objetivo atingir as denominações tradicionais, fazendo com que elas tivessem contato com o ministério e os dons do Espírito Santo. Embora os carismáticos fossem às vezes ultrajados e mal compreendidos, geralmente encontravam espaço entre as minorias das igrejas não-carismáticas, nas quais eles às vezes assumiam um lugar de destaque.

Rapidamente, o movimento se espalhou por toda a área de Los Angeles e, à medida que a imprensa nacional se concentrava nele, o movimento se espalhava pelos EUA. Mais tarde, em 1966, o grupo de estudiosos católicos da Universidade de Duquesne, em Pittsburgh, começou a estudar a experiências carismáticas. No início do ano seguinte, vários deles tiveram a experiência carismática. Depois de um retiro de final de semana, havia cerca de trinta novos adeptos, tanto entre alunos quanto entre professores, e uma comunidade carismática veio a se formar naquele local.

Na maioria dos casos, o movimento carismático começou nas classes alta e média. Ele se iniciou em igrejas californianas bastante influentes e influenciou a alta classe de igrejas tradicionais como a episcopal e a presbiteriana. Na Igreja Católica, teve início não entre as paróquias, mas nas universidades. Contudo, a partir desse início, ele se espalhou para todos os níveis da sociedade.

Por mais estranho que possa parecer, os carismáticos tinham poucas relações aparentes com as igrejas pentecostais instituídas. Seu movimento não foi estabelecido como um ramo da igreja pentecostal e encontrava lugar dentro de denominações tradicionalmente não-pentecostais. Entretanto, havia uma conexão. O casal original a quem Bennett aconselhou recebera o batismo por causa da influência de amigos pentecostais. Esse padrão prosseguiu em todos os lugares.

Por que o movimento carismático alcançou popularidade tão rapidamente? Os estudiosos apontam várias razões.

Seguindo o mesmo caminho de uma campanha de Oral Roberts em 1951, o fabricante de laticínios Demos Shakarian fundou a Comunidade Internacional do Evangelho Pleno para Homens de Negócio, entidade que reuniu leigos da ala pentecostal para a comunhão. A organização, de imediato, ajudou o pentecostalismo a conseguir algum respeito no mundo não-pentecostal.

O declínio do "movimento da cura" no final da década de 1950 permitiu que os pentecostais voltassem seu foco para o evangelismo, e, em 1968, o famoso pregador pentecostal Oral Roberts se tornou metodista. Contudo, o antigo pregador pentecostal David du Plessis, provavelmente, influenciou a introdução dos carismáticos nas denominações principais mais do que esses que acabamos de mencionar. Durante muitos anos, ele trabalhou como um tipo de embaixador não-oficial do movimento pentecostal, falava a estudiosos e líderes não-pentecostais — incluindo alguns membros do Conselho Mundial de Igrejas — sobre suas crenças. Dois aspectos — o espírito acolhedor de David du Plessis aliado à sua dignidade pessoal — contribuíram muito para que ele fosse ouvido.

O caminho estava preparado para o movimento carismático, e os membros das denominações principais que haviam perdido o medo dos carismáticos responderam prontamente aos seus ensinamentos.

Os carismáticos se tornaram uma das expressões mais dinâmicas do cristianismo no século XX, atingindo efetivamente os que não eram tocados pelas igrejas tradicionais. Eles possuem expressões entusiasmadas de adoração, combinadas ao otimismo de que estão no lugar que o Espírito de Deus os colocou. Tanto a abertura a novos métodos de evangelismo quanto a presença dessas outras características fizeram deles um fenômeno mundial e, nos países do Terceiro Mundo, alcançaram sucesso fenomenal.

1962

Início do Concílio Vaticano II

No esforço de conter o pensamento liberal que atingira a muitos dentro de sua comunidade, a Igreja Católica definiu uma linha muito clara contra essas idéias no Concílio Vaticano II. Contudo, na metade do século XX, algumas questões importantes continuavam sem solução. Embora a igreja tivesse se apegado firmemente à tradição, não seria hora de fazer algumas mudanças?

O arcebispo de Veneza, Angelo Roncalli, foi eleito papa em 1958 e assumiu o nome de João XXIII. Três meses depois de sua eleição, ele convocou o concílio católico ecumênico. O novo papa podia ver que o mundo mudara e que a resposta católica precisava atender a essas mudanças. O objetivo do concílio era o *aggiornamento*, a "atualização da igreja".

A nova ênfase que o papa desejava criar se concentrava no cuidado pastoral. Em vez de se firmar na política ou no aprendizado, João XXIII queria cuidar do rebanho.

Em outubro de 1962, mais de 2 mil cardeais, bispos e abades chegaram a Roma e realizaram o maior concílio da história da igreja. Entre os presentes estavam 230 americanos, cerca de 200 africanos e mais de 300 asiáticos.

O papa se dirigiu ao clero na Basílica de São Pedro. Destacou o crescimento do materialismo e do ateísmo e comentou que, em um mundo em crise espiritual, a igreja não deve responder por meio do afastamento ou da condenação dos outros. Ela deve "governar com o remédio da misericórdia, em vez de lançar mão da severidade".

Ao contrário de alguns papas anteriores, João XXIII não tentou impor normas no Concílio Vaticano II. Ainda assim, aconteceram várias reformas no aspecto pastoral da igreja.

Havia vários séculos que todos os católicos prestavam seu culto em latim, mas poucas pessoas compreendiam a língua das missas. Embora a dignidade e o mistério possam apelar ao coração de alguns, a maioria não compreendia nada do que acontecia durante a missa. O Vaticano II fez com que as línguas nativas se tornassem o idioma a ser usado nas missas.

Embora a hierarquia não tivesse mudado, algumas atitudes com relação a ela foram alteradas no Vaticano II. Tanto o clero quanto os leigos passaram a ser aceitos como povo de Deus, e todos podiam compartilhar das funções ministeriais. Todos os cristãos — e não apenas os padres, os monges e as freiras — tinham o chamado cristão, disse o Concílio, e os leigos exerciam esse chamado por meio de suas vocações.

Embora o Vaticano I visse o papa como o sucessor dos apóstolos, o Vaticano II ampliou esse conceito para todo o corpo de bispos. Compartilhavam da autoridade apostólica com o papa.

O documento conciliar chamado *Sobre a revelação divina* enfatizou que as Escrituras — e não a Tradição — eram a base principal da verdade divina. Embora ele não tivesse se livrado plenamente do apego às tradições dos anos anteriores, o Concílio deu mais importância à Bíblia e encorajou todos os católicos — leigos ou estudiosos — a estudar as Escrituras.

No decreto *Sobre o ecumenismo*, mudanças dramáticas aconteceram no que se referia às atitudes em relação aos não-católicos. Os que pertenciam a outras denominações também foram chamados de cristãos, eles eram os "irmãos separados". Assim, essa atitude pôs fim à idéia de que *cristão* era sinônimo de *católico*. Os outros crentes não precisavam mais "retornar" para Roma.

Em sua última sessão, em 1965, o Concílio Vaticano II abordou as questões relacionadas à política. Embora tivesse uma longa tradição nesse campo, a igreja renunciava agora ao poder sobre o reino político.

As reações ao Concílio Vaticano II foram diversas. Alguns membros da hierarquia tiveram objeções quanto às mudanças, e houve debates acalorados sobre esses aspectos. Alguns católicos conservadores se opuseram ao novo rumo da igreja, mas muito mais católicos — e um grande número de não-católicos — passou a ter grandes esperanças com relação à igreja. O Vaticano II abriu algumas portas entre as denominações e encorajou, de maneira sem precedentes, o estudo bíblico sério.

O sistema hierárquico católico não mudou. Entretanto, esse caminho não foi trilhado devido ao excessivo individualismo da Igreja Católica, mas o Concílio Vaticano II realmente provocou maior abertura e maior consideração pelos leigos, o que influenciou poderosamente o maior corpo eclesiástico do mundo.

1963

Martin Luther King Jr. lidera a Marcha até Washington

"Eu tenho um sonho..."

O homem que tinha esse sonho passaria toda a vida à busca dele, daria sua vida a favor dele.

Seu nome era Martin Luther King Jr., e seu sonho era este: "... que um dia meus quatro filhos possam viver em uma nação onde não sejam julgados pela cor de sua pele, mas pelo seu caráter". Essas palavras abalariam os Estados Unidos.

O jovem ministro nasceu em uma família de pastores batistas e foi educado na Morehouse College e no Seminário Teológico Crozer. Ele obteve seu doutorado na Universidade de Boston. Em 1954, tornou-se pastor da Igreja Batista da Avenida Dexter, na cidade de Montgomery, no Estado americano do Alabama.

Um ano depois, uma mulher negra, Rosa Parks, deu um passo que mudaria a vida de Luther King. Embora os negros, de acordo com as exigências, só pudessem ocupar os assentos na parte de trás dos ônibus municipais, ela se sentou na frente, pois os de trás estavam ocupados. Ela ocupou o primeiro assento disponível na parte da frente. Rosa foi presa por quebrar a lei de segregação.

Em apoio a essa mulher, Martin Luther King Jr. liderou um boicote ao sistema de ônibus de Montgomery. Afinal de contas, a maioria dos passageiros daquele sistema de transporte era formada de negros, que estavam sendo tratados de maneira injusta. Desse modo, os negros se recusariam a entrar nos ônibus enquanto durasse a discriminação. Eles achavam que "era mais honroso andar pelas ruas com dignidade do que andar de ônibus e serem humilhados".

Esse boicote durou um ano, mas, por fim, os negros venceram essa luta e, com essa vitória, Martin Luther King Jr. foi lançado na luta pelos direitos civis nos EUA.

Influenciado pelo método de não-violência de Gandhi, Luther King e outras pessoas começaram a protestar. "Vamos igualar sua capacidade de infligir sofrimento [...] façam conosco o que vocês quiserem e continuaremos a amar vocês", respondeu Luther King aos seus opositores. Seguindo os passos de Jesus, ele anunciou: "Jesus proclamou na cruz, de maneira eloqüente, uma lei superior. Ele sabia que a antiga filosofia do olho por olho deixaria todo o mundo cego. Ele não combatia o mal com o mal. Ele combatia o mal com o bem. Embora crucificado pelo ódio, ele reagiu com um amor enérgico e ativo".

Com a organização da Conferência Sulista de Liderança Cristã, liderada por Luther King, ele começou a fazer uma campanha nas cidades do sul: Jackson, Selma, Meridian e Birmingham. Entretanto, sua influência, à medida que liderava os ataques às injustiças sociais nas cidades do norte, estendeu-se além disso.

Um círculo bem próximo composto de ministros protestantes negros, entre os quais estava Jesse Jackson, apoiava Luther King, mas, em pouco tempo, brancos, católicos e judeus se uniriam à sua causa. Seu método de não-violência foi recebido com cavalos, cassetetes, cães e espancamentos. Embora muitos cristãos o apoiassem, alguns dos principais oponentes de Luther King também professavam o nome de Cristo. Na primavera de 1963, Luther King foi preso por ter liderado uma marcha de protesto na cidade de Birmingham, no Alabama. Os pastores de Atlanta o criticaram por ter deixado sua igreja em Montgomery. "Que direito ele tinha de se envolver onde não fora chamado?", perguntavam eles.

Em sua *Carta de uma prisão em Birmingham*, Luther King declarou que "a injustiça em qualquer lugar ameaça a justiça em todo lugar". Para os que não foram alcançados pelos "penetrantes dardos da segregação" e o aconselhavam a esperar, ele respondeu: "... quando você é acossado durante o dia e assombrado à noite simplesmente pelo fato de ser negro, e tem de andar constantemente pisando em ovos, sem nunca saber o que esperar, além de ser incomodado por temores interiores e ressentimentos exteriores; quando você tem sempre de lutar contra uma sensação perversa de não ser considerado gente — então você entenderá por que achamos difícil esperar".

A Marcha até Washington, em 1963, se tornaria um dos acontecimentos mais importantes na história da luta pelos direitos civis, pois, por sua influência, acredita-se que foram aprovadas as leis do direito civil de 1964 e a lei de direito ao voto de 1965. Durante a marcha, Martin Luther King, Jr. expôs o seu sonho: "Eu tenho um sonho, que um dia meus quatro filhos possam viver em uma nação onde não sejam julgados pela cor de sua pele, mas pelo seu caráter [...] Com esta fé, seremos capazes de extrair da montanha do desespero a pedra da esperança. Com esta fé, seremos capazes de transformar as contendas desarmoniosas de nossa nação em uma maravilhosa sinfonia de irmandade. Com esta fé, seremos capazes de trabalhar juntos, de orar juntos [...] sabendo que um dia seremos livres".

Em 1964, Luther King recebeu o prêmio Nobel da Paz, um reconhecimento parcial da validade desse sonho.

Luther King, em 1968, foi para a cidade de Memphis, no Estado do Tennessee, em apoio a uma greve dos coletores de lixo. No dia 4 de abril, enquanto conversava com colegas no corredor externo do segundo andar do hotel, na Mulberry Street, em que estava hospedado, foi alvejado por um assassino. Embora a bala tenha lhe tirado a vida, não pôs fim àquele sonho.

Em resposta à coragem e ao testemunho determinado desse ministro, o dia de Martin Luther King foi instituído nos EUA, a terceira segunda-feira de janeiro. Ele é o único ministro religioso americano a ter um dia dedicado à sua honra.

1966-1976

A igreja chinesa cresce apesar da Revolução Cultural

Cerca de mil pessoas lotavam a igreja, uma pequena multidão composta, em sua maioria, por idosos, embora houvesse alguns casais e, naturalmente, adolescentes na galeria. Alguns vitrais góticos, maravilhosos, tinham sido destruídos por pedras, mas ninguém parecia se importar. Eles cantavam hinos, acompanhados por um velho piano. Um ministro metodista deu as boas-vindas aos adoradores, um presbiteriano leu as Escrituras e um batista pregou.

O dia era 2 de setembro de 1979. O lugar era a Igreja Mo En, em Xangai (a antiga Igreja Metodista Moore). Em treze anos, esse foi o primeiro culto público em chinês aberto ao povo chinês.

A Revolução Cultural, que começara em 1966, foi responsável pelo fechamento das igrejas e pela perseguição dos cristãos. Qualquer elemento estrangeiro era rechaçado, e o cristianismo, na condição de produto das missões estrangeiras, era odiado de modo especial. A igreja teve de se reunir às escondidas por mais de uma década. Quando ressurgiu, surpreendentemente, estava mais forte do que antes.

O cristianismo fez sua primeira incursão na China em 635 d.C. com os cristãos nestorianos, mas eles não conseguiram estabelecer raízes entre o povo. A obra dos missionários franciscanos nos séculos XIII e XIV e a dos jesuítas nos séculos XVI e XVII também não produziu resultados duradouros ou abrangentes. A China era uma civilização fechada, resistente às idéias estrangeiras.

O comércio forçou a China a se abrir, e os missionários protestantes do século XIX vieram com os mercadores. Hudson Taylor fez o máximo para romper os padrões coloniais, que haviam se amalgamado às atividades missionárias, quando adotou roupas e costumes chineses, assim como quando se aventurou em áreas de maior necessidade. Porém, o século XIX foi um período difícil para a China. A dinastia Manchu resistiu a várias rebeliões, e o restante do mundo, em especial a Grã-Bretanha, tentava introduzir aquele país sossegado nos tempos modernos, embora a China não quisesse fazer isso. Como resultado, os estrangeiros infligiram grandes humilhações aos chineses.

As coisas mudaram rapidamente no século XX. Sun Yat-Sen liderou uma rebelião bem-sucedida e formou a República, embora ela fosse dominada pelos senhores da guerra regionais. Chiang Kai-Shek uniu o país nas décadas de 1920 e 1930, mas, em 1949, foi destituído por Mao Tse-tung. Mao estabeleceu um governo comunista que era oficialmente ateu. As igrejas foram toleradas e controladas. Mao determinou que os estrangeiros não humilhariam a China novamente, de modo que os comunistas forçaram as igrejas a tomar uma posição altamente xenófoba (o *Manifesto Cristão* de 1950), e, em conseqüência disso, os missionários estrangeiros foram expulsos.

O Movimento Reformista das Três Autonomias (posteriormente chamado Movimento Patriótico das Três Autonomias) buscava alinhar as igrejas aos objetivos comunistas — autonomia quanto ao governo, quanto ao sustento e quanto à propagação. Mesmo assim, a igreja sofreu bastante pressão. A remoção dos missionários, todavia, a enfraqueceu, contudo, também forçou a igreja chinesa a arranjar-se por conta própria, tarefa que desempenhou com maestria.

As coisas pioraram em 1966. Mao, o revolucionário, já idoso, pode ter sentido que sua revolução lhe escapava por entre os dedos. Seu grande programa, o do Grande Salto Adiante (1958-1960) falhara, e os modernistas de seu partido se inquietavam. Ele lançou uma revolução cultural brutal, em que promoveu histeria coletiva, especialmente entre jovens, contra qualquer vestígio de influência estrangeira. Nem mesmo os líderes comunistas estavam isentos de denúncia e de prisão. Houve grandes rebeliões. Atividades artísticas e pesquisas acadêmicas foram severamente reduzidas. Naturalmente, as atividades eclesiásticas também foram restringidas. Todos os lugares de adoração foram fechados, e as reuniões cristãs eram proibidas. O próprio Mao foi, praticamente, deificado. *O pequeno livro vermelho* com os dizeres de Mao era lido e memorizado, enquanto Bíblias eram queimadas.

Embora as rebeliões tenham esmorecido logo, as políticas permaneceram em ação até 1976. Tanto Mao quanto seu braço direito, Zhou Enlai, morreram naquele ano. Deng Xiaoping, um moderado que fora deixado de lado, retornou ao poder e começou a introduzir modernizações. O mais surpreendente é que o "grupo dos quatro", os líderes da Revolução Cultural, foi preso e condenado.

A China ainda se opunha ao cristianismo, mas a histeria diminuíra. Em 1979, foi permitido que as igrejas fossem abertas novamente. (Na verdade, duas igrejas em Pequim foram abertas em 1972, a pedido de diplomatas cristãos da África e da Indonésia, mas elas eram freqüentadas basicamente por estrangeiros.) Em 1979, o Movimento Patriótico das Três Autonomias também foi reaberto, e o orador foi o notável bispo K. H. Ting, que pedia a unificação de todas as igrejas protestantes. O governo expressou tolerância oficial às igrejas que se uniram a esse movimento, mas muitas igrejas menores temiam o controle governamental.

Contudo, à medida que as tensões diminuíam, muitos cristãos começaram a falar sobre suas provações. Quando as igrejas fecharam, eles tiveram de se encontrar em grupos pequenos, em casas. Em vez de desencorajar o crescimento, isso ajudou a fomentá-lo. As famílias cristãs encontraram força nesse tipo de comunhão e influenciaram quem estava ao redor delas. Não havia uma organização nacional, mas uma igreja que se reunia em uma casa poderia se encontrar ocasionalmente com outra igreja vizinha. Professores, incluindo muitas mulheres, viajavam discretamente de uma reunião para outra. Havia perseguição e prisão, mas houve também momentos em que os oficiais locais faziam vista grossa às reuniões de cristãos, pois sabiam que os cristãos trabalhavam duro e eram cidadãos honrados.

Um movimento eclesiástico nos lares igual a esse só existiu no século IV. As circunstâncias — opressão governamental — eram similares, assim como os resultados também foram semelhantes. Os números são surpreendentes: um condado tinha 4 mil cristãos antes de o comunismo entrar em vigor; hoje tem 90 mil. Em uma cidade considerada bem importante, apenas 1% das pessoas eram cristãs em 1949, mas hoje esse número chega a 10%. Uma vila tinha 10 crentes em 1945 e atualmente tem 250.

O que provocou esse crescimento? Os especialistas estão estudando esse assunto. A simplicidade, dizem eles. A dificuldade fez surgir a pureza da fé, um espírito de cuidado, uma liderança leiga forte, devoção na oração e confiança no senhorio de Cristo. Por mais odiosas que possam ter sido as medidas da Revolução Cultural, elas resultaram em uma fé cristã destituída dos vestígios da cultura ocidental. Os chineses desenvolveram uma igreja verdadeiramente autóctone.

Ninguém sabe ao certo o número de cristãos na China. As estimativas variam grandemente. Todos concordam, porém, em que a multiplicação dos cristãos sob o governo comunista foi surpreendente. Isso pode verdadeiramente representar uma das expansões mais dramáticas da fé na história da igreja.

Fonte das ilustrações

Data	Pessoa ou evento	Fonte
64	*Incêndio de Roma*	The Mansell Collection
70	*Tito*	Secretaria de Turismo do governo italiano
c. 156	*Policarpo*	BGC Museum
196	*Tertuliano*	Canton Baptist Temple Company, Canton, OH
c. 205	*Orígenes*	Willet Studios, Filadélfia, PA
270	*Antônio*	National Gallery of Art de Washington, Coleção Samuel H. Kress
325	*Concílio de Nicéia*	North Wind Picture Archives
385	*Bispo Ambrósio*	The Mansell Collection
405	*Jerônimo*	National Gallery of Art de Washington, Coleção de Samuel H. Kress
432	*Patrício*	The Mansell Collection
563	*Columba*	The Mansell Collection
590	*Gregório I*	The Mansell Collection
664	*Sínodo de Whitby*	The Mansell Collection
716	*Bonifácio*	The Mansell Collection
731	*Beda*	The Mansell Collection
732	*Batalha de Tours*	North Wind Picture Archives
1095	*Cruzadas*	North Wind Picture Archives
1115	*Bernardo*	Tony Lane
1215	*Inocêncio III*	The Mansell Collection
1273	*Tomás de Aquino*	Datafoto
1378	*Catarina de Sena*	Lombardi — Sienne
c.1380	*Wycliffe*	Quadro *The dawn of the Reformation*, de W. F. Yeames
1456	*Gutenberg*	Foto do Religious News Service
1478	*Inquisição Espanhola*	North Wind Picture Archives1498
	Savonarola	Canton Baptist Temple Company
1512	*Capela Sistina*	Secretaria de Turismo do governo italiano
1534	*Henrique VIII*	De um retrato de Holbein

Data	Pessoa ou Evento	Fonte
1545	*Concílio de Trento*	The Mansell Collection
1572	*Dia de São Bartolomeu*	North Wind Picture Archives
1620	*Pacto de Mayflower*	North Wind Picture Archives
1678	*Bunyan*	Sociedade Histórica Batista dos EUA
1707	*Watts*	BGC Museum
1735	*O Grande Despertamento*	BGC Museum
1738	*John Wesley*	Ken Bloom Gateway Films
1793	*Carey*	Junta de Ministérios Internacionais Igreja Batista Norte-Americana
1812	*Judson*	BGC Museum
1830	*N. J. Darby*	BGC Museum
1830	*Finney*	Oberlin College Archives
1854	*Hudson Taylor*	Canton Baptist Temple Company, Canton, OH
1857	*Livingstone*	BGC Museum
1910	*Fundamentals*	BGC Museum
1919	*Barth*	Religious News Service/ Conselho Mundial de Igrejas
1921	*Primeira transmissão cristã de rádio*	BGC Museum
1945	*Bonhoeffer*	Trinity Films
1948	*Conselho Mundial de Igrejas*	Foto do Religious News Service
1949	*Billy Graham*	BGC Museum

Outras ilustrações são cortesia do Christian History Institute.

Índice remissivo

Os verbetes a seguir têm o objetivo de ajudar o leitor na localização dos principais acontecimentos e personagens. Os títulos de cada um dos acontecimentos poderão ser encontrados no "Sumário".

Esta obra foi composta em *Arrus*
e impressa por Imprensa da Fé sobre papel
Offset 63 g/m² para Editora Vida.